함경도
망묵굿
산천도량 연구

김헌선

보고사
BOGOSA

장봉대

꽃틀 1

꽃틀 2

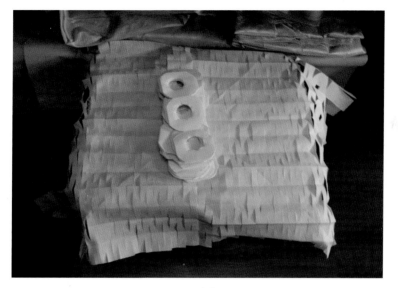

돈전상

망령상, 도랑상

산천굿 1

산천굿 2

산천굿 3

자르기(도랑축원)

산천상

이 책자는 함경도 망묵굿의 가장 빛나는 서사적 이야기를 간직하고 있는 산천도량에 간략한 연구 성과를 제시하고 산천굿의 자료를 소개하는 것을 목적으로 한다. 산천도량은 산천굿과 같은 말로 도량이 개별적인 굿거리 절차를 이르는 말이다. 굿거리가 큰 굿거리이고, 특히 중요한 이야기를 담고 있는 굿거리를 속초 지역에서 도량이라고 하는 전통이 있다. 그 굿거리를 핵심적으로 드러내는 용어로 적절하다고 판단되어 학계에서는 다소 낯설지만 이를 굿거리의 명칭을 채택하고 전통적인 것들을 살려 책의 제목으로 밀어 올리고자 한다.

이 책자는 연구자의 일생에서 가장 소중한 것이어서 그 사연을 소개하지 않을 수 없다. 2016년 7월경으로 기억된다. 함경도 망묵굿을 온전하게 계승하고 있었던 이찬엽이 필자와 연결되었다. 그와 만나면서 함경도 망묵굿의 전통이 강원도 속초 청호동을 중심으로 전승되고 있음을 간파하게 되었다. 이찬엽의 알심이 있는 인물이었고, 함경도 굿의 전통을 속속들이 알고 있었을 뿐만 아니라 굿의 정확한 기억을 가지고 있는 것도 흥미로웠다. 어린 나이에도 불구하고 어떻게 이렇게 소중한 함경도 굿을 알 수 있었는지 자못 궁금한 일이 아닐 수 없었다.

시간이 조금 흐른 뒤에야 이찬엽의 신산하지만 무당으로서의 의미 있는 삶을 살아온 내력을 알게 되었고 강원도 속초 청호동의 함경도 아바이 마을에서 그렇게 굿의 밑심을 기르면서 함경도의 최고 무당들을 신아버지와 신어머니로 삼은 것도 알게 되었다. 그러니 대략 한 세대

이상을 건너뛰어 1.5세대의 간극을 메우는 위대한 전승을 한 점에 우리는 깊은 공경심을 가지지 않을 수 없었다. 그렇지만 이미 그곳 청호동을 떠나와서 서울 등지에 거처하면서 점차로 함경도 굿을 잊어가는 일이 벌어졌다. 그때 자신이 전승하고 있는 것이 진정한 것임을 터득하였으나 아무도 알아주지 않고 자신에게 굿을 가르쳤던 이른 바 흰 머리를 휘날리는 의미에서 백골부대들로 자칭했던 함경도 만신들이 원망스럽기까지 하였음을 이찬엽은 새롭게 깨달을 수 있었다.

함경도 굿을 의뢰하고 이를 실행하던 만신들의 소멸과 단골집 또는 당가집이 사라지면서 굿도 사라지게 마련이지만, 이찬엽은 워낙 어린 나이에 신이 내리고 7세, 9세, 15세에 신의 체험을 하였으므로 기억이 총명한데다 신굿을 하였으므로 함경도 망묵굿의 진정함을 알게 되었으며, 깊은 슬픔과 속앓이를 하였던 것으로 보인다. 이찬엽이 필자의 글 〈함경도 무속서사시 연구〉를 읽고 이를 구실삼아 서로 만나게 되었으며 함경도 굿에 대한 전통을 필자에게 꼭 보이고 싶다는 의지를 피력하였다. 그러함에도 필자는 선뜻 응할 수 없었다. 굿의 비용을 댈 수 없었으며 그렇게 해서 얻은 자료에 대한 이해와 서술이 과연 가능할 것인지 적지 않은 의문이 들었기 때문이다. 그리고 굿의 소멸을 부활하는 것이 바람직한가도 회의적인 면모가 있었기 때문이다.

막상 형씨 가중의 당가집을 정하고 망묵굿의 완판을 굿으로 연행하게 되었을 때에 진실한 이찬엽의 모습을 볼 수가 있었다. 굿을 아주 잘하고 가무악희에 밝은 것을 보고서는 이 사람의 진실함에 흠뻑 젖어들어 갈 수가 있었다. 자신의 전통, 아니 삶의 모든 것인 함경도 망묵굿의 속새를 이처럼 선명하게 드러내놓는 것을 보고 함경도 망묵굿의 위대한 전승자이자, 자신의 기억으로 보물 창고를 쌓은 인물임을 깨달을 수 있었다.

그렇게 우리는 새삼스럽게 서로를 보면서 위대한 함경도 망묵굿의 세계를 공유하고 공감하게 되었다. 그렇지만 이를 세상에 공개하는 것에 많은 조심을 할 수밖에 없었다. 이찬엽이 굿거리마다 자신만 남겨놓고 떠난 함경도 할마이들에 대한 푸념과 원망을 눈물로 쏟아놓는 것에 깊은 고민이 서려 있었다. 그렇게 아픈 사연을 과연 세상에 알려야 하는지 그렇게 해서 과연 함경도 굿을 다시 알리는 것이 옳은 일인지도 잘 판단이 서지 않았다.

그러다가 2019년 학회 차원에서 이 자료를 가지고 발표대회를 하면서 사단이 생겼다. 자신의 가문, 자신들의 전통 속에 있는 자료가 터무니없는 방식으로 소개된 것에 대한 분노가 있었다. 학회의 학자들은 자료가 새로우면 새로운 평가를 얻을 수 있는 논문을 쓸 수 있으니 다행한 일이겠으며, 그것은 비난을 할 일은 아니라고 본다. 그런데 함부로 자료를 소개하지 말라는 이찬엽의 간곡한 부탁으로 머뭇거리면서 주저하고 있는 필자로서는 당황하지 않을 수 없었다. 그렇게 된 바에야 몽창 공개하면서 사람들과 학자들에게 공개하는 것이 낫지 않을까도 생각하였다. 그렇지만 펄펄 뛰고 있는 이찬엽을 달래는 것과 속이 상한 나의 심정은 이루 말로 다할 수 없었다. 게다가 이를 공개한 과정에서 벌어진 과거의 학자들이 행한 일들에 대한 후안무치한 일들에 대한 것들을 보고서 이에 대한 분노를 감출 수 없었다. 그렇지만 어찌할 것인가? 모두 사람이 만들어내는 일이고 지구상에 인간이 생기면서 벌어진 지구에게 책임을 물어야 하는 것이 옳은 일이 아니겠는가?

이 책을 서둘러 내게 된 것은 이러한 과정과 경위가 있었으며 이를 말하지 않고서는 이 자료를 소개할 엄두가 나지 않아서 이렇게 장황한 글을 쓰게 되었다. 이 작은 책자는 이찬엽이 소장하고 있는 자료 최복녀 만신의 〈산천도량〉을 중심으로 정확하게 주석을 하고, 동시에 자료의 전모를 묶어서 내게 되었다. 2016년 12월 11–12일 겨울에 뚝섬의 이찬엽

신당에서 있었던 〈산천도량〉의 자료와 2019년에 행한 국악방송 녹음 자료의 전사본을 모두 합본하여 간행한다. 그러한 의미에서 함경도 망묵굿에 대한 결과물로서는 불완전한 것이고, 이 책자는 미봉일 뿐이며, 1981년에 행한 자료까지 합쳐서 곧 연구 저작을 온당하게 낼 예정이다.

이찬엽은 시대의 아픈 전형이다. 함경도 망묵굿을 유일하게 할 줄 아는 인물이고, 강원도 속초굿의 전통도 분명하게 알고 있는 인물이다. 신아버지인 최태경과 신어머니인 탁순동의 틈바구니에서 이들의 중요한 면면을 알아내고 무심코 들여놓은 함경도 망묵굿에 대한 전통을 온전하게 알고 이를 실연하게 된 것은 시대적인 운명과 굿의 예지력을 가지고 있기 때문이다. 이들의 전통 속에서 이들에 대한 내력을 확인하는 것이야말로 이찬엽에게 마지막으로 할 일일 수도 있다.

우리는 우리의 전통에 대해서 가끔 무시하는 발언을 한다. 그리고 굿에 대하여 대수롭지 않은 것이라고 딴전을 피기도 하고 딴청을 내면서 굿을 홀대한다. 굿의 전통이 소중한데 이를 특정한 종교적인 관점이나 태도로 말하면서 곧잘 문화적으로 왕따를 시킨다. 굿에 깃들어 있는 민족의 절실한 창조와 이들의 의식에 잠재된 참다운 면모를 우리는 짓밟기 일쑤이다.

놀랍게도 이러한 일들을 벌이는 사람들이 문화적인 일을 하는 직종에 종사한다. 자신의 일을 추켜세우면서 최첨단에서 인기를 누리고 있는 일을 하고 있어서 깜짝 놀라곤 한다. 지구에 태어서 하나의 사람으로 한 생을 산 공과를 어떻게 씻어야 할지, 그렇게 생이 저물어도 좋은 것인지는 자신의 선택에 의한 결과이니 자신의 책임으로 남을 것으로 보인다. 결국 지구가 만들어냈으므로 지구가 책임을 져야 할 것이다. 이른 바 지식인, 학자, 예술가가 진정성을 상실하게 되면, 이것은 우리 자신을 속이면서 민중을 짓밟던 일과 무관하지 않다. 빈 수레가 요란하고 속빈

강정이라고 하는 말을 다시 생각하게 된다. 이 모습이 우리의 굿이 당하고 있는 현실정이고, 동시에 전통에 종사하는 사람들의 실상이다.

함경도 망묵굿을 잇고 있는 이찬엽의 삶에 빛이 있으라! 그리고 무지몽매한 사람들이여, 이찬엽의 굿을 보라, 들으라, 그리고 전하라. 21세기 이 땅 우리나라 한반도 한국에 한 위대한 무당이 와서 살고 있음을 잊지 말아야 한다. 이찬엽의 삶이 오늘날 여러 사람에게 치유가 되는 점을 잊어서는 안된다. 새삼 날이 차운 계절이 오고 이제 오래도록 추위가 이어질 전망이다. 날은 저물고 기온은 차가운데 골목을 서성이며, 바장이는 마음으로 발돋움하면서 새로운 존재의 출현을 기다리고 있다. 과연 후세에도 이 굿이 이어질 수 있겠는가? 아는 자 있으면 답하라.

2019년 11월 5일 날이 저무는 가운데
김헌선

목차

연구편

·
·
·

잊혀진 민족의 보배, 함경도 망묵굿의 경이로운 발견과 가치
함경도 망묵굿 〈산천굿〉의 기능과 의미
함경도 망묵굿 최복녀 〈산천도량〉 연구

잊혀진 민족의 보배,
함경도 망묵굿의 경이로운 발견과 가치

1. 잊혀진 민족의 보배, 함경도 망묵굿의 발굴 내력

함경도 망묵굿은 죽은 사람의 영혼을 위로하는 넋굿이다. 함경도 홍원, 함흥 등의 지역에서 특히 망묵굿이라고 하는 말을 많이 쓴다. 때에 따라서 이를 달리하여 망무기, 망묵 등으로 일컫는다. 함경도 지역에서는 망묵굿보다 흔히 새남굿이라는 말을 더 많이 쓴다. 아마도 특정한 시기에 망묵굿이 주로 조사되어 언급되면서 새남굿을 밀어내고 망묵굿이 널리 쓰이게 되었을 것으로 보인다.

함경도 망묵굿은 근대학문 체에서 세 차례에 걸쳐서 조사되고 언급되었다. 제1차적 언급과 조사는 일제강점기에 이루어졌는데, 주로 조선인 학자인 손진태와 김효경이 처음으로 신가와 굿의 의례 절차를 현지에서 조사하여 비로소 근대적 학문 체계에서 등장시켜 가시화하였다. 아울러서 1차적 언급에서 주목해야 하는 바는 일본인 학자들의 학문적 기여를 무시할 수 없다는 점이다. 아카마쓰 자료와 아키바 다카시의 함경도 망묵굿 조사와 보고는 명실상부하게 실제에 부합하는 성과를 이룩하였다. 그러나 일제강점기에 이룩된 이들의 조사보고는 참다운 결과를 얻은 것이라고 말하기에 부족함이 있다.

제2차적 조사와 언급은 임석재와 장주근의 조사가 결정적인 구실을 하면서 이루어졌다. 대체로 1960년대 중후반 무렵에 조사를 시작하여 1980년에 이르기까지 함경도에 거주하던 무당들이 월남하여 서울 인근에 정착한 집단을 발굴하고, 이들에게 의례인 굿과 무가를 조사하면서 이루어졌다. 이들의 자료조사는 실제 망묵굿을 비롯하여 함경도에 전승되는 것을 대상으로 하였으므로 자료의 신뢰도가 높고, 특히 굿의 세부적 절차와 신가 또는 무가의 실상을 여실하게 드러냄에 있어서 소중한 성과를 남겼다. 여러 본풀이가 망묵굿을 매개로 어떻게 전체적 전개와 굿의 절차를 가지는지도 소명되었다. 그러나 망묵굿의 절차와 본풀이를 속속들이 안 것이라고 보기 어려운 면모가 있다.

제3차적 조사와 언급은 강원도 속초의 청호동에서 함경도 망묵굿을 전승한 이찬엽을 중심으로 하여 주복순, 최태경, 최복녀, 탁순동 등의 무계(손잽이)를 중심으로 하는 함경도 아바이 마을의 망묵굿이 깊이 숨겨져 잠재적으로 전승되다가 마침내 전승의 심층에서 벗어나 전승의 표층인 수면 위로 급부상하게 되었다. 이들이 전승하는 함경도 망묵굿은 전승 자체의 순결성이 있을 뿐만 아니라, 비교적 이른 나이에 함경도 망묵굿을 완전하게 한 바탕 완판으로 전하고 있는 이찬엽과 그들의 손잽이들이 전승이 온전하여 참다운 가치를 세상에 드러낼 수 있게 되었다. 제3차적 언급과 조사는 함경도 망묵굿의 막바지 모습을 세상에 알리는 결정적 계기를 부여하고, 소중한 굿의 의미를 환기할 수 있는 것이라고 이해된다.

이러한 학문적 경과와 현지조사의 결과를 종합하게 되면, 함경도 망묵굿은 민족의 보배이고 우리나라 굿의 온당한 주권을 가지고 있는 자료임을 알 수 있다. 자칫 망실되어 기억의 저편으로 사라질 뻔한 우리 북방의 민족무형유산이 실낱같이 이어지는 점을 환기하며 재인식할 수 있었다. 함경도 망묵굿이 온전하게 복원되어 한 민족의 굿의 지형도 위에 확실하게 거점을 마련하고 단단히 제 몫을 하도록 우리는 적극적으로 보살피고 도와야 할 것으로 보인다. 더 늦기 전에 원래에 있던 민족의 원향에서 다시 살아날 수 있도록 하고, 저 민족의 시원 지역까지 정신적 여정을 거듭하여 부활하기를 소망한다.

2. 함경도 망묵굿의 이찬엽과 손잽이

함경도 망묵굿은 원래의 지역에서는 망실되었을 가능성이 있다. 대체로 월남한 이들에 의해서 전승되는 특징이 있으며, 강원도 고성과 속초 등에서 잠재적으로 이어지고 있다. 앞의 조사에서 서울을 중심으로 하여 전승되는 월남한 이들의 함경도 망묵굿과 상통하면서도 성격을 달리하는 굿이라고 할 수 있다. 함흥 지역의 이산가족들이 뿔뿔이 흩어져 있듯이 여러 지역에서 산재하여 전하였다.

강원도 고성과 속초에 전한 굿은 이들이 삼팔선을 넘어와서 언젠가는 돌아갈 수 있다고 하는 생각 때문에 이곳에 정착하여 자신들의 전통과 관습을 이어간 결과라고 전한다. 고향을 향한 그리움이 맺혀서 향수를 달래는 일환이었다고 한다. 강원도의 고성과 속초 지역에서 전하는 굿은 매우 전승 자체가 돈독하고 맵자한 특징이 있다. 굿이 유일한 해원의 방식이 되었고, 향수를 달래는 수단이었던 것을 주목해야 마땅하다.

함경도 망묵굿의 참다운 전승자는 강원도 속초에서 주거지를 가지고 있는 이들이 중심으로 결성되어 있다. 이들은 함경도 '아바이마을'인 청호동의 함경도 실향민들을 중심으로 단골을 결성하고 자신들의 궁금한 일들을 해결하려는 종교적인 의례들을 실행하였다. 함경도 망묵굿이 전승되어온 실제적 기반이라고 할 수 있다. 그 중심에 바로 이찬엽이라고 하는 옹골찬 박수가 있다. 이른 나이에 함경도 망묵굿에 입문하고 함경도 할마이를 중심으로 그 굿의 전통에 단박에 입문할 수 있었다.

이찬엽(1982-)은 7세 무렵에 신이 내려서 함경도 출신의 무당들과 만날 수 있었다. 친할머니인 단골 무당 함흥할마이 주순남(1913-1997), 주순남과 함께 손잽이로 굿을 다닌 신아버지인 최태경, 종현이 어머니인 최복녀, 부산이 어머니(1928-2013) 등과 함경도 굿을 하였으며, 이들 할마이와 하르바이는 모두 함경도 출신의 백씨하르바이(1908-2003) 등의 제자이다. 원뿌리인 백법사는 함경도 원산에서 활동하다가 월남하여 고성 함경도 아바이 마을에 정착하고, 주순남을 만나서 함경도 굿을 전승하게 된 이력을 자랑한다.

함경도 망묵굿에서 무당을 둘로 갈라서 남자 무당은 호세비, 여자 무당은 호세미 등으로 이르는데 아마도 호수애비와 호수에미라고 하는 용어가 줄어들면서 쓰는 것을 말한다. 이들은 일정하게 타악기를 중심으로 일정한 악사를 구성한다. 장구, 징, 바라 등을 활용한다. 장구는 '장기' 또는 '장개'라고 하고, 징은 '쟁개비'라고 하며, 바라는 '제팔이' 또는 '제금'이라고 한다. 타악기를 중심으로 하면서 말과 노래로 신가를 엮어가는 특징이 있다. 이들이 연주하는 가락과 장단은 함경도 민요, 무가의 어법을 그대로 쓰며, 소박하지만 고형의 장단으로 이를 운용하는 특징이 있어서 주목된다.

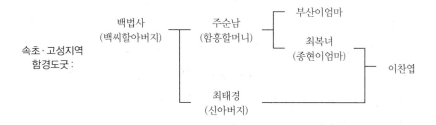

3. 함경도 망묵굿의 참다운 가치

함경도 망묵굿은 넋굿에 해당하므로 일단 오갈 데 없는 이들이 정신적 치유를 받고, 자신들의 고통을 달래주는 위안으로서의 굿이었기 때문에 이 시대에 값진 가치를 가질 것으로 예상된다. 시대에 고통 받는 이들이 너무 많다. 남과 북이 갈려서 귀천빈부의 차별이 극심하여 온전하게 대접받지 못하는 이들이 참다운 넋으로 대접받고 다음 삶을 살 수 있도록 깊이 고민해야 할 것으로 판단된다. 함경도 망묵굿은 이러한 각도에서 깊은 가치와 의의를 준다.

함경도 망묵굿은 우리 민족의 예술적 극치인 가무악희를 총괄적으로 갖추고 있는 점에서 소중한 가치를 지닌다. 굿을 넘어서서 예술적 가치를 구현하고 있다. 황금의 언어로 된 본풀이에 금싸라기처럼 아름다운 말들이 이야기와 본풀이의 집을 짓고 초가집 한 채를 짓고 살고 있다. 함경도 본풀이가 소중한 이유가 여기에 있다.

어디 이뿐인가? 함경도 망묵굿은 음악미학적 측면에서도 소중하다. 매우 소박하면서 오래되고 졸박한 고형의 장단으로 되어 있으며, 동해안 북부 지역 끝에 살아 숨쉬는 참다운 음악적 유산이 여기에 그득하고 빼곡하게 차 있다. 소박한 말을 고졸한 음악으로 엮어가는 위대한 굿

음악의 정수와 고갱이를 가지고 있기 때문에 긴요하다.

함경도 망묵굿의 죽음에 대한 해석은 우리 민족의 세계관이나 저승관을 체계적으로 알 수 있다는 점에서 아주 소중한 전거와 의의를 제시하고 있다. 이야기가 갈피갈피 설정되어 있으며, 단일한 기원으로 설명되지 않은 특징이 있다. 죽음에 대한 여러 가지의 다중적인 죽음의 기원과 이에 대한 해명의 원천을 갖추고 있는 점에서 무신화된 현대사회에 우리의 삶을 다시 돌이켜 보는 결정적 기여를 할 수 있을 것으로 보인다. 그러한 점에서 함경도 망묵굿은 이 시대의 정신세계와 예술적 심성을 되돌아보는 핵심적인 장치라고 할 수 있다.

함경도 망묵굿이 묻힐 뻔하다가 되살아났듯이 우리 민족의 예술적 영혼 속에서 각인되어 새 생명을 가지고, 되살아날 수 있도록 온갖 바램을 갖기에는 심각한 멸절을 마주하고 있음을 인정해야 한다. 그러한 역경에도 불구하고 우리의 민족 심성에 굿이라고 하는 결이 지속되고 있듯이 힘겨운 것이 이어지리라고 기대해야 한다. 되살아난 불씨를 지펴서 만개의 횃불로 활활 타올라야 한다. 어떻게 그럴 수 있는가 의심하지 말라. 모름지기 작은 겨자씨의 불에서 하나의 횃불이 나오고 하나의 횃불을 밝혀 만개의 횃불로 번질 수 있기 때문이다.

4. 함경도 망묵굿 본풀이의 의의와 전망 설계

함경도 망묵굿은 어떠한 의미에서 가장 소중한 우리 전통의 무늬를 가지고 있음이 확인된다. 몇 천년의 무늬를 가진 곳에 잠재되어 있는 속살에 사상적 창조와 소리, 장단, 이야기 등을 비롯하여 이들의 소리결에 담고 있으며 이 소리의 전통에 우리 민족의 얼과 혼이 담겨 있다는 점을 인정할 필요가 있다. 함경도 망묵굿의 아름다움이 어디에서 생기는가 거듭 생각하게 하는 것이 가장 중요한 문제이다. 이 아름다운 소리를 간직하고 있는 이들이 진정으로 가멸진 자산을 가진 행복한 부자임을 잊지 말아야 한다.

함경도 망묵굿의 전승 가치는 자명하고 확실하다. 함경도 망묵굿 전승의 가치를 몇 천 번을 말해도 틀리지 않는다. 함경도 망묵굿의 전승 문제를 정리한다면 아마도 무형유산(intangible heritage)이라 부를 수 있다. 그러나 이 말이 곧 구비전승은 파괴되지 않는다는 뜻은 아니리라 믿는다. 이러한 이유로 해서, 필자는 함경도 망묵굿의 안팎의 모든 문제를 체계적으로 결합하여 함경도 망묵굿의 아름다운 소리와 말에 대해 깊이 천착하고 그 기법을 보존하는 작업이 항구적으로 이어져야 한다는 사실을 강조하고자 한다.

함경도 망묵굿를 보존하고 전승하는데 네 가지 문제가 있다. 이를 4중의 문제라고 말하는 것이 필요하다. 결국 함경도 망묵굿 가운데 무엇을 전승할 것인가? 누가 전승할 것인가? 보존하고 전승하고자 하는 노력은 누구를 이롭게 할 것인가? 그리고 보존하고 전승하는데 그 부작용은 무엇인가? 민족문화유산이나 무형문화유산을 결정하고 이를 구체적으로 이어가는데 실질 과정을 고민할 때마다 이 네 가지 질문을 늘 명심해야 한다.

무엇을 보존할 것인가 하는 질문에 대한 답변은 둘로 나뉜다. 하나는 텍스트(텍스트 내용과 아울러서 컨텍스트까지 포함되는)로서 함경도 망묵굿의 구비전승이며, 다른 하나는 실천적인 작업으로서 함경도 망묵굿의 구비전승이다. 후자의 작업은 보존자나 전승자의 영향력이 미치지 못하는 역사적 추세와 발전에 달려있기 때문에 분명하게 명시할 수 없다. 그러므로 현재 고려 대상에서는 두 번째 과제는 유보해도 좋을 것이다. 그러나 첫 번째 과제는 천착하고 우리의 일심을 다해서 연구해 볼 만한 가치가 있는 것이다.

함경도 망묵굿은 창조적 가치를 사중적으로 가지고 있으며, 이를 근간으로 이 시대 이 지구촌적 상황 속에서 그 가치를 활용하면서 새로운 창조로 재발견할 수 있다. 함경도 망묵굿이 기여하는 바가 실로 심층적이고 다대하다고 하는 점을 이렇게 말할 수 있을 것으로 보아도 좋다.

첫째, 무당이 소중하고 무당이 만든 지혜가 소중하고, 혹여라도 이를 간직한 무당이 죽게 되면 완전하게 사라질 위대한 유산이 소중하다는 점을 다시 말해서 무엇 하겠는가? 수천 년을 견뎌온 이들의 유산이 한 순간에 없어지게 되는데 이를 어디에서 복원할 수 있겠는가? 저 깊은 심연 속에서 가라앉아서 다시 돌아올 수 없으므로 이들의 삶과 유산이 명확하게 가치를 지니고 있다.

이들의 멸절을 생각하면 인간의 깊은 타락 속에서 영원한 생명을 유지하고 있는 점이 가장 거룩한 성자의 지혜와 비견된다고 할 수 있다. 이들은 민중을 어루만지고 자기 자신의 속을 썩여서 남을 치유하고 행복으로 이끄는 선도자들임을 잊어서는 안된다. 함경도 망묵굿에 그러한 것들이 오롯하게 담겨 있음을 잊지 말아야 한다. 사람과 자연은 어긋나지 않고, 사람과 사람은 대등하다고 하는 점을 동시에 강조한다.

자연과 인간의 갈등을 주술로 화해하면서 굳세게 자신들의 삶을 지켜낸 결과가 바로 굿이고, 굿을 통해서 무속적인 대등한 가치를 철저하게 견지하고 있었다. 함경도 지역의 굿이나 무속에서 가지고 있는 신성한 가치를 찾아내고 여기에서 멸절되지 말아야 할 진정한 것이 신성한 가치를 누구가 구현하고 있으며, 저마다의 위대함을 인류애로 확대하고 있다는 점을 잊어서는 안될 것이다.

무당이 소중하고 자신의 심연에서 인류의 기억을 길러 올리는 사람들임을 잊지 말아야 한다. 전승의 심층과 구현의 표층은 서로 밀접하게

연결되어 있다. 서로 어긋나지 않고, 깊은 창의성을 가지면서 이들의
관련성이 심층의 집단적 전승 속에서 이룩된 것임을 굳이 강조해야 할
것이다. 그것은 인간의 무의식적 심층이 되기도 할 것이다. 무당은 특
별한 원시인이자 고대인이며 아울러서 중세인이고, 현대인이기도 하
다. 그만큼 다층적인 삶을 견지하고 있는 사람의 표본이다.

둘째, 이들의 유산은 현재 한국의 무당굿을 되돌아보게 하지만 상대
적으로 병들고 시달리는 존재들인 이들을 환기하는 점에서 갸륵한 뜻을
가지고 있다. 남북분단에 의해서 상처받은 이들을 위무할 수 있다. 가
령 북에서는 이데올로기로 신음한다. 남에서는 자본과 현대화의 물결
속에서 이들이 설 땅을 잃어가고 있다. 이들의 유산을 정면에서 계승하
고 이들의 전통을 분명하게 재인식하면서 키워야 할 책무가 우리에게
있다. 이들의 예술성과 종교성은 분명히 시대의 치유로서 가치가 있다.

북한지역에서 굿이 없어졌다는 점을 전제하고 이들의 관련성을 새롭
게 규명하면서 남북이 하나 되는 특성을 가지고 있는 점이 각별하다.
북한에서 유실된 그들만의 고유한 신성한 의례가 버젓하게 살고 있는
것을 어떻게 말할 것인가? 인간이 서로 평등하고 어느 한 쪽에 살면 반
추하거나 반성할 수 있는 사고의 틀이 없어지게 된다. 누가 옳고 누가
그르다는 이분법이나 시비론에서 벗어나서 서로를 크게 안고 가야 할
대도나 대동의 의지를 구현하는 것으로 함경도 망묵굿은 정말로 소중한
가치를 가지고 있음이 물론이다.

셋째, 동아시아의 제4세계 사람들을 재인식하는데 이들이 지니는 진
정한 가치가 있다.[1] 일본 소수민족인 아이누(Ainuアイヌ)의 카무이 유카

---

1) 김헌선, '본풀이로 보는 동아시아 제4세계 소수민족 구전서사시의 면모', 〈경기대학교
   ONE ASIA 재단 특별강좌〉 9강, 2019년 5월 9일 목요일 최호준홀. 여기에서 논한 사례를
   중심으로 이를 원용하여 재론한다.

르(Kamuy Yukar), 흑룡강성 만주 허저족(赫哲族)의 이마칸(Yimachan), 중
국 운남성 나시(Naxi)족 동파의 숭방통(崇邦統), 서시베리아 한티 만시족
(Hanti-Manti) 등의 위대한 곰(The Great Bear Epic) 등의 전통적인 사례가
무엇을 말하고자 하는가 명확하다.

이들이 구전서사시가 소외받는 이들의 산물임을 우리는 명확하게 알
수 있다. 이들의 전통 속에서 구전서사시의 공통점과 차이점을 공유하
고 있으며 북방민족의 여러 면모가 고통 속에서 신음하여 자신의 정체
성을 확립하기 위해서 힘들게 투쟁하고 있는 점을 잊어서는 안될 것이
다. 이들의 전통을 찾고 이들의 자존감을 되살리면서 이들의 원형질적
특징을 살려주는 것이 필요하다. 제4세계의 위대한 창조가 구전서사시
로 남아 있는 것은 정말로 소중하다고 할 수 있다.

시베리아의 전 영역을 통해서 본다면 이들의 전통적인 것들은 전지
구의 북반구를 통째로 이어가는 것임을 우리는 잊지 말아야 한다. 가장
소외받고 있는 이들의 존재 가치를 알리고 세계소수민족의 진정한 인류
평화의 정신을 잊지 않기 위해서라도 이들의 복권을 필요로 한다. 그렇
지만 이들의 정치적인 가치보다 소중한 가치가 문화적 창조에 있음을
굳이 잊지 말아야 한다. 이들의 삶을 통해서 우리는 새로운 지구의 구성
원으로서 가치를 명확하게 알게 된다. 그들의 서사시에서 평화를 가르
치고 있으며, 인간은 서로 평화롭게 지낼 수 있음을 강조한다.

넷째, 세계서사시의 판도를 놓고 보면 원시적인 구전서사시를 유지
하고 있는 사례, 고대시대의 구전서사시를 유지하고 있는 사례, 고대의
기록서사시를 가지고 있는 사례, 중세적인 서사시를 간직하고 있는 사
례, 현재에도 다양한 구전서사시를 가지고 있는 사례 등으로 매우 다양
하다. 함경도 망묵굿의 사례가 차지하는 사례의 흔적은 명확하다.

함경도 망묵굿에 구연되는 구전서사시는 원시시대나 고대시대에 생

성된 것을 아직까지 유지하고 있으면서 거의 중세서사시와 융합을 잘하 거나 중세적 세계관을 차입한 경우가 흔하다. 이 서사시들은 한결같이 특징을 가지고 있는데 그 특징이 바로 자연과 인간, 산 인간과 죽은 인 간, 산 인간과 산 인간의 관계를 유지하면서 서로 화합하자는 특징을 가지고 있다. 남과 잘 지내면서 서로 돈독한 관계를 유지하자는 것이 핵심적인 소인이 된다.

인류가 지구에 등장하여 보편성을 유지하면서 자신들이 겪은 과정이 각별한 것 같지만, 이들의 관계가 서로 다양하고 저마다의 환경 속에서 특별하게 만들어졌으나 각기 인류의 보편적 체험이나 과정을 그리는데 서로 일치점을 가지고 있다. 각자마다 창조가 결국 세계적인 보편성의 가치를 구현하고 있다고 해도 과언이 아니다.

우리는 함경도 망묵굿의 서사시를 통해서 이러한 세계적인 보편성을 찾는 것이 어렵지 않다고 하는 사실을 분명하게 알 수 있다. 그러므로 이를 연구해야 할 뿐만 아니라, 동시에 이들의 관계를 적절하게 배합하 면서 오늘날의 자산으로 삼아야 함이 마땅하다. 한번 잃어버리면 돌이 킬 수 없는 것들인 점을 다시 명확하게 재인식해야 할 것이다.

〈함경도 망묵굿의 내용〉

내용	비고
1. 부정굿	굿을 시작하는 것을 고하고, 굿판을 맑히는 정화의 의미를 가진 절차이다. 물과 불을 가지고 가심을 한다. 무당이 굿터 한 가운데에 앉아서 혼자 한 손으로 외장구를 치면서, 다른 손으로 부엌칼로 솥뚜껑을 두드리면서 무가를 구송한다. 부엌에서 정화를 하는 것과 상통하는 의미를 가진다.
2. 토세굿	집터 지킴이에게 굿하는 것을 고하고 집터를 지키는 터주신[土主神]에게 굿 하는 것을 알리면서 굿하는 사연을 말한다. 굿이 원만하게 잘 진행되어서 나쁜 일이 없기를 기원하는 절차이다.

3. 청배	망묵굿에서 모시는 여러 신들을 청배하면서 이들 신이 굿판에 오기를 기원하는 청신(請神)의 절차이다. 여러 신의 이름을 일일이 거명하면서 모두 불러서 청하고, 각 신들이 굿하는 장소에 자리잡혀 앉힘으로써 굿에서 염원하는 바가 잘 이루어질 수 있도록 빌면서 신들을 초청하는 절차를 거행한다.
4. 성주굿	집을 수호하는 으뜸의 집안 지킴이 신인 곧 가택(家宅)수호신, 성주신[成造神]을 모시고, 가택과 가정의 안녕을 기원하는 절차이다. 무당이 성주 상 앞에 앉아서 장구를 치면서, '깜박데기'와 '모시각시'가 주인공으로 등장하는 성주풀이 본풀이를 거행하는 것이 굿거리의 핵심 절차이다.
5. 객로굿	길거리에서 죽은 불행한 혼신들을 청하는 절차이다. 죽은 이 가운데 집밖에서 사망[객사客死]한 망자들을 굿하는 장소로 초청하고, 객사한 망자가 있는 경우 망자가 죽은 장소로 찾아가서 넋을 찾아오는 다른 지역과 달리 망묵굿은 굿을 하는 장소에서 객사자의 넋을 불러서 청해오도록 하는 것이 특징이다.
6. 문열이천수	함경도의 굿에서 불교와의 습합은 일반적인 현상이다. 이 절차에서 저승에 간 망자가 이승의 천도굿을 받기 위해 굿을 하는 장소로 돌아오고, 시왕에게 망자의 천도를 위해 명부의 여러 문을 열어 달라고 기원하면서 천수경을 노래하는 것이 특징적이다. 불가(佛家)의 형식과 유사하게 무당이 장삼을 입고 가사를 두르고 제금을 치면서 천수경을 비롯한 여러 염불을 구송하거나 제금춤을 추면서 진행한다. 천수경은 신묘장구대다라니와 같은 주술적 구절이 있어서 높은 차원의 영력이 있으므로 무당과 중들이 공유하였을 것으로 추정된다.
7. 타승풀이	이 굿거리는 저승 관념과 시왕에게 망자의 목숨이 매여 있는 영혼 관념을 알 수 있는 소중한 명부관을 보여준다. 타성바치들이 한데 가는 저승의 명부에 이들을 기리는 일을 하게 된다. 망자가 사후에 사자에게 끌려가면서 고개를 넘는 고난의 여정을 보여주고, 저승에 도착해서 인도환생 과정을 구송한다. 망자가 저승사자에게 이끌려서 저승을 가는 과정으로 여러 산과 고개를 넘어가는 과정이 자세하게 묘사된다. 음악적으로도 가장 완전하게 갖추어진 것임을 보여준다. 이 과정에서 갖은 고초를 당하는 망자 앞에 여러 동갑(同甲)들이 나타나서 돕는 내용의 무가가 구송된다.
8. 대감굿	함경도 무속에 존재하는 여러 대감신을 모시고, 여러 대감신의 위력(偉力)으로 망자의 저승길이 안전할 수 있도록 기원한다. 망묵굿의 대감굿에서는 서사무가인 〈충열이굿〉 무가를 구송한다. 〈충열이굿〉은 〈짐달언 장수〉라고 하는 본풀이와 함께 〈아기장수〉 이야기와 밀접한 연관성을 갖는다. 함경도 망묵굿의 본풀이적 중첩과 다중적인 서사적 기원을 가지고 있는 점에 대한 반추를 할 수 있는 굿거리임을 볼 수가 있다.
9. 동갑적기	이 절차는 타승풀이와 그 맥을 같이 한다. 우리가 흔히 갑장이라고 하는 존재들을 중시하는데 그러한 절차에 해당하는 망령의 갑장들에 대한 내력을 풀어주는 것이다. 타승풀이에서 여러 동년갑은 망자가 저승길을 가는 과정에서 도움을 주면서 망자에게 자신들을 위해서 대접('적기')해줄 것을 요청했고, 동갑들에게 대접(적기)해주는 절차가 곧 동갑적기이다.

10. 산천굿	산천은 인간이 궁극적으로 자연으로 회귀하는 절차에 해당한다. 팔도 명산대천에 기도해서 망자가 사후에 묻히는 산천에 편안하게 안주하기를 기원하고 유족들의 길복(吉福)을 기원하는 절차이다. 이때 무당은 산천신의 내력을 이야기하는 〈붉은선비와 영산각시〉의 본풀이를 구송한다. 가장 원대한 서사적인 내력과 기원을 이룩하는 망묵굿의 중요한 절차 가운데 하나이다.
11. 대왕천수	천수경을 읊조리는 것인데 함경도 망묵굿 가운데 소중한 절차 가운데 하나이다. 고형의 장단이 이 굿거리에서 쓰이고 동시에 굿의 전통과 의미를 다시 발견할 수 있는 것으로 무불습합의 전통을 넘어서 왕당천수으로 연주하는 오랜 내력을 가지고 있는 점에서 가장 의의가 있느 것임을 볼 수 있다. 굿의 중반에 천수경 등의 염불을 한 번 더 구송함으로써 망자의 저승천도를 기원하는 절차로, 문열이천수와 마찬가지로 무당 두 사람이 제상 앞에 서서 선굿으로 진행한다.
12. 화청	화청은 회향 과정에서 재바지 승려들이 우리 말로 불교적 세계관을 읊조리는 절차이다. 그러한 점에서 무불습합의 전통을 강력하게 살펴볼 수 있는 긴요한 절차이다. 불가의 화청과 공유되는 특징을 가지고 있으며 불교를 넘어서서 불교 민속과 무속의 깊은 교섭을 살필 수 있는 절차이다. 무당이 망자의 제상 앞에 앉아서 장구를 치면서 망자의 저승길이 평탄하기를 기원하는 내용의 무가가 구송된다.
13. 오기풀이	오기풀이는 함경도 망묵굿에서 발견되는 특징적인 절차이다. 망자가 저승길을 잘 갈 수 있도록 길 안내하는 구실을 하는 안내자의 내력을 본풀이로 풀어주는 절차이다. 오기풀이는 우리나라의 많은 지역에서 확인되는 〈바리데기〉와 같은 유형의 서사무가이다. 다른 지역의 오기풀이와 달리 칠공주가 여섯 형제들의 모함으로 죽음에 이르게 되는 점이 다르다. 불행한 결말을 가진 바리데기의 내력을 알 수 있는 본풀이이다.
14. 돈전풀이	망자가 저승에 가는 과정에 저승길을 잘 갈 수 있도록, 저승길의 험난한 난관에 이를 때마다 인정[돈]을 벗어날 수 있도록 망자에게 저승돈을 전달하는 절차이다. 변전과 환전으로 구성되는 이 절차는 깊은 의미를 가지고 있는 내력의 본풀이를 구연한다. 이는 달리 〈궁상이굿〉으로도 불리는데, 무당이 돈상 앞에 앉아서 〈궁산선배와 명월각시〉의 본풀이를 내력으로 구송된다.
15. 도랑선비	함경도 망묵굿 가운데 가장 화려하고 장엄하고 예술적으로 가다듬어진 내력을 가지고 있는 굿거리이다. 망령을 위로하고 극락세계에 고이 잠들라는 의미에서 저승에 있는 남편을 찾아서 끝없는 고행을 하는 청정각시의 내력인 〈도랑선비 청정각시〉의 본풀이를 구연하면서, 열두 도랑을 멕이는 절차이다. 굿이 화려하고 문서가 깊은 굿이라고 할 수 있다.
16. 짐가장굿	저승에 이르는 과정에서 사자의 내력을 담은 것이 전하는 본풀이를 구연하게 된다. 저승 사자의 손에 고통을 겪으면서 가는 망자를 위주로 하지 않고 어떻게 이 임무를 사자가 맡았으며, 그렇게 심오한 내력을 가지게 되었는지 알려주는 굿이다. 망자를 저승으로 안내하는 저승사자가 어떻게 처음 생겨나게 되었는지를 악행을 일삼았던 인물 짐가장을 통해서 풀어내는 〈짐가장〉의 본풀이가 구송된다.

17. 문굿	이승과 저승의 경계에 처한 서사적인 내력을 구연하는 것으로 동아시아 일대에 널리 퍼져 있는 서사를 핵심으로 한다. 사람이 죽어서 환생에 이르게 되는 문을 여는 절차로 앉은굿으로 진행되며, 일명 〈양산백과 축영대〉로 알려진 설화와 동일한 서사를 가진 본풀이를 구송하는 절차이다.
18. 조상가르기	산자와 죽은자는 서로 공유될 수 없다. 경계를 가르고 서로 분리되는 과정이 체현되어야 비로소 산자의 일상으로 돌아갈 수 있다. 망묵굿에 모셨던 조상(세영)들을 망자에 앞서서 먼저 돌려 보내는 과정으로, 여러 조상신들의 몫으로 저승길을 상징하는 산천다리를 풀어서 조상의 산소 등의 문제가 있는 것을 점치기도 한다.
19. 대내림	망자는 떠나지만 하고 싶은 말이 태산처럼 많게 마련이다. 망자의 넋두리가 필요한 까닭이다. 망자의 넋두를 대내림을 통해서 구연한다. 망자의 넋이 실려 있는 '망령대'를 잡아서 망자를 모시는 절차이다. 망자가 저승으로 떠나기 전에 망자를 모시기 위해서 유가족 중의 한 사람이 망령대를 잡는다.
20. 망령놀리기	망자와 산사람은 서로 분리될 수 없으며, 서로 깊은 공감과 별리의 아픔을 나누어야만 한다. 유가족이 망령대를 잡아서 망자를 불러낸 후에 본격적으로 망자(망령)과 유가족이 만나는 과정이다. 망자는 죽음의 과정을 재현하기도 하고, 가족을 만나서 인사하고, 집안의 곳곳을 돌아보면서 이별을 한다.
21. 천디굿	망자를 저승으로 떠나보내는 절차이다. 제장에 있던 꽃틀의 꽃과 초롱등을 떼어내서 망자의 옷을 들고, 저승길을 상징하는 극락다리와 세왕다리를 갈라서 저승의 극락을 상징하는 꽃틀을 통과한다.
22. 하직천수	불가의 천도재 마지막 절차인 도량돌기와 유사한 절차이다. 무당이 장구를 세워서 들고 치면서 제장을 돌면, 망자의 영정사진과 위패·망령대·망자의대 등을 든 유가족들이 따르면서 제장을 여러 바퀴 돌면서 망자가 극락세계로 가기를 청한다.

함경도 망묵굿 〈산천굿〉의 기능과 의미

— 〈산천굿〉의 굿, 본풀이, 구전설화의 관계를 중심으로 —

1. 머리말

함경도 망묵굿은 크게 네 가지 각도에서 중요하다. 현재 그 굿의 전승이 거의 단절된 것이므로 그 실체를 살펴볼 수 없다고 하는 점에서 굿의 전승이나 유산이 있다면 기꺼이 찾아서 연구해야 할 정도로 가치가 있는 자료이다. 아마도 이 점에 대해서 이의를 제기할 연구자는 아무도 없을 것으로 본다. 자료의 확보가 연구의 첩경이 되는 점을 우리는 재인식해야 할 것으로 보인다.

함경도 망묵굿은 망자의 천도의례라는 점에서 한국인의 굿을 점검할 수 있는 최적의 자료 가운데 하나이다. 그 점에서 평안도에서 행해진 다리굿이나 황해도의 만수대탁굿과 같은 것 역시 주목할 만한 것이지만, 망묵굿의 실제는 남아 있으나, 아직 온전한 연구가 이루어지지 않았다고 하는 점에서 이를 연구할 필요가 있다. 그 점에 대해서도 연구자를 비롯한 여러 사람들 역시 마땅하게 연구해야 할 지점이 남아 있는 셈이다.

함경도 망묵굿은 구전서사시의 훌륭한 외형적인 틀을 제시하고 있으며, 여기에서 구연되는 일정한 본풀이는 구전서사시로서 매우 중요한 기능을 하고 있으므로 이를 연구할 필요가 있다고 생각한다. 한국구전서

사시에서 함경도 망묵굿에 풍부하게 남아 있는 본풀이는 온당하게 연구
되고 아울러서 함께 토론하면서 접근해야 할 가치를 지닌다고 생각한다.

함경도 망묵굿에서 전승되는 본풀이들은 섬부하기 이를 데 없으며,
본풀이가 다종다양하고, 본풀이마다 소중한 전통적인 구전설화와 서사
적 얼개나 소재를 공유하고 있으며, 심지어 이야기의 유형적 일치점을
보이고 있으므로 이를 중시해야 마땅하다. 아마도 문화적 주변부로서
함경도가 지니고 있었던 격리된 대상으로서의 특질은 매우 주목할 만한
것이라고 하지 않을 수 없다. 함경도의 지역유형적 특성은 지속적인 연
구 과제 가운데 하나라고 생각한다.

함경도 망묵굿에 대한 연구는 단순하게 확인되는 사실의 규명이 없
이 연구로서의 단순 확대가 많은 점을 확인하게 된다. 이제 이러한 태도
를 지양하여야 한다. 대상을 명확하게 규명하고 사실 자체를 중시하면
서 연구해야 새로운 의견을 개진할 수 있을 것이라고 본다. 그와 같은
대상 자료를 통해서 이를 새롭게 연구하고 규명할 필요가 있을 것으로
판단된다. 함경도 망묵굿 연구는 자료로부터 시작하면 새로운 입론이
가능하고 많은 것을 온축하게 될 것으로 예상된다.

함경도 망묵굿의 굿거리 가운데 〈산천굿〉이 있다. 이 굿거리는 합당
한 해명이 없이 연구가 진행되어서 그 굿거리의 성격도 해명되지 않았
고, 의례적 기능에 대한 해석이 거의 온당하게 이루어진 바가 없다고
생각한다. 그렇기 때문에 이 굿거리의 연구를 굿거리의 성격부터 해명
하는 것이 타당하게 되며, 동시에 이 굿거리를 합당하게 해석할 수가
있는 단서를 찾을 수가 있을 것으로 보인다. 〈산천굿〉의 굿거리나 굿거
리의 연행 과정에 대한 이해가 이 굿거리의 모든 것을 해명해주는 것은
아니지만 적어도 이 굿거리의 합당한 해석의 일단을 찾을 수가 있겠으
며, 온당한 자료의 해석을 하는데 주안점을 제시할 수가 있을 것으로

보인다.

이 연구는 함경도 망묵굿 〈산천굿〉을 중심으로 하여 망묵굿 이해의 과정을 위한 방편으로 삼아서 이 굿거리의 구전서사시적 면모를 해명하고, 본풀이로서의 특성을 분석하고, 이야기로서의 가치와 의의를 해석하기 위해서 마련되었다. 다행스럽게도 망묵굿의 자료와 굿거리의 전모를 알 수 있는 것들이 더 있어서 이를 새롭게 연구할 수 있는 단서를 마련할 수 있었다고 생각한다. 본풀이 자료가 필사되어 있어서 이 자료를 학계에 소개하고 장차 새로운 연구가 족출하기를 기대하면서 이 연구를 시론적으로 하고자 한다.

실제로 연행자들은 이 굿거리를 〈산천굿〉이라고 하지 않고 오히려 〈산천도량〉이라고 이르는 것이 흔한 용례이다. 도량이라고 하는 말에 불교적 근거를 두고 이것이 무불습합의 일환으로 사용되고 있는 점을 보게 된다면 이 용어를 받아들여서 쓰는 편이 적절하다고 생각하여 앞으로 이 글에서는 〈산천도량〉이라는 말로 활용하고자 한다. 장차 함경도 망묵굿에서 도량이 지니는 의의를 예견하면서 조심스러운 제안을 하는 뜻도 있다.

자료의 발굴이 연구를 가능하게 하고, 모르고 있던 연행을 직접 체험함으로써 신바람나는 연구를 할 수가 있다는 점을 거듭 재인식하게 된다. 함경도 망묵굿의 연행 자료들이 몇 편 더 있지만 그것이 무엇인지 직접적인 조사나 언급이 없어서 기실은 대상과 자료, 자료와 연구자의 정서적 공감이 이루어지지 않은 거리감이 있으며 얼핏 보고 말할 수밖에 없는 제한점을 가지게 된다.

연구자가 현장에서 최종적인 책임을 지면서 연구를 하는 것이야말로 가장 소중한 것이고, 자료를 무화하지 않고 생동감이 있는 현실적인 자료로 만들 수 있는 계기를 가지게 되는 점을 우리는 알 수가 있다. 좋은 영상이라고 해서 그것이 온당한 것일 수가 없다. 특히 메타데이터가 없고 음원과 영상만이 남아 있는 자료는 죽은 자료라고 해도 무방하다. 거기에 생명력을 부과할 수가 있는 식견과 안목이 필요하다.

2. 망묵굿으로서의 〈산천도량〉

함경도에 전승되는 굿에 무엇이 있는가? 함경도의 망묵굿 절차는 어떻게 되는가? 함경도의 망묵굿의 구체적인 절차인 〈산천도량〉은 구체적으로 어떠한 절차이고 세부적인 내용은 어떠한 것이 있는가? 이 모든 것을 알아야만 굿을 아는 것이 아니다. 동시에 모든 굿에 능통하다고 공부를 잘 하는 것은 전혀 아니다. 세부적인 절차를 아는 것은 무당이 할 일이고 구체적으로 우리는 개괄적인 인식을 통해서 대상에 접근하는 것이 필요하다.

일단 함경도에 전승되는 굿을 체계적으로 정리하여 도표화하고 이에 대해서 간개를 서술하고자 한다. 그 준거를 제공하는 것은 여러 가지가 있지만 임석재, 장주근, 이보형 등이 조사한 자료에 입각해서 이를 서술할 수밖에 없다.[1] 그 결과를 집약하게 되면 우리는 선명하게 정리되는 공통점을 몇 가지로 간추릴 수가 있다. 그 결과를 정리하면 다음과 같다.

---

1) 임석재·장주근, 『관북지방무가』, 문화재관리국, 1966.
　　임석재·장주근, 『관북지방무가』(보유편), 문화재관리국, 1967.
　　임석재, 「이승과 저승을 잇는 신화의 세계」, 『함경도 망묵굿』, 열화당, 1985.
　　장주근, 「무속신앙」, 『한국민속종합조사보고서』(함남·북편), 문화공보부·문화재관리국, 1981.
　　이보형, 「민속예술-무속음악」, 『한국민속종합조사보고서』(함남·북편), 문화공보부문화재관리국, 1981.

구분 갈래	굿의 사례	굿의 목적과 핵심 내용
큰 굿	간주풀이	재수굿이다. 제보자마다 차이가 있어서 일정하지 않다. 간주풀이를 지금섬은 재수풀이라고 하지만 강춘옥이나 여타의 제보자는 신분적 지체가 낮은 사람을 위한 혼령굿이라고 한다.
	망묵굿	죽은 사람을 위해서 하는 굿이다. 함경도에서 가장 중시하는 굿 가운데 하나이고, 그 절차가 복잡하고 불교적인 습합이 이루어진 점에서 주목을 요하는 굿 가운데 하나이다.
작은 굿	성주굿	집을 새로 짓고, 낙성이나 새집에 이사했을 때에 집안을 위하여 하는 굿이다.
	셍굿	재산 증식이나 부귀다남이나 수복강녕을 위해서 하는 굿으로 여기 굿에 온갖 성인을 모아놓고 그 신화적 내력을 서술하는 본풀이가 있다. 하나의 본풀이가 있는 것이 아니라, 여러 가지 잡다하고 다양한 본풀이를 엮어 놓았다.
	횡수맥이 (혼수굿)	아이의 치병이나 성인의 질병을 낫게 하는 굿으로 혼쉬굿, 황천도액굿 또는 황천혼쉬굿이라고 하며 앉은뱅이와 장님의 본풀이 내력을 말하고 도액을 물리치는 손님동이와 사마동이의 내력을 서술한다.
	간지풀이	신분적 지체가 조상의 원한을 풀어주기 위해서 하는 굿으로 기생, 노비, 무당 등으로 팔천의 구실을 하고 살았던 원혼을 달래주는 굿이다. 그런데 간주풀이와 서로 같은 관련을 가지고 있어서 문제이다.
	요사굿	망령 가운데 여러 가지 사연으로 일찍 죽은 원혼을 위한 굿이다. 客死·獄死·溺死·縊死·戰死·解産鬼 등등의 인물을 위한 굿이다. 재에서 하단 시식귀를 일컫는 영가를 위한 영산재와 관련을 가진다.
	산령굿	집안의 불운이나 불길한 일이 산소 탓이라고 하는 판명을 하고 산소에 가서 산소를 위한 굿을 하는 것을 산령굿이라고 한다.
	산제	명산대천을 찾아가서 그곳에서 산신에게 명과 복을 비는 굿이 바로 산제이다. 자연산신의 의존처를 구하고 그곳에서 굿을 하는 것이 이 제의 핵심이다.
	마상살풀이	신랑이 장가를 들거나, 신부가 시가로 신행길에서 이루어지는 여러 가지 경로에서 빚어지는 사고를 예방하고 무탈함을 기원하는 굿이 바로 마상살풀이다. 관주풀이나 예탐굿의 성격을 지닌 굿이다.
	살풀이	집안의 불길함을 물리치고 재앙을 소멸하기 위해서 굿을 하게 되는데 이 굿의 일반적 내용 가운데 중요한 것이 〈살풀이〉라고 하는 본풀이를 구연하게 된다. 이 본풀이는 〈칠성풀이〉와 성격이 상통한다.

이 가운데 중요한 굿이 역시 큰굿이고 큰굿을 통해서 일정하게 굿에 대한 관념이나 내용을 서술할 수가 있으므로 이를 중심으로 논의를 요약하고 진전시키도록 한다. 재수굿은 인간의 번영과 가족 구성원의 수복강령을 목적으로 한다. 재수굿은 함경도에서는 이를 간주풀이 또는 간지풀이라고 한다. 이 견해는 이보형이 조사한 것에 의해서 등장하는 용어이다.

그런데 이 재수굿을 간지풀이라고 하는 것이 과연 옳은지 이견이 있을 수 있는 증언 자료가 있다. 임석재의 조사 자료가 이를 증거한다. 간주풀이는 지체가 낮은 이들의 영혼을 위한 사령굿이라고 하는 것이다. 간주풀이가 재수굿이라고 하는 견해는 지인귀덕 곧 지금섬의 증언에 의한 것이고, 간지풀이가 사령굿이라고 하는 것은 "코쨍쨍이"로 알려진 강춘옥의 증언에 의한 것이다. 그러므로 이를 맞고 틀리다의 문제로 말하는 것은 부적절하다고 할지 확신이 서지 않는다.

망묵굿이 조사된 자료를 원용하게 되면 다음과 같이 되어 있다. 기왕의 논의에서 그 정리가 아주 잘 이루어져 있으므로 이를 가지고 와서 보이면 이렇다. 현재까지 나와 있는 망묵굿의 절차는 현재 네 가지 정도이다. 이 자료는 함경도 굿에 대한 총체적인 연구에서 정리된 것인데 이를 널리 활용할 필요가 있으므로 이를 원용하면서 논의의 밑거름으로 삼고자 한다.[2]

2) 김은희, 「함경도 망묵굿의 의례적 가치와 의의」, 『2016 전통예술 복원 및 재현-보고서: 함경도 망묵굿 예술성의 총체적 연구』, FROMKOREA, 2016.

〈함경도 망묵굿 자료의 절차〉

제차	망묵굿(새남굿)				기타
	1. 함경도 망묵굿 ("관북무가" 『무형문화재조사보고서』) 1965년 7월~ 조사	2. 함경도 망묵굿 (『민속종합조사보고서』)	3. 함흥 망묵 (『韓國巫歌集Ⅲ』) 1966.5.21	4. 함경도 망묵굿3) (『함경도 망묵굿』) 1981년 12월 조사	
1	성주 알림	토세굿	지적굿	부정풀이	
2	문열이 千手	성주	성주굿	토세굿	
3	청배굿	문열이천수	문열이천수	성주굿	
4	앉인굿	청배	타승	문열이천수	
5	타성풀이	앉은굿	치원대 양산복	청배굿(巫神)	
6	왕당 千手	왕당천수	충열굿	앉인굿	전경욱이
7	화청	동갑재기	동갑적계	타성풀이	『함경도의
8	동갑젯기	타성풀이	궁상이굿	왕당천수	민속』에
9	도랑축언	도랑축원 (=김가재굿)4)	칠공주굿	신선굿	소개한 〈함경도
10	짐가제굿	옥이풀이	도랑선비	대감굿	새남굿〉,
11	오기풀이	산천굿	진가장굿	화청	박전렬의 "북청의
12	山川굿	삼자내기(대잡음)	왕달천수	동갑접기	무속의례
13	문굿	돈전풀이(궁상선배 명월각시 이야기, 양산백 축영대 이야기)	상시관	도랑축원	'새남굿'"으로 소개한 〈새남굿〉은
14	돈전풀이	뒷전놀이	중니가름	짐가재굿	모두 자료 4와 동일한
15	(중이 같음)		마당도리	오기풀이	제차를 구성하고
16	상시관 놀이			산천굿	있으므로 별도의
17	(동이 부침)			문굿	표로 작성
18	천디굿			돈전풀이	하지 않음.
19	하직 千手			상시관놀이	
20				동이부침	
21				천디굿	
22				하직천수	

이에 자료 4를 기준으로 함경도 망묵굿의 필수적인 굿거리를 정리해 볼 수 있겠다. 자료 4는 자료 1·2·3의 자료가 모두 포함된 자료로 망묵 굿에 대한 종합적인 자료라고 할 수 있으므로 기준자료로 삼고자 한다. 그렇지만 명심할 일은 곧 이들의 전승 자료가 현장에서 채록된 것이기 는 하지만 온전하게 이들의 자료가 자연조건에서 이루어진 것인지는 의 문이 생긴다. 의문을 해소하기 위해서 필요한 일은 이들의 자료를 일정 하게 활용하면서 구체적으로 이들의 자료가 사실적인지 판별하는 작업 이 뒤따라야 한다. 따라서 함경도 망묵굿의 구체적인 내용을 자료 4에 서 임석재가 정리한 것[5]을 기준으로 해서 정리하고, 그 외의 다른 연구 자들이 조사한 내용을 참고로 해서 정리하면 다음과 같다.

---

3) 자료 4는 현장 조사 자료가 아니라, 망묵굿에 관한 여러 자료를 합하여 정리한 것으로 보인다. 실제 2016.11.25일에 있었던 『함경도 망묵굿 연구성과 진척을 위한 학술세미나』에 서 정리된 자료가 연행을 바탕으로 정리된 것인지 의문을 제기한 필자(김은희)의 의견에 대해서, 자문위원으로 참석한 박전렬의 증언에 따르면, 당시의 임석재가 정리한 자료 4와 전경욱의 자료는 박전렬이 "북청의 무속의례 '새남굿'"『북청군지』(북청군지편찬위원회, 개정증보판, 1994)에서 1981년에 있었던 함경도 망묵굿의 연행자료를 정리한 것을 공유한 것이라고 한다. 따라서 박전렬의 1차 정리본을 임석재와 전경욱이 활용하여, 각각의 자료 집 정리에 이용한 것이다. 이러한 증언에 의해 이들 자료의 정체가 모호하게 나타난 점을 해결할 수 있었다.

4) 張籌根. "巫俗信仰"『韓國民俗綜合調査報告書-咸鏡南·北道編』(文化財管理局, 1981), 99쪽에는 이 거리에 대하여, "老人들은 아니고, 靑年들이 죽었을 때만 하는데 저승 가서 짝을 잘 만나라는 祝願을 하는 거리"라고 설명하고 있어서, 특별한 경우에 연행되는 굿거리 로 보인다.

5) 任晳宰 외, 『함경도 망묵굿』(열화당, 1985), 78~90쪽. 굿거리를 비롯하여 연행절차 상 무녀의 복색, 연행절차 간략 소개, 장단 소개에 대해 참고하여 정리한 것이다.

〈1981년 한국문화예술위원회 소장 영상 자료-함경도 망묵굿의 연행절차〉

제차	굿거리	연행 절차
1	부정풀이	● 앉은굿, 평복차림 ● 정화 뜻의 부정풀이를 주무당이 제단 앞에 앉아서 장구를 치면서 노래 ● 부정굿장기(1拍에 2字)
2	토세굿	● 앉은굿, 평복차림 ● 마당의 한 귀퉁이나 뒤뜰에 상을 차리고 토세굿 무가를 부른다. 터주신께 굿을 알림. 굿을 마치면 제수는 마당 한 구석이나 대문 밖에 버린다. ● 장구의 오른쪽 복판만 치면서 반주 ● 청배장기-상애짓는장기-도속잡는장기-드러치는장기
3	성주굿	● 앉은굿, 평복차림 ● 성주상 앞에 앉아 장구 치며 무가를 부름. 성주신에게 굿을 고함 ● 청배장기-상애짓는장기-도속잡는장기-드러치는장기
4	문열이천수	● 선굿, 주무는 흰 장삼을 입고 흰 고깔을 씀 ● 서서 장구를 세워서 장구방망이로 두드리면서 천수경을 천수장기로 구송, 옆 사람은 무가를 구송하는 동안은 장삼을 입고 바라로 반주해주며, 무가 구송이 일단락되면 바라춤을 춘다. 따라서 무가구송과 바라춤이 몇 차례 반복되어서 나타난다.
5	청배굿	● 앉은굿 ● 무신의 이름을 열거하여 좌정할 것을 기원 ● 청배장기-상애짓는장기-도속잡는장기-드러치는장기
6	앉인굿	● 앉은굿, 평복, 〈감천〉서사시 ● 청배장기-상애짓는장기-도속잡는장기-드러치는장기
7	타성풀이	● 앉은굿 ● 망자가 사자에게 끌려 가는 도중 저승사자에게 당하는 갖은 고초를 他姓의 망령이 망자의 고초를 돕는다는 내용의 무가6) ● 상애짓는장기-도속잡는장기-드러치는장기
8	왕당천수	● 선굿 ● 천수경으로 여러 신의 좌정 기원 ●*문열이천수와 연행방식이 같음 (천수장기)
9	신선굿	● 앉은굿 ● 난선구성인, 지맹구성인을 비롯해 각 방위의 신인 지정과 각종 조왕, 오방신장, 각종 간주, 동서남북 각 바다의 용왕들을 청해 망자의 안주와 유족의 길복을 기원하는 무가 구송

6) 金泰坤, 『韓國巫歌集Ⅲ』(集文堂, 1978), 150쪽 미주 8)에 따르면, 〈타승〉이라 하여

10	대감굿	• 앉은굿, 〈짐달언 장수〉서사시 • 지정대감, 신장대감, 산령대감, 호기대감, 조사대감, 삼재대감, 호기별상대감, 재수대감, 전장대감 등 대감신을 청하고, 〈짐달언 장수〉서사시 노래 • 청배장기-상애짓는장기-도속잡는장기-드러치는장기 • 선굿, 춤-예주게춤 장단
11	화청	• 선굿 • 주무당은 흰 장삼에 흰 고깔을 쓰고 목에 염주를 걸고 제금을 치며 무가를 부르면서 굿판을 돌고, 그 뒤를 조무당과 망자의 유족이 따름. 망자의 저승길이 평탄하기를 빔. 불교의 화청과 유사.
12	동갑접기	• 앉은굿 • 망자의 저승길 중에 당하는 여러 난관과 고초에 먼저 간 동년갑의 망령들이 나타나 도와준다는 내용으로, 동년갑 혼을 향응하는 내용의 무가부름 • 앉아서 장구를 치면서, 자유리듬의 장구 반주 장단에 무가 구송, 간간히 앉은 굿장기로 간주, 점차 빨라져서 엇모리형의 장단이 됨
13	도량축원	• 선굿, 〈도랑선비 청정각시〉서사시 • 녹색쾌자, 홍띠, 흰고깔, 바라를 들고 서서 무가 구송 • 도량을 밝히는 뜻으로 하는 도랑축원, 망령의 위로, 극락세계에서 고이 잠들라는 의미의 〈도랑선비 청정각시〉를 구송함[7] • 상애짓는장기로 장구반주, 때때로 무가 제창 • 무가가 일단락되면 구송자가 바라춤(논놀이장기) • 이후, 무가 구송과 바라춤의 몇 차례 반복하고, • 무가 구송을 모두 마치면, 도속잡는장기-드러치는장기로 마침
14	짐가재굿	• 앉은굿, 〈짐가재〉서사시 • 살(煞)이 들어오는 것을 막기 위한 것으로, 저승의 사령이 염라대왕을 이승까지 소환하는 이력이 있고 모든 사악한 것을 위협하는 힘이 있어 망자와 유가족에게 사악한 것이 범접하지 못하도록 〈짐가재〉무가 구송.

'사람이 죽어서 간다는 저승'을 기리킨다. 타성을 '他姓'으로 해석해야 하는가, 아니면 김태곤의 의견과 같이 이해할 것인가는 따져봐야 할 문제이다. 『無形文化財調査報告書』의 381~450쪽에 수록된 〈타성풀이〉에 망자가 사망을 접해서 저승을 가고, 다시 이승에 굿을 받으러 오기까지의 과정이 상세하게 구송된 내용이 있는 것으로 보아서 김태곤의 논의가 어느 정도 의미가 있을 것으로 짐작된다.

7) 赤松智城·秋葉隆, 『朝鮮巫俗の研究』下卷, 屋號書店, 1938, 181~182쪽에 따르면 다른 자료들과 달리 특별한 결말을 확인할 수 있다. 그 내용인 즉 "천천각시 이야기라는 것은, 젊어서 남편을 잃은 천천각시가 비탄에 빠진 나머지 손으로 묘를 파고, 또한 손에 기름을 발라 불을 질러 죽어서 토란순비로 소생하도록 기원했지만, 남편의 죽은 영령은 새우가 되고, 그녀도 죽어서 매미가 되었다는 애절한 이야기이다."라고 한 도랑선비와 청정 각시의 사후에 관한 내용이 있다.

15	오기풀이	• 앉은굿, 〈바리공주〉서사시 • 청배장기로 무가구송을 시작해서, 드러치는장기로 대부분의 무가를 구송
16	산천굿	• 앉은굿, 〈붉은선비 영산각시〉서사시 • 호세미는 남패자와 흰고깔, 홍띠를 걸침 • 팔도 명산대천에 기도하여 망자의 사후 안주와 유족의 길복을 빔. 〈붉은선비와 영산각시〉 설화가 담긴 무가를 부름.8) • 자유리듬에 수시로 '덩덩덩더…' 치면서 반주하며 무가구송9)
17	문굿	• 앉은굿, 〈양산백 축영대〉서사시 • 〈양산백과 축영대〉 무가로 저승길을 닦음10)
18	돈전풀이	• 앉은굿, 〈전신(神錢)〉서사시 • 망자가 저승에 끌려가는 중 사자에게 고초를 당하고 험난한 난관을 넘길 때마다 인정을 써서 어려운 고비를 넘기는 내용과 〈전신(돈신)〉의 신화가 담겨 있는 무가로 궁산선배와 명월각시 이야기를 부름. • 도속잡는장기-드러치는장기-불림장기
19	상시관놀이	• 무가는 부르지 않고 주마당이 고깔과 장삼을 착용하고 춤만 춤.
20	동이부침	• 무가는 없이, 떡시루를 입술에 붙이고 굿판을 도는 것.11)
21	천디굿	• 베가름 • 흰 천을 길게 펴 두 사람이 양 끝을 팽팽하게 펴서 잡고 흰 천 위에 망자의 의복이나 소지품을 올려놓고, 주무당이 이를 앞뒤로 움직이면서 망령이 저승에 편히 가도록 기원. 유족들의 인정이 있다.12)

---

8) 赤松智城·秋葉隆, 위의 책, 181쪽에 설명된 산천굿에서는 밥상 여덟 개(팔도 명산)에 베와 망인의 옷을 올려놓고, 무당은 검은 옷을 입고 망인의 갓을 쓰고 장구를 치면서 계림팔도 명산 노래를 부른다고 한다. 이는 죽은 이의 뼈는 명산에 묻히도록 기원하는 의미라고 한다.

9) 이 점에 대한 서술은 뒤의 구전서사시 항목에서 시정하고자 한다. 이 굿의 본풀이 구연 방식에 여러 가지가 있으며, 이를 온당하게 서술하기 위해서는 다양한 사례를 집중적으로 살펴야 한다.

10) 赤松智城·秋葉隆, 심우성 역. 위의 책, 181쪽에 설명된 문굿에서는 밥상 세 개를 쌓아 올리고 그 위에 물과 돈을 넣은 놋그릇을 놓고, 극락 가는 열두 문을 의미하는 문을 2개 만들어 놓고 연행한다고 한다. 그리고 망자의 영혼이 그곳을 무사히 빠져나가라는 의미의 무가를 부른다고 한다. 또한, 金泰坤. 위의 책, 150쪽 각주 5)에 따르면 이 무가는 젊어서 죽은 망인의 경우에만 부른다고 한다. 그러나 이에 대한 정확한 구송 사례는 증명하기 어려운 실정이다.

11) 전경욱, 『함경도의 민속』(고려대학교 출판부, 1999), 135쪽에서는 북청의 새남굿에서는 첫날 무당이 상을 입에 물고 돌며, 상 위에 옹기그릇을 놓고 그 안에 쌀 두 되를 넣었다고 한다.

22	하직천수	● 마지막 굿거리 ● 천수경 염송으로 망자가 안전하게 저승으로 가도록 빌며, 작별의 말을 전함.[13]

　함경도 망묵굿에서 중요한 것은 죽은 사람을 위한 굿이기 때문에 죽음에 대한 세계관적 기저나 구조적인 것들을 어떻게 해결하는지에 대한 문제이다. 삶과 죽음, 이승과 저승, 유족과 망자 등의 대립항을 구조적으로 설정하면서 이를 납득할 수 있는 방식으로 해소하는 것이 중요하기 때문이다. 망묵굿은 죽음, 망자, 저승 등의 세계를 굿거리의 순서로 해명하면서 일반인들에게 굿을 하면서 그 세계로 전이되는 과정을 보여주는 굿이다. 그렇기 때문에 굿거리의 순서가 곧 이러한 과정을 보여주

---

12) 전경욱, 위의 책, 135~136쪽에 정리된 북청지역의 천디굿은 연행방식에 차이가 있다. 먼저 굿을 하는 집에서 삼베(麻布)를 정성스레 짜서 망령의 '길막이'를 준비한다고 한다. 이 길막이는 망인의 맏며느리가 목욕재계하고 말을 하지 않고 입에 쌀을 물고 밤을 새워 약 10m 길이의 금다리와 만다리를 하루에 하나씩 짠 것이다. 다 짠 금다리와 만다리를 조상 신주 앞에 놓아두었다가 굿의 마지막 날에 베를 가르는데, 베를 가를 때 금다리를 먼저 가르고 만다리를 가른다. 양쪽에서 금다리를 펴서 잡고 있으며, 호세미가 대나무의 아랫부분으로 베를 가르는 것이다. 베가 잘 갈라지고 망자가 잘 받았다고 여겨지면 가른 베를 호세미가 말아 들고 조상 신주 앞에서 춤을 추고, 가족들도 춤을 춘다. 베를 가른 후에 꽃틀을 치우는데, 이것은 '꽃틀을 친다'고 한다. 꽃틀은 새남굿(망묵굿)을 시작할 때 3m 정도의 소나무 두 개를 세워서 싸리나무에 오색 꽃을 묶은 수십 개의 가지를 꽂은 것이다. 천디굿에서 베를 가르면 미리 마을에 알리고 문을 열어 마을의 젊은이들이 들어와 꽃틀·장벗대·덕대 등에 꽂아져 있던 꽃을 가져가게 한다.

13) 전경욱, 위의 책, 136~137쪽의 북청지역 하직천수는 다르게 연행된다. 하직천수를 위해 마당에 제상을 차리고, 돗자리를 펴서 호세미가 춤을 추어 신을 부른다. 그리고 약 1m 길이의 대(생소나무)를 흰쌀을 담은 그릇에 세워놓고, 망인의 아들·며느리·딸 중 한 사람이 대의 아랫부분을 쥔다. 즉 대를 잡는 것으로 대체로 처음에 맏며느리를 잡게 하고, 맏며느리에게 잘 내리지 않으면 가족들이 돌아가며 잡는다. 대가 내리면 호세미가 망령의 설움을 말하면 대를 쥔 사람에게 신이 올라서 손이 저절로 떨리면서 대가 떨고, 호세미가 굿을 잘 받았는지 질문한다. 상하로 긍정을 뜻하면 비로소 망령이 생전의 고생을 벗고 극락으로 떠난다고 생각한다. 잘못되면 대가 좌우로 흔들리거나, 대잡이가 지붕위로 뛰어올라가거나, 장벗대로 가서 장벗대를 메고 흔들기도 한다고 한다. 그러한 경우 호세미가 조상의 신주와 시왕 등 무속신을 모신 곳에 가서 빌어서 상황을 정리한다.

는 것이고 논리적 정합성을 가지는가 하는 점은 정말로 중요한 문제이고 이 굿 이해의 관건이 된다.

굿거리의 순서가 논리적 정합성을 가지고 있으며, 동시에 이 굿거리의 배치가 일정하게 단계별로 전이되는 과정을 구현하는지 하는 점을 중심으로 굿거리의 여러 신격들이 무작정하게 나열되는가 여기에 일정한 논리적 근거를 지니는가 하는 점을 해명해야 한다. 그것이 이 망묵굿의 논리적 준거를 확보하는 것이므로 중요하다고 하지 않을 수 없다. 망묵굿의 설정에서 돋보이는 것은 저승에 이르는 과정이 매우 복잡하게 되어 있다고 하는 점이다.

근본 설정은 간단하게 이승과 저승의 경계면을 주요한 설정의 근거로 하고 있기는 하지만, 경계면에 있는 여러 신들의 직분을 임명하고 이들의 본풀이를 타당하게 풀어냄으로써 이들 신의 지배를 공고하게 설정하고 있는 점이 확인된다. 하나의 신이 아니라 여럿의 신이고, 단일한 세계가 아니라 입체적인 신들의 세계이므로 이들의 상관성을 구조적으로 보여주고 있는 점은 매우 인상적이라고 할 수가 있을 것이다. 일련의 서사무가인 본풀이가 밀집되어 있는 점도 주목할 만한 것이 아닐 수 없다. 이 본풀이의 설정과 저승의 여러 국면과 경계면은 소중한 의미를 자아낸다.

망묵굿에서 한 가지 더욱 주목할 점은 이들의 본풀이나 굿거리가 기실은 근본적으로 굿과 불교의 의례적 복합에 의한 무불습합의 모습을 다종다양하게 보여주는 점을 볼 수가 있으며, 그러한 설정 자체의 의미를 강화할 수 있는 것임을 적절하게 보여주는 것이다. 이들의 본풀이나 굿거리에서 그러한 복합적 산물의 상징성은 철저하게 보아야 할 지점들이 아닌가 한다. 본풀이의 연쇄에 일관성을 부여한다면 불교에서 없는 것들을 새롭게 설정하고 상정하면서 본풀이의 유의미한 관계를 환기하고 있는 점을 존중하여야 한다.

함경도 망묵굿에서 〈산천도량〉은 중요한 위치를 차지한다. 비교적 굿의 후반부를 관정하는 굿거리이다. 산천굿의 망묵굿은 굿의 후반부에 위치한다. 상차림과 호시애비의 옷은 정해져 있다. 산천굿에서는 밥상 여덟 개(팔도 명산)에 베와 망인의 옷을 올려놓고 연행하는 것으로 되어 있다. 1937년에 조사된 자료에서는 무당의 복색을 무당은 검은 옷을 입고 망인의 갓을 쓰고 장구를 치면서 계림팔도 명산 노래를 함께 부른다고 한다. 1981년 자료에서는 호세미는 남쾌자와 흰 고깔, 홍띠를 걸치고서 진행하였다. 시대적 차이가 있는 점이 발견된다.

이 굿거리는 죽은 이의 뼈는 명산에 묻히도록 기원하는 의미를 지닌다. 실제로 굿에서 연행한 결과를 보게 되면 대맹이의 주검을 불에 태워서 없애는 것이 인간의 화장법의 기원과 연계되고 사람의 뼈를 산에다 묻는 것을 알 수가 있으며 그 굿법의 기원은 여기에서 비롯된다. 이 굿거리는 앉은굿의 형태로 하는 것을 볼 수가 있다. 이 굿거리에서는 〈붉은선비 영산각시〉에 관련한 서사시가 구연되고 굿법의 기원에 대해서 해명한다. 팔도 명산대천에 기도하여 망자의 사후 안주와 유족의 길복을 비는 것으로 되어 있다.

3. 구전서사시로서의 〈산천도량〉

구전서사시로서의 〈산천도량〉을 검토할 차례이다. 이미 많은 연구서나 논문 자료에서 언급한 바이지만, 구전서사시의 일반적 정의를 필요로 하지 않는다. 그렇지만 적어도 온당한 연구를 위해서는 필요한 작업이 〈산천도량〉을 구전서사시로 바라보는 일이나 관점이 소박하게 제시되어야 한다는 점을 다시금 환기하지 않을 수 없다. 기본적인 것들을 연구의 관점으로 하지 않아서 생기는 차질을 시정하기 위해서 필요한 작업을 하는 것이 마땅한 순서라고 생각한다.

〈산천도량〉이 구전서사시에서 구전에 해당하는가 하는 문제를 환기할 필요가 있다. 현재 함경도 망묵굿이 온전한 전승이 이루어지지 않았으므로 이를 합당하게 연구하는 관점이 소용이 있다. 구전서사시로서의 〈산천도량〉이 "구전"으로서의 의미를 가질 수가 있는가? 아마도 이 점에 근본적인 의문이 생길 것이다. 현재 〈산천도량〉은 화석화된 자료로만 남아 있으며, 영상이나 촬영된 것이 있으나 이에 대한 의미를 온당하게 회복할 수 있는 증언 자료가 없기 때문이다.

그렇지만 중요한 현상이 발견된다. 구전으로서의 〈산천도량〉은 특기할 만한 특징을 지닌다. 그것은 필사본의 자료를 동원해서 일정하게 이 굿거리를 구연한다고 하는 사실이다. 그렇다면 이는 구전이라고 하는 본질에서 벗어나거나 어긋나는 것이라고 하지 않을 수 없다. 구전의 진정한 것은 말로 기억하여 창조하고 말로 전달하고 말로 수용하여 기억에 담는 것이기 때문이다. 전승자들이 기억의 방편으로 기억할 수 없는 것들을 기록하여 필사본의 형태로 꾸며 만들어 연행의 보조 수단으로 삼고 있다. 그렇기 때문에 구전의 정의에서 위배된다.

구전의 의미를 다시 정립할 필요가 있다. ① 구전(oral tradition), ② 구전(oral tradition)-기록 정착(written down), ③ 구전(oral tradition)-기록 정착(written down)-구전(oral tradition) 등의 의미망을 볼 때에 이는 진정한 의미를 가질 수가 있을 것으로 보인다. 위의 양태 가운데 ①은 협의의 정의에 해당하고 본질적으로 무문자의 경험을 가진 사람들이 했던 방식이다. ②는 기억의 수단으로 문자를 익힌 쪽에서 감행한 결과이다. 그러므로 이것은 의미가 있으나 기실 구연되는 것을 상실한 것이다. ③은

재구전화되는 양태이고, 이것을 통해서 궁극적인 것들을 활용할 수가 있을 것으로 본다. 구전되던 것을 복원하고 의미 맥락을 갖도록 하는 것이기 때문이다.

〈산천도량〉은 경우에 따라서 구비시(oral poetry)이면서 기록시(written poetry)이다. 함경도 망묵굿의 전승이 불가능한 상황 속에서 구전되던 것을 재구전화하는 것은 그릇된 처사가 아니다. 함경도에 월남한 무당들도 안간힘을 다해서 전승을 하고자 했던 것이 이러한 사정을 말하는 것이라고 할 수가 있을 것이다. 구전시와 기록시, 기록시의 재구전화하는 양상을 부정적으로 보지 않고 열린 마음으로 이를 활성화하는 양상을 재평가하여야 할 것이다.

김복순과 같은 사례에서 본다면 이는 명백하게 재구전되는 방식을 선택한 것이다. 이는 담당하는 담당층이나 사회적 환경의 변화에서 생긴 결과라고 할 수 있다. 기억으로 온전하게 전할 수 없었던 것들을 온전하게 기억하는 것으로 본다면 이는 중요한 의미를 가지게 되고 현재의 망묵굿과 같은 구전은 이러한 방식으로 절대적인 의존을 하고 있음이 드러난다. 부차적이고 2차적인 구전이라고 하는 점에서 〈산천도량〉은 중요하다.

〈산천도량〉의 구전서사시에서 "서사"가 지니는 의미를 다시금 환기해야 할 것으로 보인다. 서사는 문학갈래의 본질적인 것이므로 다시 거론할 필요는 없지만 분명한 준거를 하나 정의하는 것이 필요하다. 그것은 "서사"로서의 〈산천도량〉은 장형서사에 해당하고, 특별하게 인간과 동물, 동물과 괴물의 다층적인 의미망을 중심으로 하여 독자적인 세계관을 기초로 하는 신화적인 기원을 해명하는 것으로서의 서사적 성격이 분명하게 드러난다. 내용의 기원이나 소재적인 차원의 문제와 다르게 서사적 면모는 이러한 것임을 정립할 필요가 있다.

　장형의 서사와 신화의 서사적 성격을 〈산천도량〉이 특정하게 문화적 기원을 함의하고 있는 것으로 산천에 묻히고 산천에서 묘지로 승화하는 것들에 대한 까탈이나 빌미를 해명하는 것으로서의 서사적 의미를 가지고 있으며, 붉은선배와 영산각시가 그 기원을 맡아서 해명하기 위해서 이렇게 산천의 신으로 좌정하게 된 내력을 보여주는 점에서 주목할 만한 가치를 지닌다. 일학이라고 하는 즘생을 물리치고 문화적 영웅의 과업을 이룩하는 점에서 특별한 것이다.

　〈산천도량〉의 구전서사시에서 "시"로서 하는 의미를 규명해야 할 것으로 보인다. 시는 단순하지 않다. 이것이 가장 중요한 것인데 아직 이에 대한 명확한 규명이 이루어지지 않았다. 시는 세 가지 의미를 가지기 때문에 복잡하다. 율격으로서의 시, 무속적 반영으로서의 시, 음악으로서의 시가 곧 그것이다. 세 가지의 시로서의 의미와 부차적 성격에 대한 분석이 필요하다. 그렇지만 이것이 본질적인 것은 아니므로 일단 이에 대한 보조적인 수단으로서의 성격을 분석하기 위하여 이를 차원과 층위로 나누어서 해명하고자 한다.

　율격으로서의 시는 기본적으로 한국시가의 그것과 같은 것이지만 중요한 변수가 있다. 가령 서사민요와 같은 구전서사시의 시가 율격은 지극히 간단하다. 그렇지만 이 서사시의 경우는 산문전승과 율문전승이 분간을 이루고 있으며, 말로 하는 것과 소리를 내서 하는 것에 의해서 율격의 구분이 이루어지기 때문에 매우 복합적인 특징을 가진다. 그렇지만 이것은 판소리의 그것과는 전혀 다르다. 판소리의 아니리와 창이 이루는 것과 달리 매우 자의적인 특성이 있고 율적 압박이나 강제가 판소리에 견주어서 자유롭다.

　대체로 2음보에 의한 율격적 분절을 핵심으로 한다. 대체로 이를 종래의 연구자들이 4음보의 틀에서 해왔는데 과연 그렇게 할 수 있는지

회의적인 데가 적지 않다. 그러므로 이를 2음보의 율격 속에서 해명하는 것은 정말로 중요한 문제일 수 있으며, 서로 바꿀 수 없는 것이라고 하겠다. 2음보의 율격과 분절에 의해서 하는 것은 장차 일반화해야 할 문제라고 생각한다.

2음보의 고정적 성격과 관련되면서 음보를 이루는 음절수는 항상 가변적이고, 가변적이기 때문에 이것이 고정적 법칙과 다르다고 할 수가 있을 것이다. 정형시와 자유시의 속성이나 자질을 말한다면 음절수의 가변성과 음보수의 고정성은 이러한 속성을 전적으로 반영하는 것이라고 하지 않을 수 없으며, 그것이 가장 중요한 율격의 현상이고, 이것이 곧 무가와 민요의 구비시가 일반으로서의 성격을 분명하게 하고 있다.

무속적 반영으로서의 시는 무속의 굿에서 하는 것이므로 시의 본질적 차원의 성격 가운데 이미 무속시의 면모를 구현한다. 그러한 성격을 크게 본다면 주술시(magic poetry)와 함께 점술시 또는 예언시(mantic poetry)의 선언적 맥락에서 특정한 것을 반영하는 것이 적지 않다. 주술적인 기원을 반영하고 있으며, 그것을 통해서 일정하게 무속의 의미를 완성하고 달성하고자 하는 언어의 체계로서의 시라고 하는 점을 부인할 수 없을 것으로 보인다.

예사사람의 일반적인 민속의 세계로서 반영되는 민속시는 전혀 아니다. 그 기반 위에서 생성되는 것이기는 하지만 그 자체로 본질일 수 없다고 생각한다. 일반인의 생활 이해에 도움을 주는 것은 아니다. 무당 서사시로서의 면모가 강하고 무당의 권능과 생성력을 중심으로 하고 일반인들을 일종의 자신들의 세계관으로 이끄는 구실을 하므로 적절한 생활시라고 보기는 어려울 것으로 보인다. 민속과 무속의 거리만큼이나 이러한 시들은 차별성을 지닌다.

음악으로서의 시는 대체로 민속음악적 세계과 일치할 것 같지만 그렇

지 않다. 매우 다른 차원의 시이고 음악적으로서도 세련되었으며 전문가
들의 음악이라고 하는 점을 분별해낼 수가 있을 것으로 보인다. 그 점에
서 음악으로서의 시는 심층적인 면모를 가지고 있는 것은 아닌가 한다.
이에 대한 상세한 서술이 필요하나, 장차 작업을 완성하도록 한다.

〈산천도량〉으로서의 음악적 시로서의 성격을 간명하게 정리해둘 필
요가 있을 것으로 보인다. 이 굿거리는 몇 가지 굿거리의 덩어리가 존재
한다. 그 결과를 온전하게 정리하고 이에 대한 음악적 분석을 해둘 필요
가 있을 것으로 보인다. 〈산천도량〉을 비롯하여 굿거리의 연행에서 필
수적으로 요청되는 악기들이 있다. 이 악기들은 구전서사시의 구연에
집중적인 구실을 하게 된다.

악기는 일단 "장기", "냥푼", "바라" 등이 주된 기능을 하는 악기이다.
"장기"는 장구를 이른 말이고, 모든 장단이나 굿거리에서 사용되는 것
에 기본적인 구실을 한다. 이와 같이 "냥푼"은 "쟁개비띤다"라고 하면서
이를 징으로 간주한다. 이를 달리 "쟁개비 뚜드린다"고 하기도 한다. 이
것을 중심으로 기본적인 본풀이나 악무를 연행하는 것을 볼 수가 있을
것이다. 장기는 본풀이에서도 춤과 노래의 연주에서 중심노릇을 하는
악기이다. 이와 달리 냥푼은 기본적으로 중요한 장단의 기둥을 세우는
것이라고 할 수가 있을 것이다.

〈산천도량〉의 연행된 결과를 중심으로 분절을 하고자 한다. 〈산천도
량〉은 매우 주목할 만한 방식으로 연행되고 특징을 명료하게 드러낸다.
이들이 하는 것을 일정하게 정리하면 다음과 같다.

1. 망령
　1.1. 말로 하기
　1.2. 상애짓는장기

　이와 같은 순서로 진행하는 것이 일반적이다. 장단은 대체로 혼소박으로 된 것이 많고, 경우에 따라서는 예개주장기처럼 3소박4박자나 부정풀이처럼 2소박4박자가 있기도 하지만 일반적으로 모든 굿거리는 이와 같은 형태로 구연하면서 연행하는 것을 볼 수가 있다. 혼소박이 일반적인 것을 볼 수가 있으며 왕당천수와 같은 특별하게 길게 연행하는 것도 있지만 일반적이지 않다. 동갑젯기와 같은 데서 이러한 혼솝박의 8박자가 쓰이기도 한다. "♪♪♪♩♪♪♩♪♪♪♩♪♩♪♩♩♪♪♪♩♪♪♩♩ ♪♪♪♩♪♪"와 같은 것이고, 그것이 이른 바 "세 상 -/살 -//이 - -/ - -///생 각 -/허 -//니 - -/- -"와 같이 구현된다. 엇머리형의 장단을 두 개를 합쳐놓은 것이 흔한 것은 아니지만 고색창연한 장단으로 등장하기도 한다.

　대체로 상애짓기장기는 "♪♪♪♩♪♪♩♪♪♪♩♩♪♪♪♩♪♪♩♪♪♪" 으로 되어 있으며, 도속잡는장기는 이것을 좀더 빠르게 치는 것을 볼

수가 있어서 리듬형태는 거의 같은 것으로 되어 있다. "♪♪♪|♪♪|♪ ♪♪||♪♪♪|♪♪|♪♪♪"로 된다. 이와 달리 드러치는장기는 "♪♪ ♪|♪♪|♪♪|♪♪♪♪|♪♪"로 되어 있다. 이와 달리 흔한 형태는 아니지만 단몰이로 된 것도 있음이 확인된다.

선율은 거의 메나리토리로 일관하고 있으며 이를 달리 메나리조라고 한다. 메나리토리는 주요 구성음이 mi-sol-la-do'-re'이고, mi-la-do' 의 4도+3도 관계가 선율진행의 중심이 된다. 이 토리는 선율이 상행하 여 진행할 때와 하행하여 진행할 때의 음조직과 시김새에 있어서 이에 의한 약간의 차이가 있다. 즉, 대개 상행할 때는 '레'-도''에 짧은 퇴성이 나타난다면, 하행할 때는 이들 음에 서서히 점진적으로 흘러내리는 퇴 성이 나타나며 '솔'도 이때만 출현하는 음이기도 한다.

그러한 점이 곧 이 지역의 지역유형적 선율의 특색을 드러낸다고 할 수가 있다. 이를 흔히 육자배기토리와 같은 것으로 규정하고 동남토리 라고 하는 것을 강조하기도 한다. 함경도 지역에 메나리토리가 나타나 는 것은 거의 민요의 그것과 다르지 않아서 민속음악의 일반적 면모와 상통하는 것으로 볼 수가 있을 것이다.

〈산천도량〉의 구전서사시로서의 특징은 전문적인 사제자 집단에 의해 서 창조되고 전승된 것임을 분명하게 하는 표지들이 있다. 예사사람이 할 수 없는 음악시로서의 성격과 예사사람이 대놓고 할 수 없는 특징으로 서의 예언시 등의 성격이 있는 점을 이로써 알 수가 있을 것이다. 그러한 점에서 이 굿거리는 구전서사시 가운데 무당서사시 또는 무속서사시의 성격을 가장 근본적으로 보여주는 것이라 아니할 수가 없을 것이다.

4. 본풀이로서의 〈산천도량〉

본풀이로서의 〈산천도량〉에서 주안점을 두고 다루어야 할 것은 바로 무당본풀이의 성격을 검토하는 일이다. 이 굿거리에서 근본의 신 내력을 푸는 이유는 무엇이고, 그것의 성격이 무엇인지 점검하는 것은 중요한 과제이고 아마도 〈산천도량〉의 요체를 점검하는 작업이 될 전망이다. 예사 본풀이와 다르게 이 본풀이의 차별성이 무엇이고, 망묵굿에서 이 본풀이의 하나를 푸는 이유가 무엇인지 하는 점을 명확하게 해명해야 한다.

본풀이는 무당서사시이고, 무당서사시는 다른 서사시와 달리 자신들의 무속적 세계관의 근거에 입각하여 무당들의 권능을 자신의 본풀이로 해명하려는 수단으로부터 강구된 결과임을 우리는 알 수가 있으며, 선학들의 연구가 모두 이에 근거하여 산출되었음을 우리는 다시금 재인식하지 않을 수 없다. 무당서사시가 단일한 서사의 의미망이나 서사적 층위로 되어 있지 않고, 마치 무속의 시대적 변천을 겪어왔듯이 그 본풀이에는 많은 본풀이의 종류마다 다종다양한 서사의 켜를 가지고 있음이 분명하다.

〈산천도량〉의 본풀이는 그 뜻이 아주 선명하다. 산천에 망자를 모시고, 산천의 망자들이 그곳에 묻혀 있지만 산동토나 해꼬지에 의해서 후손이나 망자의 가족들이 일정한 탈을 입기 때문에 이를 극복하고 산천에 일정한 퇴치나 예방을 하는 것이 바로 이것의 핵심적 의미가 될 것으로 보인다. 그 굿법의 기원을 마련하는 것이 요점이고, 망자와 후손이 원만하게 관계를 맞이한다고 하는 것이 요점이다. 그 문화적 굿법의 권능이나 기원을 해명하면서 본풀이로서 타당한 준거를 세우는 것이 핵심적 설정이고 굿의 설계라고 이해된다.

〈산천도량〉의 본풀이 내용 검토가 이 굿법의 기원을 해명하는 점에 초점을 두어야하고, 무당집단의 해명 방식이기에 그것이 무엇인지 집중적으로 조명할 필요가 있다. 〈산천도량〉이 「산천굿본풀이」보다 상위의 개념이고, 여러 가지 내용을 함께 묶어주는 틀이다. 이 본풀이의 위치를 표시하기 위해서 이에 대해 해명하기로 한다. 이 본풀이는 다음과 같은 구성이 이루어진다.

> 〈산천도량〉 상편
> > 산천굿올리기
> 〈산천도량〉 하편
> > 망령
> > 천근
> > 살령

〈산천도량〉이 상편과 하편으로 구성되는 것은 흥미로운 설정이다. 둘 사이의 인과성이 있는가? 이에 대해서는 적지 않은 의문이 있다. 상편은 철저하게 본풀이로 되어 있으므로 이는 서사이다. 이와 달리 하편은 교술이다. 명령은 망령들이 어떠한 지경에 놓이게 되는가 하는 점을 강조하면서 저승의 시왕세계에 입각한 것들을 보여주는 것이 일반적이다. 천근과 살령은 불교적이고 도교적 세계관에 입각한 여러 가지 산천의 내력을 보여주는 것이어서 상편과 차별된다. 거의 같은 내용은 아니지만 서사와 교술이 병존하면서 굿거리를 구성하는 점은 이채롭다.

〈산천도량〉의 「산천굿본풀이」는 그 내용이 복잡하지 않으며 간략한 것이 특징적이다. 그렇지만 많은 의문이 적지 않고 서사적인 전개가 유기적이면서 많은 것들을 환기하게 하는 것이어서 주목을 요한다. 이 본풀이의 내용은 어느 정도 알려져 있으므로 이를 간추려서 일정하게 배열하고

이들의 관계를 해명하는 것이 필요하다. 그에 앞서 이에 대한 내용을
전체적으로 간략하게 보면서 이에 대한 분석을 행하고자 한다.[14]

　　붉은선비와 영산각시는 하늘 옥황의 "선관낙출"이다. 둘이 혼인하여 부
부의 인연을 맺고서 붉은선비는 "안내산 금생절"로 선생을 만나서 글공부를
하러 간다. 그 절에서 삼년간 공부를 하고 스승의 명으로 "옥황전에 선광구
경"을 하러 간다. 그곳에서 산 구경을 하고 쌍으로 있는 것들을 지상으로
흩뿌려 놓아서 이를 온당하게 한 쌍으로 옥황과 지상으로 있게 한다. 금상
절에서 글공부를 하던 붉은선비가 집 생각이 나서 집으로 돌아가고자 하는
데 선생은 금기를 내리고 금기를 어기지 말 것을 부탁한다. 정한 물과 탁한
물 가운데 탁한 물을 먹으라고 하고, 머루와 다래가 있으면 먹지 말라고 하
고 구생통의 불을 끄지 말라고 한다. 붉은선비가 돌아오는데, 정한 물을 먹
고, 머루롸 다래를 먹고 구생통의 불을 끄게 된다. 선생의 말을 어기게 되어
서 여인이 둔갑한 "일학이"라고 하는 짐승에게 죽을 위기를 당하게 된다.
그 이유를 묻자, 일학이는 옥황에서 죄를 짓고 쫓겨난 천상의 선녀인데 승
천하려던 것을 방해하였다고 한다. 그래서 잡아먹히게 되었다.(다른 각편에
서는 맑은 물, 머루, 다래를 먹고 승천하려했던 것을 붉은선비가 방해하였
다고 되어 있다.)
　　붉은선비는 일학이에게 말미를 얻었는데 부모님과 영산각시를 만나 뵙
고 오는 길에 잡혀 먹힐 것을 약속하고 집에 돌아왔으나 죽을 걱정으로 밥도
먹지 않게 되었다. 그 근심하는 것을 보고 연유를 묻고는 부인인 영산각시
가 그 말을 듣고 걱정하지 말고 하면서 자신이 이를 맡아서 해결하겠다고
하면서 베를 짤 때에 쓰는 속새칼을 가지고 남편과 함께 일학이가 있는 "동
기역"으로 가서 남편은 뒤에다 숨겨두고는 그곳에서 자신의 칼로 죽이겠다
고 협박하면서 남편이 없이 살 길을 마련해달라고 하자, 일학이는 "팔만화

---

14) 〈산천굿〉의 본풀이 자료는 크게 본다면, 김복순구연본과 최복녀의 구연본이 있으며,
　　이외에 달리 자료가 없다. 여기에서는 일단 최복녀의 구연본을 중심으로 이야기의 줄거리
　　를 소개하고자 한다.

광주"를 얻게 되면서 그것의 용도를 확인하고, 그 보물로 결국 일학이를 죽
이게 된다. 영산각시와 붉은선비는 일학이의 주검을 불태우고 뼈는 명산대
천에 묻고 재는 바다에 버려서 물고기를 마련한다. 집에 돌아와서 붉은선비
가 머리가 아프게 되자 이에 대한 문점을 금생절의 선생에게 하여 산천상을
마련하고 산동토가 생기거나 탈이 생기게 되면 팔도산에 산천상을 차리고
서 "산하리"를 푸는 동토제거법을 마련한다. 앞에서 마련한 산천이나 동물
을 만들면서 굿법을 마련하는 것으로 마무리된다. 백두산·금강산·삼각산 등
명산대천과 여러 사물을 만들고, 사람으로 하여금 기도하여 까탈을 없앴다
고 하는 것이 결말이다.

이 본풀이는 거의 민담적인 구성법을 하고 있으며, 민담의 구조와 맞
아 떨어진다. 그것이 간단하게 되어 있지만 이것을 일정하게 다시 압축
하고 그림을 그리면 간단하게 정리된다. 문화와 자연이 근본적으로 충
돌하고 있으므로 이를 주대립으로 두고 이야기의 순차적 전개를 일정하
게 순차적인 구성소로 보아서 이를 하나의 단위로 흡수하게 하는 것이
기본적인 설정의 요점이다.

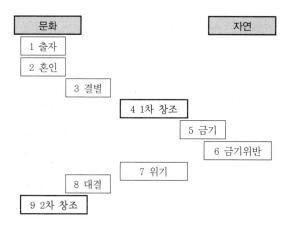

출자는 붉은선비와 영산각시의 출신 성분이다. 둘은 서로 깊은 관련이 있으며, 옥황에 있던 존재이고 "선관낙출"이 요점이고 지하국에 귀순정배를 온 존재이다. 각기 다른 존재이지만 천상계와 지상계의 이중적이고 이원적인 세계관에 입각한 인물의 하강으로 설정하고 있다. 이 두 인물은 각각의 귀향처가 있어서 각기 "영산주 고개 밑에 화덕진군의 오대독자"로, "불치고개 밑 홀로분인의 여식으로 삼대열녀"라고 하면서 이들이 고귀한 존재로 설정하고 있다.

출자는 고대의 신화적 발상과 연계되어 있으나 그것과 준별되는 중세적 사고의 결과이거나 이에 의한 윤색이다. 옥황의 선관낙출이 지하국으로 내려온 것은 신분이나 혈통을 중시하는 것이므로 이 본풀이의 독자적 설정이지만 함경도의 다른 본풀이에서 흔하게 보이는 설정이다. 옥황에서 내려왔으므로 이야기의 말미에 옥황으로 회귀하거나 귀환하면서 적강을 청산하는 것이 일반적인데 이 본풀이를 비롯하여 다른 본풀이에서는 이 과정이 유기적으로 호응하지 않는다. 다만 귀한 신분이 본풀이의 설정에 의한 일정한 구실을 하는 것으로 귀결되는 점에서 이에 준하는 결말이라고 보아도 좋다.

혼인은 본풀이의 서두에서 보이는 것이지만 일반적인 설정의 당연한 결과이다. 혼인 과정에서 다채로운 묘사와 서사의 화려한 채색이 있지만 그것은 결국 혼인의 파탄을 알리는 설정과 호응한다. 명석한 아내가 있어서 붉은선비가 혼인하고 공부를 하러 가야한다는 것과 일치한다. 혼인을 하면서 동시에 결별하고 이 선비가 가는 곳이 "안내산 금상절"로 가면서 결별하게 된다. 이 결별은 중요한 장치인데 남성주인공의 연마 과정이기도 하지만 다른 한편에서 중요한 체험을 하게 되는 과정이기 때문이다.

창조과정이 개입한다. 붉은선비는 금상절의 선생에 의해서 새로운 능력을 길렀으나 3년에 찬공부를 하고서는 "옥황전에 선광구경"을 한다. 그 과정에서 중요한 창조를 감행하게 되는데 이 과정은 대체로 자연의 창조와 문화적 창조를 겸하게 되고 여러 산을 방문하면서 지상에서도 동일한 산의 여러 가지 창조물을 나누는 것과 일치하게 된다.

지상에 없는 창조이면서 동시에 문화적으로 옥황전을 등사하고 베끼는 것이다. 일광산의 나무를 옮겨오고, 월광산의 밤에 피는 꽃을 옮겨오고, 화덕산의 불을 옮겨오고, 수용산에 물을 옮겨오고, 금하산에 유명하므로 이 가운데 이것 하나를 팔도산에 옮겨오고, 노류산에 "노류"가 유명하므로 이것을 옮겨오게 된다. 붉은선비의 창조에 의해서 문화적 창조를 겸한 자연적 창조를 완성하게 된다. 본풀이적 설정에 근리하다. 붉은선비가 이 창조를 통하여 일차적인 행위를 완성하게 된다.[15]

옥황 선광을 구경하고서는 붉은선비는 부모와 영산각시에게 이러한 광경을 보여주었으면 하는 마음이 생기게 되면서 이로 빌미삼아 부모에게도 알려주려는 마음이 생기고, 아울러서 그 결과 보고자 하는 마음을 발심하게 된다. 선생에게 허락을 얻는 과정에서 일정한 금기를 받게 된다. 그것은 자연의 천지기후와 문화적 금기를 강하게 내리게 되는데, 그것은 뇌성벽력이 치면 이를 피하지 말고, 맑은 물을 먹지 말고 흐린 물을 먹으라고 하였으며, 머루와 다래를 먹지 말라고 하였으며, 구생통에 일어나는 불을 끄지 말라고 한 것이 중요한 금기이다.

이 화소들은 불분명하게 되어 있으며 요해가 되지 않는다. 다만 자연의 값진 것들임이 분명하고 이 질서에 개입해서는 안된다고 하는 것이 요점이다. 비를 피하지 말라고 하는 것이나 무엇을 먹고 무엇을 먹지

---

15) 김복순의 구연본에서는 이 창조가 본풀이의 후반부에 있으며, 분석의 대상으로 삼고 있는 것과 차별성을 가지고 있으나, 본풀이의 신으로 창조적 성격을 겸하는 점에서 하등 차이가 없는 것으로 판단된다.

말라는 설정은 민담에서 흔하게 등장하는 것이다. 주인공에게 무엇을 하지 말라고 하면서 개입하는 것은 중요한 설정이라고 할 수가 있으며, 그러한 것들은 일련의 주인공에게 가해지는 금기의 전형적 요소이다. 다만 여기에서 중심은 "십년묵근 구생통"이라고 하는 것인데 어의와 의미가 명확하지 않다. 오래된 삼 정도로 해석할 수 있는 것이 거의 유일한 단서가 된다.

금기를 위반하여 자연의 질서에 개입하고 여성이 둔갑한 일학이라고 하는 대맹이 짐생에게 죽임을 당하게 된 사정을 말하고 있다. 금기 위반은 문화적인 요소보다는 자연의 순리에 인간이 개입하고 이 때문에 위기에 봉착하게 되므로 금기 위반을 통해서 자연의 질서에 동참한다. 그러나 여인이 둔갑한 인물인 대맹이가 불을 꺼줄 것을 요청하고 이 때문에 죽음의 위기를 맞이하게 된다.

일학이와 영산각시가 개입하면서 붉은선비는 죽게 되었으며, 동시에 영산각시에 의해서 살 수 있는 행운이 동시에 생기게 되었으며, 이것이 서로 개입하게 된다. 이들의 대립은 문화적인 것과 자연적인 것이 서로 대립하는 것이므로 중요하다. 대립에서 문화적인 것이 위기에 몰리게 되고, 자연적인 것들이 우세한 것을 말하고 사람을 죽음에 몰아넣는 과정이 중요하다.

대결에서 중요한 것은 붉은선비는 뒤로 빠지게 되고 직접적인 대결은 여인이 둔갑한 일학이와 영산각시의 사이에서 벌어지는 대결이라고 할 수가 있다. 일학이와 영산각시의 대결은 자연과 문화의 대립이며 그 대결의 핵심은 바로 "속새칼"과 지혜로 완비된 존재인 영산각시가 자연의 둔갑자이자 문화적 성취를 온당하게 갖지 못하고 야생의 상태로 남아 있는 존재인 대맹이의 대결이다.

그 대결에서 가장 중요한 구실을 하는 것이 바로 속새칼의 협박이지만 더욱 중요한 것은 대맹이가 가지고 있는 주술적인 연장 또는 보배를 얻는 것이다. 주술적인 보물은 자연적인 것들의 몸 속에서 나오는 것으로 지하국의 대적을 퇴치하거나 이무기의 몸에서 얻는 것이라고 할 수가 있다. 자연적인 것을 가공하고 이를 처리하고 문화적으로 취급하게 되면 놀라운 것이 된다는 이야기의 설정과 관련된다.

일학이에게 요구한 것은 자신의 살 방도를 말하는 여성의 기지로 말미암아 생성된 것이다. 그렇게 해서 얻어낸 것이 바로 "팔만화광주"이다. 이는 화수분이나 야광주 등과 같이 민담에서 등장하는 것과 같은 것인데 이를 통해서 자신의 행운을 마련하는 여덟 가지의 모를 알아내게 된다. "평산 파산되기", "금은보화 나오기", "업든 보화 나오기", "업는 자손 나오기", "업든 집 나오기", "업던 전답 나오기", "소원성취 시키기", "(일학이가 가르쳐 주지 않으려던 것인데) 미운 사람 죽이기" 등을 통해서 결국 일학이를 죽게 하는 퇴치에 성공한다.

1차 창조에 이어서 2차 창조가 이룩된다. 2차 창조는 다층적인 창조 과정이다. 자연과 문화적 창조의 조합인 것은 사실이지만, 일차적으로 일학이의 주검을 처리하는 방식을 통해서 그의 몸으로부터 나온 뼈와 재를 통해서 무덤을 쓰는 방식과 함께 재를 통해서 바다에 뿌려서 고기를 만드는 것이므로 문화적인 것과 자연적인 것이 갈리게 되었다. 산천굿의 결말이고 그 기원을 말하는 것으로 직접적인 것이기도 하다.

그렇지만 이 과정에서 다른 창조가 덧붙여져 있다. 그 창조가 바로 산하리를 처리하는 굿법이다. 붉은선비와 영산각시는 새로운 직능을 부여받았다. 그것은 뒷대목에서 상세하게 제시된다. 문제는 붉은선비가 일학이를 처리하고서는 아프게 되었으며 그 때문에 선생에게 문점하여 산하리 동토법을 처리하는 일을 하게 되었다. 이 법을 마련하여 팔도 산천에 산천상을 마련하고 산천굿을 하게 되었다고 하는 것이 요점이다. 이들은 신으로 좌정하게 되었는데, "망령차지는 붉은선비 기밀차지는 영산각시"가 되어서 새로운 문화적 기원을 이룩하였다.

이 본풀이는 근간에 문화와 자연의 접합에 의한 창조의 기원을 핵심으로 한다. 이야기는 간결하게 되어 있어서 문화적 창조에서 자연적 혼돈으로 전개되면서 이야기가 진행하다가 다시금 자연적인 것들을 배제하고 문화적으로 옮겨오면서 새로운 차원의 비약을 진행하는 결말을 향해 간다. 그것이 이 본풀이의 근간을 이루는 대립 요소이다. 순차적인 질서는 문제와 문제해결, 긍정적인 것과 부정적인 것들의 교체 반복에 의한 것이지만 궁극적으로 자연과 문화의 조절이라고 하는 대국면의 질서를 고양하는 것에 의해서 이야기가 전개되고 본풀이로 완성되었다고 하는 점을 잊어서는 안될 것이다.

순차적인 진행은 급격하고 논리적인 비약이 이루어지지만, 병립적인 대립은 근본적이고 왜 문화적인 것과 자연적인 것이 지속적으로 대립하면서 굿법과 신들이 창조되고 행위하는지 보여주는 것을 핵심적 결말로 한다. 순차적 진행의 논리적 비약을 지속적으로 검증하면서 논리적 격자에 생긴 결함을 극복하는데 굿의 중요성이나 신의 개입이 절대적으로 필요한 것임을 강조한다. 순차적 진행의 분할이 다소 불편하고 결함이 있지만, 논리적 비약의 이면에 인간들의 지혜로 문제를 해결하려던 부조화의 파탄이 불가피한 것임을 말하고 무속적 세계관을 강조하는 것이 살펴진다.

본풀이는 특정한 사제자 집단의 논리적인 세계관을 근거로 현실적으로 발생한 모순을 봉합하면서 그것을 일정한 위계로 풀어헤치면서 신앙을 강조하게 하는 것이 본질적인 것이라고 하는 점을 분명하게 한다. 위의 순차적 질서의 교체와 전개가 지속되면서도 자연과 문화의 경계면을 일률적으로 가늠할 수 없을 만큼 현실적인 세계가 모순적이고 복잡한 점을 드러내는 것임을 분명하게 한다. 그러한 결과를 통해서 우리는 문화적 창조가 쉽사리 이루어지지 않았으며, 미봉적으로 제시된 결과들이 여전하게 문제점을 가지고 있으며 현실을 조절하는 노력이 지속적으로 요구되는 점을 강조한다.

인간의 삶과 죽음만큼 난해하고 불가해한 것은 존재하지 않는다. 인간 사고의 근저에 가로놓인 것을 해소하고 문화적인 장치로 자연을 항상 개조하려던 사고의 전개가 위와 같은 일련의 대립요소를 자아내고 본풀이로 생활을 적립적으로 파악하고자 하는 것이 이 본풀이의 결과라고 할 수가 있을 것이다. 무당서사시인 본풀이에 다양한 신의 형상이 출현하고 저마다의 기능을 하는 것들이 서로 모순되기도 하고 종류가 다양하여 일관되게 해명하기 어려운 점도 이러한 세계관의 불가피한 노출이라고 할 수가 있을 것이다.

〈산천도량〉의 「산천굿본풀이」는 주목할 만한 것이고, 인간의 근원적 사고를 마련하였던 것이지만 현재적 의의는 매우 축소되는 것이라고 할 수가 있을 것이다. 그렇지만 이 본풀이를 통해서 세상에 발생한 문제를 해결하고 그것을 이면적으로 설정하여 진실을 찾아서 사람을 달래주고 이들의 정신세계를 새로운 세계로 이끌면서 창조된 집단의 공동 창작임이 분명하다. 이 본풀이는 함경도 사람들의 정신세계를 풍부하게 하면서도 그들의 심미안에 의해서 선택된 것들이다. 비록 조잡하고 말이 되지 않는 모순적인 것들이라고 할지 모르지만 거기에 그들의 사유의 열정과 함께 노력이 경주되어 있음은 말할 나위없다.

5. 이야기로서의 〈산천도량〉

〈산천도량〉은 원시시대의 창조물도 아니고 그렇다고 고대시대의 창조물일 수 없다. 신령서사시의 모습을 하고 있으며, 무속적 신앙을 옹호하는 서사시이므로 신령의 기원을 말하는 것처럼 보이지만 사실은 그렇지 않다. 그 내용은 공교롭게도 모두 구전설화인 민담의 소재를 차용하고 있으며, 민담의 유형 가운데 단일한 창조로 이를 융합한 것이 아님이 드러난다.

서사무가와 민담의 소재적 공통점을 많이 갖는 것이 함경도 본풀이의 일반적 양상이며, 그러한 증거물이 너무 흔해서 함경도 본풀이는 구전민담에서 소재를 많이 가지고 와서 이를 일정하게 서사무가로 만들었을 가능성에 대한 예비적 논의는 상당 부분 진전되어 있다. 그렇지만 두 가지 측면에서 논의가 미흡하고 이것이 이 굿거리 이해에 어떻게 기여할 수 있는지 가능성을 모색하고 해석을 덧붙탠 것은 전혀 아니다. 그러므로 이는 제한적인 특징이 있고, 동시에 새롭게 논의해야 할 문제점이 산적해 있는 것으로 보게 된다.

〈산천도량〉에 작동하고 있는 민담은 크게 세 가지 것들이 있다. 중심적인 것들은 이른 바 논의에서 거론되었으므로 여기에서 간결하게 논의하고자 한다. 그것은 「화수분설화」의 이형인 「꾀많은 아내」, 「꿩과 이시미」, 「이야기주머니」 등이 그것이다. 그래서 각별한 의미를 가진 서사무가라고 할 수 있으며, 〈산천도량〉의 핵화를 정리하게 되면 이것은 전형적인 민담의 구성을 하고 있음이 드러난다. 이미 앞에서 논의한 것이기는 하지만 핵심적인 내용을 다시 단락소로 정리하면 다음과 같다.

> 가. 붉은선비와 영산각시가 천상에서 잘못을 저질러서 지상으로 내려온다. 〈불행〉
> 나. 둘은 합궁일을 받아 혼인한다. 〈행운〉
> 다. 붉은선비가 절에 공부하러 간다. 〈불행〉
> 라. 붉은선비가 집에 있는 영산각시를 보고자 해서 서인이 금기를 주고 가

게 한다. 〈행운〉
　마. 금기를 어기고 어려움에 처한다. 〈불행〉
　바. 영산각시가 슬기로 적대자를 물리친다. 〈행운〉

　단락소가 비교적 정연하게 정리되는 전형적인 민담의 구조와 일치된
다. 몇 가지가 안되는 단락으로 정리되는 점이나 단락소가 행운과 불행
으로 해서 교체되는 것이나 서로 일치되는 측면을 가지고 있음이 확인
된다. 이 단락소의 교체가 바뀌는 것은 특별한 의미를 갖는다고 생각한
다. 불행과 행운이 교체 반복되면서 점진적인 의미를 강화하는 것임이
분명하게 드러난다. 이 단락소와 궤를 함께 하는 것이 바로 위의 「꾀많
은 아내」와 「꿩과 이시미」이다.

　이 본풀이는 민담에서 소재를 차용한 것이다. 민담 가운데 이른 바
「꿩과 이시미」 또는 「꾀많은 아내」이라 지칭되는 민담의 내용과 일치한
다. 하늘에 승천하고자 하는 이시미가 야광주 또는 화수분을 가지고 있
는데, 지혜로운 아내가 남편에게 닥친 고난을 물리치기 위해 역으로 그
보물을 이용해서 이시미를 물리치는 내용의 민담이 〈산천도량〉과 근본
적으로 일치한다. 민담이 본풀이에 삽입된 사례의 본보기이다.

　민담의 전형은 「꾀많은 아내」와 「꿩과 이시미」 설화이다.[16] 결국 두
가지가 본격적인 설화의 유형이라고 하기보다는 구체적으로 달라지는
변이형 속에서 삽화가 공유된 것으로 보아야 하겠다. 「꾀많은 아내」는
화수분의 변형인 구슬이나 화수분을 가지고 오히려 적대자를 물리치는
유형의 설화이고, 「꿩과 이시미」 역시 이시미의 꿩을 먹고 낳은 아이가
나중에 혼인을 할 때에 이시미가 나타나서 신랑을 죽이려고 하자 신부

---

16) 조동일, 「민담 구조와 그 의미」, 『구비문학의 세계』, 새문사, 1980.
　　최래옥, 「화수분설화」, 『한국민족문화대백과사전』 25, 한국정신문화연구원, 1990.

가 지혜를 발휘해서 이시미를 퇴치하는 것이 이야기의 본질적 구조라고 할 수 있다.

〈산천도량〉에서 이 전형적 구조를 수용하여 붉은선비, 영산각시, 파랑각시 대망이 등으로 구체화한 점이 다르다고 하겠다. 붉은선비가 스승이 내린 금기를 어기고 대망이의 승천을 방해한 덕분에 결국 파랑각시의 협박을 받게 된다. 이 금기를 벗어날 수 없어서 결국 붉은선비는 영산각시의 도움으로 파랑각시를 퇴치한다.

민담과 다른 점은 이 본풀이에서 산천에 제를 지내는 내력을 말하고 있는 사실이다. 붉은선비와 영산각시의 내력이 본디 옥황상제의 세계에 머물고 있던 천상계 인물이라는 점에서 이원적 성격이 있다고 하겠다. 천상계 인물이 지상계에 내려와서 부부관계를 유지하면서 굿법을 마련했다고 하는 설정은 매우 특별한 세계관이라고 판단된다. 천상계 인물이 지상계에 와서 신성성의 근거를 내력화한 것은 특별하다고 할 수 있다.

〈산천도량〉의 이원적 세계관은 지속적이지 않다. 신성한 내력이 사건 해결에 어떠한 특성을 가진 것은 아니고, 주인공의 능력을 배가하거나 난관을 타개하는데 도움이 되지 않는다. 오히려 민담 특유의 주인공 능력 확장은 이루어지지 않고, 금기를 어김으로써 오히려 대망이에게 죽을 운명을 겪는 것이 〈산천도량〉 사건 전개에 돋보인다고 하겠다.

주인공의 능력은 천상계에서 보장했으나 그 흔적은 사라지고 연산각시에게 집약화 되어서 드러난다. 영산각시가 자신의 지혜를 발휘하여 새파란새각시를 죽이고 남편인 붉은선비를 구하는 것으로 나타난다. 붉은선비는 나중에 산천제를 지내는 임무를 부과해서 가짐으로써 〈산천도량〉 거리의 특징을 확인하는 의의정도만 있을 따름이다.

대망이와 붉은선비의 대립 역시 석연치 않다. 붉은선비는 하늘에서 내려왔고, 대망이는 하늘로 승천하고자 하는 존재이다. 두 인물의 대립에서 하늘에 승천을 하고자 하는 대망이가 주도권을 잡고 사람을 잡아먹어야 한다고 하는 설정은 용이 못된 이시미, 꽝철이를 비롯해서 천년 묵은 여우 등의 이야기에서 흔하게 찾아지는 결과이다. 붉은선비의 천상계 하강화소는 신성성의 내력을 가진 이야기 정도로 아무런 의의가 없는 요소이다. 그 점에서 민담의 소재와 고전소설의 구조가 엉성하게 맞물려 있는 본풀이임이 확인된다.

이 본풀이의 본질적 대립은 붉은선비, 영산각시, 파랑각시 등의 남녀 갈등이다. 이 갈등이 본질이라고 하는 것은 전후의 사건이 연계되어 있으면서 이 갈등에서 본질적인 논의를 하는 단서를 찾을 수 있다. 남녀가 갈등을 겪으면 이룩되는 갈등을 이렇게 상세하게 보여준다고 하겠다. 애정갈등을 핵심으로 합면서 다양한 이야기의 근거를 두루 활용하여 이 본풀이를 구성하는 것으로 본다면 이야기의 원천과 소재적 공통점에 대한 원용이 있었음이 확인된다.

부차적인 요소이기는 하지만 이 본풀이의 일부 요소에 일정한 이야기의 요소가 통째로 운용되고 있다. 그것이 바로 「이야기주머니」이다. 이야기들이 반란을 획책하면서 서당도령을 죽이려고 할 때에 다다한 먹거리로 도령을 죽이려고 이른 이야기들이 공모하는데 그 과정의 삽화가 일정하게 관련을 가지고 있으면 개입한 것으로 해석할 수가 있다.

구전설화와 본풀이를 비교하면서 항상 드는 생각은 무당이라고 하는 사제자들이 왜 이렇게 많은 구전설화를 활용하면서 본풀이를 구성하였는가 하는 점을 다시금 생각하게 된다. 그것은 이들의 집단적인 사고가 이러한 이야기를 가져다가 의미 있는 것으로 바꾸어놓는 문화적 창조력에 주목해야 한다는 점이다. 같은 이야기라고 하더라도 이 이야기들은 단순하지 않고 문화적 윤색에 의해서 특정한 세계관을 반영하는 이야기로 둔갑하게 된다는 점이다.

이야기와 본풀이는 서로 분명하게 거리가 있는 갈래이고 한 자리에 동석할 수 없는 것은 아니지만 분명하게 명분을 가지고 활용되어야 한다. 그러므로 이들의 교유에는 분명한 준거와 의의를 가지고 있다. 함경도와 제주도에 일상적인 구전설화 등이 차입되고 이들이 일정하게 활용되면서 본풀이를 결성하는 것을 흔하게 확인하게 된다. 본풀이의 개방성이기도 하지만 이야기와 분명하게 다른 특징을 가지면서 자신들의 세계관을 옹호하는 일들을 벌이면서 일정하게 시대적 증후를 드러내는 데 거푸 이러한 소재를 활용한 것을 볼 수가 있다.

순전하게 구전으로 이야기를 만들어내고 본풀이로 문제를 해결하려는 탁월한 선지자들, 서사적인 장치로 이야기를 활용하면서 시간을 늘리고 청중들의 욕구를 합리적인 세계관으로 해명하려던 주술적 의도들이 빚어낸 결과들이 이와 같은 이야기들을 다층적으로 활용한 결과라고 보는 것이 더 타당할 것으로 보인다. 따라서 함경도의 본풀이와 제주도의 본풀이, 일부 다른 지역의 본풀이를 다시금 주목하고 이들을 서사민요와 확대적용하게 되면 심미적 창조의 일환을 다양하게 해석할 수 있을 것으로 판단된다. 함경도의 본풀이와 굿이 이미 연구가 된 것으로 생각하지만 아직도 많은 부분에 있어서 전인미답의 신천지가 된다고 하는 것은 이러한 설정과 설계에서 나온 것이다.

6. 마무리

이 글은 함경도의 본풀이 가운데 하나인 〈산천도량〉을 중심으로 두고 일정하게 굿, 본풀이, 이야기 등의 삼자 관계를 집중적으로 점검한 것이다. 함경도 본풀이는 중요한 연구 대상임에도 불구하고 연구 관점이 단조롭고 대상에 대한 이해가 부족하여 현재 온건하게 연구되지 않은 것이라고 하지 않을 수가 없다. 이 연구를 활성화하기 위해서 필요한 것이 바로 함경도 굿의 이해와 연구의 활성화를 위한 자료에 대한 심미안을 가지고 체계적이고 집중적인 연구를 하는 것이 바람직하다.

자료 작업이 진척되어야 하고 자료의 발굴을 해야만 한다. 이것은 연구의 근간을 이루는 것이고 이를 통해서 체계적인 작업의 밑그림을 그릴 수가 있다. 굿 연구와 본풀이 연구에서 가장 필요한 것은 굿에 대한 정밀한 이해이다. 미시적으로 작은 것들을 핵심적으로 이해하면서 이 굿들의 창조자인 사제자들이 왜 이러한 굿거리들을 설정하여 만들고 굿을 통해서 자신들의 권능을 어떻게 입증하고자 하였는지 근본적으로 검토해야 마땅하다.

흔히 알기로는 〈산천도량〉에서 민담의 내용을 수용하여 이를 구연한다고 하였으며, 이것이 함경도 본풀이에서 중요한 현상이라고 하는 점을 말한 바 있다. 그것은 달리 사족이 필요없지만 이 민담의 내용을 섬세하게 다듬어서 신의 설정과 문화적 기원 가운데 하나인 굿의 방식으로 윤색하는 것을 단순하게 보기 어렵다. 매우 중요한 문화적 착안을 보태고 문화와 자연의 경계면에서 다종다양한 활기를 불어넣고 무당의 권능을 심화하는 방편으로 이 본풀이를 만들었다고 하는 점에서 이 본풀이를 단순하게 민담과 연결하는 것은 무리가 있다.

〈산천도량〉 본풀이는 구조적으로 중요한 착상을 담고 있다. 명산대천에 의존하던 주술적이고 예언적인 신앙의 근간을 산천이라고 하는 대상으로 환원하여 이들의 관계를 붉은선비, 영산각시, 이락이의 관계를 통해서 갈등을 해소하고 새로운 차원의 굿법을 창조하는 점에서 이 본풀이는 주요한 가치와 의의를 가지고 있다고 하지 않을 수 없다. 이 본풀이의 근간에서 중요한 고안과 설정이 필요하였으며 자연과 문화의 순환적 대립 구조를 만들어낸 점에서 이 본풀이는 선명한 의미를 담고 있다.

〈산천도량〉은 구전서사시로서의 속성을 가장 선명하게 가지고 있음이 드러난다. 구전서사시의 의미를 환기하게 하는 여러 가지의 실험과 가치가 이 본풀이를 통해서 이루어졌으며, 음악문화적으로도 요긴한 지역유형을 창조하였다고 하지 않을 수가 없었다. 이 본풀이는 주목할 만한 특성을 지니고 있으며, 이 본풀이를 통해서 보여주는 입체적인 구전서사시의 면모는 정말로 소중한 가치를 지닌다고 하지 않을 수 없다. 이 본풀이의 구조적 이해와 가치를 구전서사시로 설정하여 본다면 이는 매우 주목할 만한 것이라고 하지 않을 수가 없다.

〈산천도량〉은 망묵굿의 한 절차이므로 이 굿거리의 중요성을 이러한 각도에서 해명하여야 한다. 이 굿거리의 설정에서 가장 중요한 것은 삶과 죽음, 이승과 저승, 망자와 유족 등의 입체적 관계 속에서 생성된 것으로 명산대천에 사람의 주검을 처리하던 것이 곧 이 본풀이의 근간이며, 망묵굿에서 이승과 저승이 분리되지 않고 연속되어 있다고 하는 설정과 맞아 떨어지는 점을 확인하게 된다. 이 본풀이의 구조적 특성을 이러한 망묵굿과 연계시켜 다루는 것이야말로 소중한 과업이라고 하지 않을 수 없다.

사람이 죽으면 어떻게 되는가? 이러한 의문은 본질적인 것이다. 이에 대한 의문이 해소되지 않았던 시절에 무당들은 이를 알 수 있는 것이 자신들이라고 말하면서 이에 대한 세계관적 설정에 근거하여 본풀이를 비롯한 굿을 베풀면서 자신들의 독자적인 권능을 입증하였고 힘썼으며, 굿은 그러한 시대의 삿된 기술이고 주술이며 예언이었음을 명백하게 알 수가 있다. 그러한 의미에서 무당들은 사기꾼이라고 하는 점을 부인할 수 없다.

　　그렇지만 이들의 창조는 공동 창조이고, 자신들의 기술과 방법으로 근엄하게 신들을 모시면서 이를 복종시켜 단골을 다스리던 존재이다. 이들의 최전성기는 원시와 고대이고, 그로부터 나날이 타락하고 멸절하여 현재에 이르렀음을 부인하기 어렵다. 이들의 무당서사시인 본풀이는 우연한 창조는 아니다. 다른 문화적인 것들의 창조와 더불어서 공진화를 거듭하면서 자신들의 권능을 입증하려는 태도의 산물이고 이들의 창조가 민중들에게 공감을 받기 위해서 이들의 본풀이는 민중들의 의식과 정서에 하소연할 수밖에 없었다. 그렇기 때문에 허황하고 허무맹랑한 것들이 인류의 보편사적 단계를 예증하는 공통의 체험이자 추억이었음을 길이 기억할 필요가 있다.

| 참고문헌 |

김은희, 「함경도 망묵굿의 의례적 가치와 의의」, 『2016 전통예술 복원 및 재현-보고서: 함경도 망묵굿 예술성의 총체적 연구』, FROMKOREA, 2016.

金泰坤, 『韓國巫歌集Ⅲ』, 集文堂, 1978.

김헌선, 「산천굿거리 연구」, 미발표 연구논문, 2014.

박전열, 「〈함경도 새남굿〉, 박전렬의 "북청의 무속의례 '새남굿'"」, 『북청군지』, 북청군지편찬위원회, 개정증보판, 1994.

이보형, 「민속예술-무속음악」, 『한국민속종합조사보고서』(함남·북편), 문화공보부·문화재관리국, 1981.

任晳宰 외, 『함경도 망묵굿』, 열화당, 1985.

임석재, 「이승과 저승을 잇는 신화의 세계」, 『함경도 망묵굿』, 열화당, 1985.

임석재·장주근, 『관북지방무가』, 문화재관리국, 1966.

임석재·장주근, 『관북지방무가』(보유편), 문화재관리국, 1967.

장주근, 무속신앙, 『한국민속종합조사보고서』(함남·북편), 문화공보부·문화재관리국, 1981.

赤松智城·秋葉隆, 『朝鮮巫俗の研究』 下卷, 屋號書店, 1938.

전경욱, 『함경도의 민속』, 고려대학교 출판부, 1999.

조동일, 「민담 구조와 그 의미」, 『구비문학의 세계』, 새문사, 1980.

최래옥, 「화수분설화」, 『한국민족문화대백과사전』 25, 한국정신문화연구원, 1990.

함경도 망묵굿 최복녀 〈산천도량〉 연구

1. 함경도 본풀이의 새로운 착상

함경도 망묵굿은 일찍부터 민족서사시의 전형으로 존중받았어야 마땅하다. 본풀이는 오랫동안 우리 민족서사시로 민중들 사이에서 은밀하게 전승되었지만 온전하게 대접받지 못했다. 필자는 이를 매우 한스럽게 생각한다. 가장 주요한 원인으로는 남북분단을 꼽을 수 있다. 이는 이들의 민족서사시가 겪은 심각한 외적인 소인이다. 게다가 이들의 전승 서사시는 현대적으로 변화하지 못하고 사라지게 되었다. 이렇게 우리의 곁을 떠나는 이들 본풀이를 어떻게 연구하고 되살릴 것인지 깊은 고민을 하게 된다.

함경도 본풀이는 4중적 가치를 가지고 있다. 먼저 본풀이들이 가지고 있는 자체의 의의를 말할 필요가 있다. 이 본풀이는 개인의 고유한 서사시인데, 음악과 문학이 훌륭하게 결합된 흥미진진한 내용으로 되어 있다는 것이 가장 소중한 존재 가치이다. 특히 음악적으로는 소박하지만 고형의 것으로 구성되어 있어 매우 중요하다. 한 사람의 무당이 본풀이를 구연하는데 이렇게 높은 차원의 음악을 구현하고 이야기하는 경우는 찾아보기 어렵다.

함경도 본풀이는 함경도 사람들의 집단적 산물이고 공동체의 유산임을 잊어서는 안 된다. 이들의 본풀이는 각기 다른 개인의 서사시이지만 내용 전개에 있어서 다르지 않고 동시에 일정한 전승의 얼개를 가지고 있다. 또한 전승 집단의 차별성에도 불구하고 전승 판본에 대한 이치를 구현하는데 전혀 문제가 없다. 이들의 본풀이가 공동체의 산물이기 때문이다.

함경도 본풀이가 지역유형적 가치를 가졌다고 해서 이들의 본풀이가 민족서사시로 나아가지 않는 것은 아니다. 오히려 전승 자체가 깊은 심층을 지니고 있다. 우리나라 무당서사시의 전형을 이해하는데 있어 이들 본풀이만큼 신명나고, 가치 있는 문제를 다루고 있는 것은 드물기 때문이다. 여러 고장과 고을에 전하는 본풀이의 성격을 살펴 볼 때 이처럼 선명한 사례를 찾기는 어렵다고 생각한다. 때문에 이들 본풀이가 갖는 층위의 문제는 민족서사시로서의 가치를 명확하게 하는 것이다.

함경도 본풀이는 세계서사시의 심층과 넓이를 비교 연구하는 일에서도 매우 소중하다. 서사시의 생성과 변화에 대한 연구는 지금껏 한정된 관점으로만 진행되어 왔다. 그러나 이 본풀이들이 세계서사시의 단계를 알 수 있는 많은 특성을 지닌 서사시임을 알게 되었다. 이러한 끝에 우리는 비로소 새롭게 연구할 수 있는 착안을 마련했다. 이 본풀이들이 세계서사시의 단계를 알 수 있는 많은 특성을 지닌 서사시임을 알았기 때문이다.

종래의 연구는 한 마디로 동어반복에 지나지 않았다. 본풀이를 본풀이로 연구해야 함에도 불구하고 민담의 내용을 거론하면서 직접적으로 대응하거나 자체의 완결된 구조를 무시하고 이 자료들을 터무니없는 연구 대상으로 치부했기 때문이다. 이는 막연한 연구와 일상적 논의의 차원을 벗어나지 못하게 하는 결과를 낳았다. 우리는 망묵굿이라는 특정한 대상이 창출하고 있는 많은 본풀이들이 '굿'에 용융시켜 본풀이 자체를 변화시킨 점을 심각하게 볼 필요가 있다.

함경도 망묵굿을 아는 것과 이를 이해하고 연구하여 새로운 관점을 도입해 획기적으로 논의하는 것은 전혀 다른 문제임을 절감한다. 알음알이의 공부, 조금 안다고 떠들고 마는 공부, 무엇인지도 모르면서 그냥 저냥 말하는 공부 등이 지금까지의 연구에서 보여준 전체이다. 이를 벗어나기 위해 가장 필요한 일이 함경도 망묵굿의 고유한 가치를 드러낼 수 있는 방안에 대한 모색이다.

앞서 언급했듯이 함경도 망묵굿의 연구를 진전시키기 위해 가장 먼저 선행되어야 할 일은 발상의 전환이다. 자신의 생각을 전개하면서 새롭게 터득하여 알되, 각성하는 공부가 필요한데 이러한 연구는 거의 존재하지 않는다. 때문에 함경도 망묵굿 연구는 이제부터가 시작이라 할 수 있다.

2. 〈산천굿〉 본풀이의 각편 비교

함경도 망묵굿에 전승되는 본풀이는 모두 네 편으로 확인된다. 이는 본풀이로 구송된 것과 필사된 본풀이 자료를 합친 것이다. 따라서 각편을 정리하는 것이 가장 시급한 과제이다. 이를 정리하기 위해 앞에서 말한 추상화단락을 구실삼아 본풀이를 정리하도록 한다.

1) 붉은선비와 영산각시의 내력
2) 붉은선비와 영산각시의 혼인
3) 붉은선비의 안내산 금상절 공부와 선광 구경
4) 붉은선비의 귀환과 금기-위반의 위기
5) 영산각시의 일학이 퇴치
6) 일학이의 뼈와 재의 팔도산령과 바닷물 고기 기원
7) 붉은선비의 동토로 인한 산하리굿의 치유
8) 산천굿의 내력과 붉은선비-영산각시의 신직

단락	김복순구연본1(1965)	김복순구연본2(1981)
0		
1	붉은선비와 영산각시는 선관낙출이며, 벼룻돌과 세수대야를 떨어뜨려서 지상에 태어난다.	
2	붉은선비와 영산각시는 각각 혼약하고 유월유두일에 혼인한 뒤 칠월칠석에 집으로 온다.	
3	붉은선비는 글공부를 위해서 안혜산 금상절관으로 가고, 그곳에서 산놀이와 꽃놀이를 제안하고, 영산각시는 제비를 본 뒤에 생각한다.	
4	집으로 가는 것에 금기를 내린다. 맑은 물 먹지 말기, 머루 다래 포도 먹지 말기, 약수를 피하지 말기, 구천 길 십만 가지 십년 묵은 나무에서 천불 지불 타는 것 끄지 말기 등이 그것이나 이를 모두 어기게 된다. 새파란각시와 이락이 대망신으로 변해서 자신의 입속으로 들라고 한다.	새파란 새각시의 천불지불 붙은 곳이 바로 구새통 부상나무라고 한다.
5	하루 말미를 와서 결국 영산각시가 이 사실을 알고 쑥새칼로 죽이겠다고 파란각시를 만났는데 자신이 살 구멍방도를 달라고 하면서 팔마야광주 주지만 그 모의 기능을 알고서 마침내 나머지 하나로 겨누어서 파란각시인 이락이를 죽이게 된다.	
6	부부는 이락이를 그냥 버릴 수 없다고 하여 타상궁에 들어가서 나무를 쌓아 화장하고 마침내 여덟 봉지로 재를 싸서 버린다. 팔도 명산의 산령이 되고, 나머지에서 꽃신산령 돌에서 석신산령 물에서 여러 짐승이 생기게 된다.	여러 산령이 생겨나고 여러 가지 돌, 나무, 짐승, 물고기 등이 생겨났다고 한다.
7	붉은선비는 깊은 병이 들어서 문복을 통해서 팔도산천의 산령님 동티가 났으므로 산령기도와 산천굿을 드려서 되살아난다.	
8	산천동티가 이르면 산천굿을 드리게 되는데, 붉은선비와 영산각시가 그 굿으로 동티안정을 받게 되고 백골 동티도 포함하게 된다.	

단락	최복녀소장필사본(1971)	이찬엽구연본(2016)
0	망령이 이 필사본에는 뒤에 되어 있어 본풀이와 내용이 서로 구분된다.	최복녀의 망령은 뒤에 하였으나, 이찬엽은 이러한 의례를 앞에서 하게 되었다. 그러한 것은 망령의 위치가 변동되기 때문이다.
1	기본적인 출자는 같다. 그러나 이들 내력에 대한 출자와 달리 각각 하강하여 사는 집안이 다르게 되었다.	
2	각각의 나이가 차이가 있으나 삼월삼짇날의 납채, 사월초파일에 납폐, 칠월칠석에 혼인하는 것으로 된다.	
3	영산각시의 글솜씨를 보고서 공부가 모자란 것을 알아 절에 공부하러 간다. 스승이 옥황전의 선광구경하고 세상의 산천에 기물을 마련한다. 이 때문에 제비로 말미암아 영산각시를 생각한다.	
4	네 가지 금기의 순서가 다르게 되어 있다. 퍼붓는 비 끊지 말기, 흐린 물 먹기, 머루다래 따먹지 말기, 불붙는 구생통 불 끄지 말기 등이어서 옆의 자료와 순서의 차이가 있다. 젊은 여인이 일학이로 둔갑하여 자신을 괴롭히게 된다.	
5	영산각시가 사흘 말미를 받아온 붉은선비를 살리기 위해서 속새칼을 가지고 일학이를 만나고 팔모하광주를 얻어서 한 모의 쓰임새를 알고, 마침내 이 관계를 청산하는 것으로 되어 있으며 일학이를 처단한다.	
6	일학이의 주검을 처리하기 위해서 산에서 나무를 베어다 결국 화장을 하고 이 화장한 뼈와 재를 버려서 이것으로부터 산령과 물고기 등을 얻게 된다.	
7	붉은선비는 질병을 얻어서 문복하니 산의 산령과 나무를 벤 동티로 말미암아 산하리를 하라고 하여서 그렇게 하여 질병을 치료하게 된다.	
8	산하리를 하여 그것으로 동티를 막고, 동시에 이 옛법으로 붉은선비와 영산각시가 대접을 받게 된다.	

이상 본풀이 각편을 비교하면 몇 가지 중요한 사실을 정리할 수 있다. 『산천굿』이든 〈산천도량〉으로 크게 가를 수 있기 때문이다. 하나는 구연본으로 김복순무녀가 이를 집중적으로 암송해 전승하고 있다. 모두 함경도 본풀이를 근간으로 하지만 구연본인가 필사본인가 필사된 것을 다시 구연하는 것인가에는 근본적인 차별성이 있다는 것을 알 수 있다. 김복순 구연본은 함경도 본풀이이지만 강춘옥, 지금섬, 황복녀, 등 월남한 함경도 무녀들을 중심으로 행해지는 본풀이이다.

이에 반해 최복녀 필사본은 속초 중심의 함경도 무녀들이 사는 곳에서 구연된다. 이 필사본을 근거로 하여 이찬엽의 구연본이 마련되었다. 달리 말한다면 이 각편들이 함경도 본풀이를 중심으로 해서 새롭게 형성된 것임을 알 수 있다. 따라서 이들의 본풀이 각편은 유일하게 남아 있는 희귀본 자료이자 전승 자체에 심각한 문제가 있는 것임을 알 수 있다. 함경도 본풀이는 1981년 당시 촬영 영상을 통해서도 이미 필사본 무가의 시대로 돌입하고 있음을 감지할 수 있다.

우리가 아는 지식으로 본다면 네 가지 각편은 대동소이한 공통점을 가지고 있다. 본풀이 각편으로서의 성격이 서로 흡사하고 서사적 전개나 내용에 있어서도 차이가 거의 확인되지 않는다. 다만 서로의 국면이나 사건의 섬세한 차이 정도는 확인된다. 따라서 이들 내용의 서사적 추상 단락을 수정해야 할 것은 아니며, 내용이 '간결한가, 자세한가' 등의 차이점을 따져 보아야 한다.

김복순 구연본에서는 붉은선비, 영산각시 새파란새각시(이락이) 등 인물 명칭에서 가장 큰 차이점을 보인다. 반면 상황 설정의 인물명칭은 붉은선비, 영산각시, 젊은여인(일학이) 등이다. 이렇듯 인물 명칭에서 차별성을 보이고 있지만 사건의 전체 구성은 같다는 것을 확인할 수 있다.

더욱 중요한 점은 사건의 전개인데, 금기를 내리고 이를 위반하는 순서에는 차이를 보이나 내용면에서는 별다른 차이점이 발견되지 않는다는 것이다. 이를 정리하면 핵심적인 대목에서 차별성이 생기는 것을 볼 수가 있다. 그러한 점에서 이러한 차별성에 대해 의의를 부여할 수 있을 것으로 보인다.

금기	김복순 구연본	최복녀 필사본
금기1	그러며느 정녕 가겠으며느 맥패르 시게 주다 어디만큼 내레 가다 목이 말읍구 탁하지만 절 우에느 맑고 정한 물이 있고 질 아래느 흐리고 탁한 물이 있으니 맑고 정한 물으느 알간체 마르시고 탁한 물이 마이라	그러면 내러갈 적에 도기역 첫머리에 나서며느 인간 좆고 청〃한데 하눌리 불원간에 흐리면서 뇌성이 진동하고 바람이 불면서 비가 퍼부어도 비을 끈지 말고 그양〃내러가라(3과 일치)
금기2	그리고 십리만큼 내레가라 멀기 가래 포도포며 아주 보암스럽게 익어 저자 저도 알간체 말고 가고	뇌성이 울다가 끈치고 하눌리 조흐면 목이 말나 탁〃하거든 길 아래로 흐리고 탁한 물리 내러가리라 길 우에 막고 정한 물을 마시지 말고 길 아래 흐리고 탁한 물을 마시라(1과 일치)
금기3	오리만큼 네레가다 약수가 네리 붓느니라 그러나 버트 궁굴지말고 그양 가고	그리고 도라서면 멀구 다래가 무수하계 이스리라 그것을 먹고 십허도 먹지 말나(2와 일치)
금기4	네려가면 동자역이 있느니라 거기 올라 가면 十年묵은 나무로다 아지(枝) 十萬 ─── 길이(나무높이) 구천 질이다 그 나무저 불이 천불지불 불어며느 새 파란 새 각씨가 불 꺼 달라고 병력같이 소래처도 알과채 마르시고 그 물로 길어 주지 말라	그리고 동기역에 나서며 십년 무슨 구새통에서 불이 붓터 올나 가는이라 그래도 그 불을 끄지 말고 그양〃〃 내러가거라(4와 동일하다)

김복순구연본에서 금기를 "맥패를 시게 주겠다"고 하였다. 깊은 관계를 가지고 있음을 알 수 있다. 그러나 이 같은 구성들이 말하고자 하는 의미를 파악하는 일은 쉽지 않다. 반면 이러한 금기가 자연질서에 함부로 개입하려는 인간의 욕망에 경종을 울리고 있음을 알 수 있다. 인간이 자연의 질서에 개입하면서 자연을 파괴하고 어지럽힌다. 이러한 점에서 두 각편은 시사하는 바가 매우 많다. 금기를 지키는 것이 소중한데

이를 지키지 못하여 붉은선비가 액색한 경우를 당한다고 볼 수 있다.

비록 각편이 보여주는 내용상의 차이점은 대동소이하지만 이들이 갖는 의례적인 면모와 기능의 미세한 차이점을 통해 본풀이가 어떻게 구현되고 있는지를 풀어내야한다. 각편의 정리가 연구의 출발점이자 연구의 도달점일 수 없다. 따라서 표면적으로 자료를 아는 것에 멈추지 말고 자료들이 시사하는 바가 무엇인지 의미를 꿰뚫어서 알아야만 한다.

3. 최복녀 〈산천도량〉의 얼개 분석과 의미

잡다한 전제를 버리고 이제 최복녀 〈산천도량〉에 집중해서 분석해 보자. 이를 위해서는 먼저 내용을 간추려서 간단하게 문제를 집약해야 한다. 이야기의 핵심을 간추려 보면 다음과 같은 관점에서 정리된다.[1]

1) 붉은선비와 영산각시의 내력
2) 붉은선비와 영산각시의 혼인
3) 붉은선비의 안내산 금상절 공부와 선광 구경
4) 붉은선비의 귀환과 금기-위반의 위기
5) 영산각시의 일학이 퇴치
6) 일학이의 뼈와 재의 팔도산령과 바닷물고기 기원
7) 붉은선비의 동토로 인한 산하리굿의 치유
8) 산천굿의 내력과 붉은선비-영산각시의 신직[2]

---

1) 김헌선, 「최복녀 〈산천도량〉의 주석과 번역」, 미발표 원고. 이 원고에 입각하여 다루고자 한다.
   김헌선, 「함경도 망묵굿 〈산천굿〉의 기능과 의미-〈산천굿〉의 굿, 본풀이, 구전설화의 관계를 중심으로」, 『2017 한국구비문학회 추계학술대회 발표논문집』, 한국구비문학회, 2017.11.04., 55~86쪽.

이 단락 정리는 누구나 할 수 있는 일반적 정리에 불과다. 따라서 구체적인 내용을 정리해서 단락의 내용을 세부적으로 간추리고 이 내용이 지니는 의미를 부연하고자 한다. 1)에서는 이들이 공통적으로 선관 낙출임을 강조한다. 붉은선비와 영산각시는 본디 옥황상제를 모시던 존재이고, 각기 잘못을 하여 결국 인간세계에 출현했다고 한다. 붉은선비는 벼루를 네 동강 내고, 영산각시는 세수대야를 네 동강 냈다. 이로 인해 각기 화덕장군과 홀로부인의 아들, 딸로 생겨나게 된다. 이것은 전형적인 적강화소이며, 천상계와 지상계의 이원적 구조를 원용하고 있음이 밝혀졌다.

2)는 이들이 각기 열네 살과 열다섯 살이 되어서 서로 인연을 맺는 과정을 말한다. 혼약을 하고 혼인 하는 과정이 자세하다. 이러한 묘사를 통해 이들이 혼인 하는 과정이 삼월삼짇날, 사월초파일, 칠월칠석 등 세시 절기의 일정한 흐름 속에 맥락을 유지하고 있음이 드러난다. 이 날자 들을 통해 납채, 납폐, 혼인하면서 시집을 가고 장가를 가는 일에 대한 내력이 밝혀진다. 이 과정에서 붉은선비보다 영산각시의 글이 배승한 사실을 알게 되었다.

3)에서는 안내산 금상절에서 삼 년 동안 참된 공부를 한 뒤 옥황전 선광구경을 가게 된다. 여러 산을 돌아다니며 살피던 붉은선비는 이 과정에서 중요한 창조와 하늘에 필요한 것들을 만들어 간다. 이른 바, 이 승세계인지 천상세계인지는 불분명하지만 인간 세계의 여러 가지 창조

---

2) 김헌선, 「함경도 망묵굿 〈산천굿〉의 기능과 의미-〈산천굿〉의 굿, 본풀이, 구전설화의 관계를 중심으로」, 『2017 한국구비문학회 추계학술대회 발표논문집』, 한국구비문학회, 2017.11.04., 55~86면. 여기에서 구조적인 것을 모두 9개의 단락으로 구분한 바 있다.
신동흔, 「〈산천굿〉에 담긴 인간과 자연의 생태학과 순환적 생명론」, 『2019 한국구비문학회 춘계학술대회 발표논문집』, 한국구비문학회, 2019.05.11. 이 논의에서 자세하게 다루었으므로 단락의 정리를 다시 원용하고 재론하고자 한다.

물들을 늘어놓는다. 이를 통해 이들의 내용이 밝혀지는데 두 쌍씩 있는 것들을 하나씩 떼어내어 하늘에 배치하는 것을 알 수 있다. 다시 말해 쌍분 창조를 분리하여 하나로 함으로써 이승의 세계에 특정한 모방과 창조를 하게 되는 것이다. 나무, 짐승, 산나물 등을 만드는 일은 붉은선비의 후반부 산천 차지와도 일정하게 호응해 이를 무시할 수 없음을 새롭게 환기하게 된다.

4)는 3)에서 제비들이 새끼를 낳아 기르는 것을 보고 새롭게 변형하는 것과 깊은 관련을 가진다. 앞에서 납채를 보내고 납폐를 드리면서 일정하게 칠월칠석에 혼인하는 것이 서로 깊게 연결된다. 그런 점에서 본다면 자신의 아내인 영산각시를 보고자 하는 마음과 깊은 관련을 가지고 있음을 알 수 있다. 이 때문에 금상절 선생님의 제안을 거절하고 대신에 금기를 받은 후 집으로 오게 되는 과정을 이어간다.

네 가지 금기는 내리는 비 끊지 말기, 맑은 물 대신에 흐린 물 먹기, 머루 다래 먹지 말기, 십년 묵은 구새통의 타오르는 불 끄지 말기 등인데, 붉은선비가 이를 차례대로 위반하고 비 끊기, 맑은 물 먹기, 머루와 다래 송이 꺾어먹기, 구새통에 타는 불을 끄기 등을 한다. 이러한 금기 위반으로 혼란이 생기게 되고 이 때문에 일학이라는 짐승에게 잡아먹힐 운명에 놓인다.

5)에서는 붉은선비가 사흘 말미를 얻고, 동시에 영산각시와 재회하게 되는데 붉은선의 낯이 수심으로 가득하자 영산각시가 이에 대한 이유를 알아내고 결국 처단을 결심하게 된다. 영산각시는 베를 짜는 "속새칼"을 가지고 가서 일학이라는 젊은 여인을 죽이고자 한다. 그러나 일학이가 팔만하광주(팔모야광주)를 가지고 영산각시를 처단하려 하고 영산각시는 여덟번째의 모로 적대자를 죽이고 이로 말미암아 일학이를 처결한다.

6)은 그렇게 처결한 일학이의 사체를 처리하는 방식이 요점이다. 일

학이를 불태워서 없애기 위하여 필요한 일이 나무 베기이다. 이 나무를
만든 장본인은 붉은선비이다. 그러나 붉은선비는 자신이 만든 나무를
베고 이를 우물 정자로 쌓아서 적대자인 일학이의 사체를 처리한다. 나
무를 베고 사체의 뼈를 명산대처에 뿌린 행위로 인해 질서를 파괴한 죄
목을 받게 된다. 한편, 재는 바다에 뿌려서 물고기를 만드는 작업하게
된다. 나무를 벤 생령의 죽임과 죽은 일학이의 뼈를 뿌림으로써 심각한
문제가 발생했음을 알 수 있다.

　7)에서는 붉은선비가 산에 나무를 벤 일로 인해 질병을 얻게 된다.
이 질병은 동티로 말미암은 것인데 이 때문에 의미 있는 일을 얻게 된
셈이다. 동토를 치유하는 굿법을 문복하고 영산각시가 이를 시행하여
마침내 질병을 극복하게 된다. 명산대처에서 이러한 치유의 의례를 하
는데 이로 인해 '산하리'라는 것을 행하게 되었음을 확인할 수 있다. 결
국 새로운 굿법의 창조를 하게 되고, 지상의 산에 나무, 짐승, 나물을
만들어 이를 해친 대가로 얻은 질병을 치료하게 되면서 새로운 질서를
창조하게 된다.

　8)에서는 새롭게 신직을 부여 받는다. 작품에 결말 부분을 보면 산하
리를 받게 되고 이로 말미암아 굿법으로서의 내력을 갖게 된다는 것이
요점이다. 따라서 이 신직의 의미는 본풀이적 면모를 보여주고 있다.
이 점이 매우 소중하다. 산령의 원인을 제공한 당자가 산령을 퇴치한다
는 역설을 보이고 있어서 주목된다.

　이러한 내용 정리가 이 본풀이의 모든 것을 말해주지는 않지만 새롭
게 논의할 단서를 찾아서 정리해 주고 있다. 그러한 점에서 내용을 정리
하고 구조적으로 해명하면서 문제의 항목으로 재정립할 필요가 있다.
그것이 이 본풀이를 의미 있게 하는 것이다. 상투적인 해명을 넘어서서
무엇이 문제인지 정리해야 한다.

① 붉은선비와 영산각시의 출자
② 붉은선비의 모방적 창조
③ 붉은선비:영산각시::일학이의 대립
④ 영산각시의`속새칼::일학이의 팔모야광주
⑤ 일학이의 화장과 순환, 동티
⑥ 산천굿의 얼개와 의미

①은 상투적이지만 단순하지 않다. 이 말은 함경도 망묵굿에서 여느 주인공 모두가 이러한 출자를 과시한다는 것이다. 그러나 절대적인 신념 속에서만 이러한 출자를 강조하는 것임을 잊어서는 안 된다. 이들 모두가 옥황상제의 곁에서 시중을 들던 선관낙출임을 강조한다. 달리 말하면 이들의 본질은 천상계의 존재이고 특별하게 신성성을 가진 존재임을 말하는 것이다. 신성한 존재의 출자가 이들에게 신성한 능력을 발휘하게 한다. 그렇기 때문에 상투적이라고 하면서도 상투적이지 않다는 말이 성립된다.

더욱 중요한 사실은 이러한 세계관적 설정의 근거가 미약하나 앞으로 논할 커다란 문제와 직결된다는 것이다. 그것을 이 본풀이가 지니고 있는 소박한 형태의 원형이라고 한다면, 원형을 손상시키면서 이러한 설정을 하게 된 데는 근본적 원인이 있다. 이를 구조적으로 본다면 수직적 세계관을 매개로 하면서 새로운 변화를 일으키게 된다는 것을 알 수 있다.

천상계에서 지상계로의 이동은 고대의 신화적 세계관이지만, 이를 근거로 옥황전을 도입하고 옥황전에 입각한 일정한 잘못으로 인해 지상으로 적강하거나 유배된다는 관점은 전혀 차원을 달리하는 문제이다. 그러므로 출자의 문제는 심각한 고대의 신화적 세계관에 대한 파괴이자 새로운 성취라고 할 수 있다.

②는 더욱 고려해야 할 점이라고 할 수 있다. 안혜산 금상절의 스승을

매개로 하여 이러한 것들이 이루진다. 하지만 붉은선비가 옥황전을 구경하고 그들의 본질을 알아내는데 그치지 않고 인간의 산천 등 새로운 존재들을 만들어가면서 내용물을 채우는 것이 핵심이다. 자신이 구경을 하면서 아름다움을 만끽하고 놀이를 하는 등 스스로의 노력을 통해 새로운 존재를 확인하게 되는 것이 가장 중요한 면모이다.

이러한 점에서 붉은선비의 문화영웅적 창조는 모방적 창조나 이 본풀이의 생성과 운용을 향한 중대한 요소라고 할 수 있다. 결국 뒷대목에서 일학이라는 존재로 말미암아 자신의 창조물을 파괴하는 구실을 하게 된다. 때문에 일정한 모방적 창조에 후퇴가 있음을 확인하게 되는데 이 대목에서 원론적인 것을 만들지만 그 부분이 부정적 구실을 하게 된다는 것을 알 수 있다.

붉은선비는 산천을 만드는 당사자이다. 하늘의 옥황전을 구경하고 쌍으로 된 것을 하나씩 분할하여 이를 늘어놓는 행위는 중요한 창조의 과정이다. 나무, 짐승, 산채 등을 창조해 인간이 사는 세계와 자연이 사는 세계에 중요한 기여를 한 것을 볼 수 있다. 하지만 붉은선비는 일학이라는 존재를 화장해 그의 뼈와 재를 산천과 바다에 버림으로써 스스로 만든 세계를 파괴한다. 이러한 행위는 '산령'이라는 생명체의 창조로 이어진다. 붉은선비의 행위가 중요한 것은 이 때문이다.

③은 붉은선비와 영산각시의 대립은 둘 사이의 진정한 관계를 해친다. 이들의 행위는 임의적이지 않고 매우 자연스러운 것이다. 여기에는 문화적 창조를 감행하는 둘만의 만남이 전제되어 있는데, 금기를 위반하는 욕망을 발휘하면서 이것이 통제되지 않는다. 이렇듯 자연물의 순환과 질서에 일정하면서도 부정적인 구실을 하는 것이 붉은선비의 역기능이라고 할 수 있다. 여기에는 자연물의 전적인 자생자화의 원칙이 있다. 그러나 붉은선비는 인간의 욕당을 억제해야 함에도 불구하고 이를

어기고 직접 나서서 스승의 금제를 벗어나 자신의 관점대로 모든 것을 하고야 만다.

특히 한 여인의 부탁으로 인해 자연물의 고사물인 구생통의 고목나무 불을 실현하고 금기를 위반한 행위가 가장 소중하다. 붉은선비는 영산각시가 덤불 속에 들어간 것으로 착각했다. 자신의 욕망, 인간 대상으로서의 욕망이 앞서다 보니 이러한 전제가 문제를 일으키고 이 때문에 자연 순환에 대한 개입을 하게 된다.

이러한 욕망의 발현은 오히려 일학이가 요구하고 변환하면서 생겼다는 점에서 영산각시와의 맹약이 문제가 되었음을 말해준다. 일학이가 젊은 여인으로 둔갑해 유혹했기에 이러한 일이 발생하게 되었다. 자신이 유도해 불을 끄도록 해 놓고 이 때문에 승천하지 못했다고 함으로써 붉은선비와 영산각시의 틈이 생기게 한다. 결국 일학이는 인간의 잘못을 이용하여 이 인물을 처단함으로써 보상받고자 하는 것이다.

붉은선비와 영산각시가 서로 협화하는 것과 달리 일학이는 매우 중재자적인 위치에 서 있으면서도 이들의 단합을 해치고 결과적으로 이들의 노력에 일정한 위해를 가하는 존재라는 것이 분명해 진다. 따라서 이러한 위기를 극복하고자 하는 노력이 요구된다. 붉은선비와 영산각시 모두 노력을 하지만 결국 영산각시의 방도가 더 중요해 이들의 인연이 소중하다고 할 수 있다. 그러한 점에서 영산각시의 노력이 남다르다는 것을 알 수 있고, 이들의 위기를 초래하는 존재를 물리쳐야 할 임무를 구현하게 된다.

④는 여성들의 대결이고, 가정의 위기를 지키려는 쪽과 위해를 가하는 쪽의 대결인 점에 주목할 필요가 있다. 영산각시는 문화를 대변하고 신성을 견지하는 쪽의 인물이다. 이 인물의 능력은 글씨를 잘 쓰고 가문에 열녀가 되는 것이지만 오히려 이면적으로는 베를 짤 때 쓰는 칼이

핵심적 소인이 된다. 이 칼을 '속새칼'이라고 한다. 속새칼은 문화적 창조의 가장 소중한 연장이자 도구이다. 아울러 여성의 문화적 연장이면서 이를 문화적으로 기능하게 한다는 점에서 영산각시의 능력이 집중된 연장임을 알 수 있다.

이와 달리 일학이는 자연물을 상징하는 자연의 대표적인 존재이다. 짐승이면서 이무기와 같은 존재임을 알 수 있다. 자연물에 의존하고 있으며 구생통 같은 것을 통해 새로운 존재로 화할 수 있다는 면에서 가장 중요한 능력을 구현하는 인물이다. 또한 이 인물은 자신의 모습을 둔갑할 수 있을 뿐만 아니라, 동시에 여러 존재에게 영향을 끼칠 수 있다. 영산각시의 문화적 도구인 속새칼과 일학이의 둔갑은 서로 대립하고 있는데 이는 문화와 자연의 대립을 극단적으로 보여주는 것이다.

그렇지만 영산각시와 일학이의 대결은 속새칼과 둔갑술로 이어지지 않는다. 오히려 영산각시가 여성으로서 먹고 살 방도를 말하자, 팔모야광주를 준다. 영산각시는 이 하광주로 인해 오랜 과업을 해결하게 되고 팔모야광주의 기능과 용도를 묻다가 마침내 새로운 탈출구를 알게 된다. 팔모야광주의 여덟 번째 기능을 묻는 과정에서 비밀을 알아내고 이로 인해 일학이가 죽게 된다는 것을 말하고 있다.

자신의 주보가 살해되어 결국 자연으로 돌아가는 결정적인 기능을 하게 된다는 역설적인 이치를 보여준다. 주보는 선용할 수도 있고 악용할 수도 있으며, 남을 해치면서도 동시에 자신도 해할 수 있다는 오랜 내력을 보여주는 전형이라고 할 수 있다. 그러한 점에서 팔모야광주는 이 같은 생리를 알고 있는 여성들의 세계에서 흔하게 발견되는 것임을 알 수 있다. 우리는 이를 통해 도가에서 말하는 역리의 이치를 새롭게 이해할 수 있다.[3]

속새칼을 가지고 이를 퇴치할 수 있으나 자신의 몸에서 나온 것으로 그것을 처단하는 길을 선택하면서 속새칼과 팔모야광주의 대립은 정점에 이른다. 자연은 자연의 모든 것을 가지고 있으면서 동시에 자연의 형태를 가공한 문화보다 더욱 위협적인 것이 될 수 있음을 보여주는 적절한 예증이 된다. 김시습이 말한 외단의 것과 달리 내단의 원리를 추구하는 것에서 우리가 일상의 인간에서 벗어날 수 있듯이 비유적으로 속새칼의 원리적 힘보다는 일학이가 가지는 팔만야광주의 힘으로 일학이를 제거하는 것이 핵심적인 면모라고 할 수 있다.

⑤는 자연물에서 나온 것으로 자연물인 일학이를 퇴치한 뒤 시신 처리에 관한 문제이다. 시신 처리에 있어 가장 바람직한 것은 자연스럽게 소멸해 다시 순환시키는 것이지만 이러한 처리가 원만하게 해결되지 않았다. 때문에 이 존재를 인위적으로 멸하게 되는데 이를 위해 선택한 방식이 바로 화장이다. 그러나 화장의 전례를 거론한다면 구생통에서 이룩되어야 할 바인데, 이를 달성하지 못하였기 때문에 이를 달성하는 방식으로 화장을 선정한 것이다.

그러나 화장에 문제가 있다. 화장을 위해서는 산에서 나무를 자르고 이렇게 해서 만든 것을 다시 산으로 되돌려주어야 하는 일이 생긴다. 하지만 화장을 했기 때문에 다시 재생을 할 수 없다. 또한 산에서 생긴

---

3) 金時習, 龍虎第七, 『梅月堂文集』 卷之十七 / 雜著
  내단에서 말하는 것으로 "順則成人 逆則成仙"이라고 하는 것을 말하는 것으로 단을 이루어 신선이 되고자 한다면 보통 사람의 방식대로 살아서는 안 된다. 범인의 과정을 역으로 거슬러 올라가야만 순이 아닌 역을 따라서 선이 될 수 있음이 분명하게 된다. 내단 사상의 逆則成仙이 곧 역리사상이다. 내단의 순리는 "虛化神 神化氣 氣化精 精化形 形成人"과 내단의 역리는 "養形煉精 積精化氣 煉氣化神 煉神還虛"로 이룩된다. 이는 곧 虛→神→氣→精→形→人 등의 순리와 形→精→氣→神→虛의 역리와 역순으로 이루어지는 역리를 말한다. 이치가 이러한 것과 같이 이룩된 상황 자체를 자연물에 의한 자연물의 역리로 퇴치하는 것을 비교할 수 있다. 이는 팔모야광주로 일학이를 처단하는 발상과 상통한다.

문제가 더 있어서 이들이 새로운 산령으로 좌정하게 되는 계기를 마련
하게 된다. 이처럼 자연의 재생과 순환에서 생길 수 있는 문제를 마련하
였기 때문에 자연의 전환과 순환이 생기는 것을 알 수 있다. 또한 화장
의 문제는 생성된 것을 멸하는 데는 도움이 되었지만, '동티'라는 새로
운 문제를 야기 시킨다.

　동티를 해결하기 위한 방법으로 산하리를 두는 것이 마련되고 이 때문
에 붉은선비와 영산각시가 문제를 해결할 수 있는 새로운 차원의 단서를
찾게 된다. 이 모든 것은 붉은선비로부터 말미암은 것이며, 생성된 것을
생성으로 두지 않는다. 이를 활용하면서 만들어진 것의 총괄적인 의미를
가지도록 하는데, 이것은 동티와 재생의 문제를 야기하게 된다. 이를
통해 우리는 사람이 죽으면 산천에서 동티를 만나게 되고 이 때문에 문제
가 심각하게 된다는 것을 새롭게 인지할 수 있다. 이 굿법을 통해서 그러
한 문제를 해결하고자 하는 자연의 조절 능력이 또 다시 문제가 된다.

　⑥은 산천굿의 얼개와 의미를 총괄적으로 논해야 하는 문제를 말한
다. 산천굿에서 분명한 것이 밝혀졌다. 산천굿은 자연과 문화의 대결을
핵심으로 하고 있으며, 자연과 문화의 대결이 곧 일학이와 영산각시,
그리고 붉은선비에 의해서 이룩된 것임을 확인하게 된 것이다. 이 대립
은 본풀이의 본질적인 내용이며 변할 수 없는 것이다.

　그렇지만 이 대립은 다시 하위 대립으로 변형되면서 삼중의 대립으
로 분화된다. 일학이와 영산각시가 기본적인 대립을 이어받지만 이와
달리 붉은선비가 매개되면서 자연과 문화의 대립으로 이어진다. 이를
기초로 하여 둘은 본질적인 창조와 문화적 생성에 기여하고, 그로인해
문제가 생기는 것을 보여주고 있다. 이러한 요소의 대립을 핵심으로 하
여 문제를 제기하고 풀어낸다. 이 같은 대립을 구체적으로 제시하면 다
음과 같다.

이처럼 자연과 문화의 대립은 불가피하며, 인간이 바람직한 삶을 영위하기 위해서는 자연을 개조의 대상으로 삼을 수밖에 없다. 그렇지만 의도적이든, 의도적이지 않든 자연과 문화의 대립은 서로의 관계 속에서 중재하고 조절하며 원만하게 조율해야 한다. 이 본풀이는 그러한 대립의 중재와 실패, 그리고 문화적 이행이 얼마나 각박하게 이루어지면서 현재까지 이어진 것인지를 보여주고 있어 주목된다.

또한 자연과 문화의 근간 대립을 이항대립으로 설정하고 이를 3중의 대립으로 변형한다. 이 변형의 핵심에 붉은선비가 있으며, 다른 축에서는 일학이와 영산각시가 서로 대립한다. 일학이는 자연계의 순환을 암시하는 존재이지만 스스로 이를 포기하게 된다. 이로 인해 이를 방조하고 도왔던 붉은선비의 구실이 생기고 사단이 발생한다. 이와 달리 영산각시는 철저하게 문화를 대변하는 쪽에 서 있는 존재이다.

붉은선비는 일학이와 관련되지만 영산각시와 혼인한 처지이다. 때문에 집안의 안위를 지켜내야 하고 목숨을 부지해야 한다는 이중적 모습을 보인다. 또한 젊은 여인의 유혹을 이기지 못해 일학이의 승천을 돕지 못하고 방해하는데 이 또한 중재자의 모습이 작동한 것이라 할 수 있다. 붉은선비를 0으로 놓은 것은 중재적이고 매개자의 구실을 하고 있기 때문이다. 이 본풀이에서는 삼각 갈등으로 발전할 소지를 원초적으로 거부하면서 자연과 문화의 대립을 일으키고 있다는 점에서 서로 긴밀한 관계를 유지하고 있어 주목된다.

4. 〈산천도량〉의 3중적인 문제

〈산천도량〉 또는 〈산천굿〉은 3중 문제를 가지는데 개별본풀이의 면모, 지역유형적 특성, 세계서사시의 단계 등이다. 이는 함경도 망묵굿을 비롯한 대부분의 망묵굿 본풀이가 지니고 있는 문제이다. 이를 좀더 자세히 살펴보자. 첫째, 함경도 본풀이로서의 문제이다. 본풀이는 지역유형적 특성을 가지기 마련이므로 함경도 지역의 본풀이는 물론 모든 본풀이가 예외일 수 없다는 것을 순연하게 보여준다. 이를 무엇이라 정의할지 핵심적인 관건을 드러내는 일이 필요하다.

이 지역의 본풀이는 이야기로 전승되는 것만을 본풀이로 정의한다는 특성이 있다. 그렇다고 해서 이 문제를 민담과 관련시켜 논의하는 일은 필요치 않다. 민담과 본풀이는 엄격히 구분되므로 이를 대응해서 다루는 것은 부적절한 처사이다. 본풀이로서의 가치 고양을 위해서는 반드시 본풀이와 대응해서 다루어야 한다. 이렇게 하면 본풀이로서의 의미와 문제를 충분하게 해명할 수 있기 때문이다.

뿐만 아니라 함경도 본풀이로서의 문제는 확장될 소지가 있다. 함경도 망묵굿에서 본풀이가 가지는 문제와 연계되기 때문이다. 그렇지만 이러한 문제는 쉽사리 해명되지 못한다. 망묵굿에 대한 의례적인 고찰이나 연구가 미흡하기 때문이다. 본풀이를 연구할 때 이 문제는 반드시 해명해야만 한다. 이를 해결해야만 점진적인 고찰이 증대되면서 새로운 연구가 이루어질 수 있다.

함경도 본풀이로 다루게 되면, 함경도 지역에서 살펴볼 수 있는 문제들을 이 본풀이가 이야기 형식으로 상세하게 전하고 있다는 것을 알 수 있다. 그것은 앞에서 말한 민담과의 내용적 공유를 해명하는데 집중적으로 펼쳐야 할 문제이기도 하다. 소재를 민담에서 흡수했다고 보거나,

민담을 통해 본풀이를 해명하려는 것은 잘못된 착안이다. 오히려 민담으로 남은 것의 본질적 국면이 본풀이에 있으며, 민담으로 해명할 수 없는 가치와 의미를 본풀이가 가지고 있다는 것을 해명해야 한다.

둘째, 연구자들이 항용 거론한 것이지만 함경도 본풀이의 지역유형이 각별한가, 그렇지 않은가의 문제이다. 이는 이 본풀이적 문제가 함경도 본풀이로서만 드러나는 것이 아니라는 사실과 관련된다. 오히려 함경도 본풀이에서 나타나는 궁극적 문제들의 층위가 제주도 본풀이에서 확인된다는 것을 알 수 있다. 함경도 본풀이와 제주도 본풀이는 지역적인 전파 문제와는 인과관계가 성립되지 않는다. 그럼에도 불구하고 이들은 서로 깊은 관련성을 가지고 있어 포괄적인 문제로 다룰 수 있다.

따라서 종래의 연구자 견해와 달리 이를 표현해야 한다. 재래의 본풀이가 전승될 때는 새로운 세계관적 충돌에 입각하여 자신들의 의례적 위치를 감지하고 새롭게 변형시킨다. 이것이 바로 특정한 굿과 결탁하여 새로운 지위를 얻고 적절한 범위에서 변형을 하는 것이다. 따라서 본풀이의 변형은 온전한 신의 본풀이를 마련한 차원이나 특정한 차원에서의 변형을 구하게 되고 심각한 위치 이동과 함께 세계관적 변형을 반영할 수밖에 없다.

다시 말해 제주도본풀이와 함경도 본풀이를 피상적으로 같거나 다르다는 차원으로 말해서는 안 된다는 것이다. 제주도의 본풀이나 함경도의 본풀이는 굿을 근간으로 하여 체계적이고 입체적인 변화를 도모했다. 이러한 과정 속에서 격심한 내용적 변이와 의례적 변이가 일어났지만, 이들 모두 각기 다른 관점에서 실현되었다. 그것이 본풀이 연구에서 가장 심각하게 이룩된 변화일 성 싶다.

셋째, 더욱 중요한 문제가 있다. 이는 굿과 민속을 더욱 큰 문제와 연결시키는 일이다. 달리 말해 함경도 본풀이가 가지는 기본 속성이 여러 소인에 의해 변질되거나 남아 있는 '퇴적적 층위'라고 전제하면서 이들 사이에서 드러난 의의와 한계를 시대적 인 문제로 변화시켜 다루는 것이다. 그것은 무속이 겪어온 세계관적 변질과 깊은 관계가 있으므로 거시적인 고찰이 필요하다는 것을 항상 유념해야 해야 한다.

오롯하게 함경도 본풀이만으로 이룩된 시대의 산정이 필요하다. 그것은 무속적인 주술 행위가 전적으로 신화와 본풀이로 향유되던 시대를 말한다. 본풀이를 구송하던 존재들이 존경받고, 이들의 권력이 유지되던 시대가 있었을 것이다. 그러나 이들의 단계 역시 단일하지 않았다. 무당과 같이 특정한 권능을 가진 집단이 등장하기 이전에 예사사람 모두가 일정한 권능을 보편적으로 행사하던 단계가 있었을 것이다. 이들의 본풀이는 현재 남아 있지 않고 일부 본풀이에 그러한 양상이 남아 있어 이야기로 신화적 세계를 말하던 단계를 상정할 수 있다. 본풀이를 가지고 의사소통을 하는 집단이 등장하면서 둘은 경쟁하거나 수용하면서 각기 역사적 임무를 다하며 차별화되었을 것으로 보인다.

일반인의 이야기와 무당의 본풀이가 경쟁하던 중 새로운 변화가 밀어닥쳤다. 이로 인해 이들 집단은 전승 자체가 위협 받는 단계에 부딪친 것이다. 무속적 세계관의 대체와 함께 가장 위협적으로 등장한 중세종교의 도래가 이를 말하는 증거이다. 이 증거가 구조적으로 실현되는 차원이 수직적 세계관과 수평적 세계관을 새롭게 더하면서 체계적인 변질을 초래한다.

이 과정에서 두 가지가 구현된다. 하나는 구조적으로 복합·습합되어 생존하거나, 이단 또는 잡귀잡신으로 몰려 더 이상의 본질을 행사하지 못하고 주변부에 잔존해야 하는 일이 발생했다. 이런 각도에서 민담과 본풀이를 살펴보면 우리가 겪어온 시대의 변화나 이야기와 본풀이의 근접된 결과가 무엇을 말하는지 선명하게 이해할 수 있을 것이다.

함경도 본풀이는 각별한 의미의 3중 문제를 가지고 있으며, 이는 〈산천도량〉 역시 예외가 아니다. 이 같은 전제에 입각해 문제의 핵심에 맞추어서 이 굿의 본풀이를 음미할 필요가 있다. 〈산천도량〉은 이승과 저승의 경계면에서 하는 구실을 핵심으로 하고 있다. 이승과 저승의 경계면에서 두 공간의 분할에 관련된 문제를 다루고 있다. 자연과 문화의 충돌을 통해 본풀이에서 집중적으로 고안한 것은 자연의 본령인 산천과 그 속에 있는 영험한 생명의 존재를 인정하고, 이 존재의 손상이 막대한 질병을 유발시킨 다는 것을 깨닫고 치유하는 것이 본질이다.

이 본풀이에서는 이 문제를 '산령'이라고 하였으며, '산하리'라는 특정한 재차로 해명하는 과정을 말하면서 의례에서 다양한 세계관적 창조에 깊게 관여하는 인물을 두고 있다. 붉은선비는 이승의 한울에 옥황전 선광 구경을 통해서 산천의 여러 존재들을 창조하는 일에 개입한다. 나무를 비롯하여, 짐승, 산채 등을 만들어서 온갖 생명 창조에 기여한다. 이는 비록 선계의 것을 모방해 복사하는 것으로 되어 있지만, 이들은 서로 깊은 관계를 지니면서 세상을 만들어낸다. 그렇기 때문에 이를 창조의 형태로 보아야 한다.

그렇지만 더 이상의 문제에 개입해서는 안 되는데, 이 문제에 개입하여 혼란을 야기한다. 그것이 바로 '금기의 위반'이라고 할 수 있다. 금기를 위반하면서 발생한 문제는 인간과 자연의 생태적 공존을 위협하고 질서를 혼란스럽게 하는 것이다. 그 문제로 영산각시가 나서고, 이 때문에 일학이라는 자연의 대표적인 존재가 처단되고 산령이 야기하게 된다.

붉은선비로 인해 발생한 문제이다. 그러나 실상은 영산각시와 붉은선비가 아니면 해소되지도, 야기되지도 않을 본질적인 문제이기도 하다. 따라서 영산각시와 붉은선비의 개입에 의해 이승과 저승의 경계가 서로 갈라지고 새로운 구분이 생기게 되었다는 사실을 알 수 있다. 그러한 점에서 저승의 망령을 다룰 임무가 문화적으로 고안되었다고 해도 지나치지 않다. 이승과 저승의 단순한 경계를 넘어서고 이를 입체화 하는 일에 기여하고 있다. 이것이 함경도 본풀이의 진정한 길이자 방법이고 본풀이의 구연 목적일 것이다.

〈산천도량〉은 제주도에서 겪은 본풀이의 변화 동인이나 결과와 깊은 관련이 있으며, 본풀이의 소재나 내용적인 공통점과 양상을 공유하고 있다. 그렇지만 이 본풀이에서는 이승과 저승의 공간적 분포를 중심으로 경계면을 형성하면서 이들의 매개를 하는 신령을 직분으로 귀결하지만 엄청난 차별성을 구현한다. 그것은 이들이 하는 기본적 설계의 본질과 관련된다.

이 본풀이는 천상계와 지상계의 설정을 근간으로 하고 있으며, 이는 수직적인 관련을 중심으로 한다. 이들은 선계의 선관낙출이고, 이들의 존재에 의해서 세상의 질서가 만들어져 가는 것을 핵심으로 한다. 이 질서의 일단을 회복하고 있는 것이 붉은선비가 안내산 금상절에 가는 행위이다. 이를 통해 이들은 천상계 질서를 구현하게 된다. 한편 금기를 위반하면서 일학이의 질서를 위반하고 받아들이지 않는다. 결국 이들의 존재를 퇴치하고 산령으로 머물게 하는 선신과 악령의 대립을 구조적으로 실현한다.

이승과 저승의 수평적 관계를 근간으로 이승의 구조적 문제를 배치하고 이 두 가지를 융합해 새로운 차원의 통일성을 기하면서 산령에 시달리지 않고 저승으로 가게 하는 구실을 한다. 이들의 노력에 의해서 결국 망령은 새로운 존재로 화할 수 있고, 산천에서 장례를 하거나 화장할 수 있다는 세계관적 근거를 마련하고 있다. 그러한 점에서 이들의 노력은 놀라운 것이며 세계관의 구조적 본질에 의존하고 있음이 확인된다. 또한 『바리공주』와 연결되면서 차별화되는 지점이 이러한 세계관적 고안과 관련됨을 알 수 있다.

함경도 본풀이는 제주도 본풀이가 가지는 창조와 다르지 않지만 구조적으로는 차이가 난다는 것을 인정하게 된다. 함경도 본풀이는 삽화적 창조가 아니라 유기적인 갈래 수를 확장하는 방식을 선택한다. 본풀이가 망묵굿에 집중적으로 배열된 것도 이러한 사정과 무관하지 않다. 아울러 내용 구성에 있어서도 다양한 본풀이적 요소를 확장한다. 또한 세계관적 문제에 집중하고 이를 창조하는 것도 함경도 본풀이에서 발견되는 특징이다. 사정이 이러한데 과연 제주도의 본풀이와 '같다', '다르다'고 말할 수가 있을 것인가?

더욱 중요한 문제의 층위가 있다. 〈산천도량〉에서 보이는 문제는 단순하지 않다. 망묵굿은 구체적으로 이승과 저승의 경계면을 넘어가는 근본적인 의례의 성격을 지니고 있다는 점에서 본질적으로 동일하다. 하지만 이승과 저승의 경계면이 단일하지 않으며, 평면적 설정을 벗어나고 있다는 것을 지적해야 한다. 이승과 저승의 경계면을 넘어서는 설정 자체가 재래의 본풀이나 이야기에서 흔하게 발견되는 것인데 저승의 좋은 곳과 나쁜 곳을 가르고, 왕생극락을 위한 염원을 핵심으로 하고 있다는 점에서 매우 소중한 구실을 한다.

〈산천도량〉에서는 불교의 저승관을 수용하고 천상계와 지상계의 설정을 서로 합치면서 한층 복잡한 구성을 하고 있음이 확인된다. 따라서 이들의 관련양상은 구조적인 복합을 통해 평면적인 변화가 아닌 입체적인 변화를 획책하는 설정임을 알 수 있다. 재래의 세계관에서 보이는 자연물을 생명으로 하는 정령신앙이나 자연물신앙도 일정한 구실을 하게 된다. 따라서 함경도의 본풀이가 같은 문제를 야기하고 있다는 것이 확인된다.

더욱 중요한 것은 우리의 재래 이야기에서 이러한 세계관적 변위나

이동을 핵심으로 하는 구조적인 변형이나 내용의 전개가 흔히 발견된다
는 것이다. 이러한 설정을 통해서 우리는 새로운 차원의 본풀이가 중세
종교인 불교의 설정, 도교의 세계관적 전형과 부합하기 위해 부단히 노
력했음을 알 수 있다. 산령신앙에는 적강형 인물의 설정이 필요한데,
저승의 망령을 다스리기 위해서 '산하리'를 하는 것은 그러한 각도에서
소중한 기여라고 생각한다. 따라서 본풀이적 변형은 이러한 설정을 뒷
받침 하는 소중한 전환이라고 할 수 있다.

〈산천도량〉의 문제는 3중문제이다. 고대서사시에서 중세서사시로
이동하는 가장 심각한 문제를 심층에 간직하고 있는 것임을 환기한다.
원시서사시의 성향도 일부 가지고 있으며, 고대서사시의 흔적이 있음
도 인정되지만 무엇 하나로 고정할 수 없는 많은 문제가 있음을 생각해
야 한다. 연구의 진전이 이루어지고 서사시의 성격이나 신화적 층위에
대한 입체적 논의를 한다면 이러한 문제는 새로운 차원에서 일정하게
발전될 것으로 보인다. 우리는 논의를 입체화하는 수단으로 신화의 단
계적 층위가 나온 과정을 새롭게 파악해야 한다.

〈산천도량〉을 매개로 하는 일반적인 문제가 함경도 본풀이에만 관련
되는 것은 아니다. 오히려 세계서사시의 전체적 전개와 깊은 관련을 가
지고 있어 이를 입체적인 논의를 할 수 있다. 따라서 함경도 본풀이를
문제의 국면에서 새롭게 보아야 할 것이다. 그러기 위해서는 소재적인
것에 집착하지 말고 이러한 결과가 무엇을 말하는지 정확히 알고 해명
하는 것이 가장 중요하다. 연구의 진전을 위해서 큰 문제를 설정하고
이를 체계적으로 해결하는 것이 우리의 할 일이다.

재래의 연구에서는 이를 소재적으로 접근했기에 논의의 방향을 잃었
던 것을 잊지 말아야 한다. 본풀이의 입체적인 논의를 위해서는 굿도
알아야만 하지만 이와 달리 이를 체계적으로 해명하는 거시적인 시각이

필요하다. 본풀이의 3중문제는 이러한 시각과 연계되어 있다. 연구의 핵심은 본풀이이고, 소재적인 기원이 소종래를 해결하는 것으로 임무가 방치되어서는 안 된다.

5. 함경도 망묵굿 본풀이의 복권

지금은 갈 수 없는 땅이다. 그곳에 이러한 본풀이의 전통이 남아 있을지는 아무도 모른다. 이 연구가 소중한 이유는 현재의 상황이 열악하고 모두 무화되었지만 이를 복원할 수 있는 처지는 남쪽에 있기 때문이다. 우리에게는 이곳에 전하는 본풀이의 존재를 세계에 알리고 이들의 원래 전승지에서 본풀이를 복권시켜야 할 책무가 있다. 더 이상 묻어두고 덮어둘 수 없다.

함경도 본풀이 연구는 망묵굿의 발견으로부터 비롯되었다. 손진태가 감동적으로 서술한 것을 보면 함경도 본풀이는 민족이 고통 받던 시기에 각성하여 얻는 자료임을 알 수 있다. 함경도에 가서 김쌍돌이를 만나고 그로부터 소중한 본풀이를 채집하고 정리했다. '손진태가 없었다면 과연 이 일이 가능 했겠는가' 하는 물음은 우리 모두를 반성하게 한다.

손진태 이후로 이루어진 아카마쓰 지죠와 아키바 다케시의 노력에 의해서 마침내 망묵굿과 같은 것들이 채록되고 구체적으로 굿의 실상이 드러났다. 특히 잊혀진 연구자인 무당이즘의 명명자인 김효경의 연구는 망묵굿의 실상을 알리는데 결정적인 구실을 하였다. 이후에 자료 조사가 된 사정은 임석재의 자료와 연구 저작이 말해준다.

그러나 자료 조사가 연구를 대신할 수 없다. 자료가 소중하다면 얼마든지 자료를 섬기면 될 것이다. 자료가 가지는 의의를 착안하고 이를 구체적으로 서술하면서 연구를 해야만 우리의 본령인 함경도 본풀이의 가치를 드러낼 수 있다. 따라서 연구는 입체적이고 체계적으로 이루어져야 한다. 알음알이로 공부하는 것은 함경도 망묵굿의 본풀이를 위해서 적절하지도, 유효하지도 않다는 것을 알아야 한다. 연구를 체계적으로 하기 위해서는 무엇보다 무엇을 어떻게 할 것인지 연구의 관점을 달리하는 발상의 전환이 가장 중요하다.

연구가 새롭게 전개되는데 가장 먼저 선행되어야 할 것은 본풀이를 바라보는 시각의 복원이다. 본풀이를 어떻게 볼 것인가? 이에 대해 서대석이 언명한 바 있다. '무당서사시로 보는가', '서사무가로 보는가', '무속신화로 보는가' 등의 근본 문제와 연결된다. 이 또한 이미 선행연구자가 말한 바 있으므로 존중해야 하나 이에 그치지 않고 달리 확대하고 적용하여야 책무가 있다. 두루뭉술 막연하게 보는 시각은 온당하지 않다.

먼저 무당서사시로 본다면 무당집단의 특별한 의례에서 거행하는 것임을 잊지 않아야 한다. 아울러서 노래와 말을 섞으면서 하는 서사시이므로 이를 구조적으로 파악하는 일이 가장 소중한 문제이다. 문학과 음악의 원초적이고 원형적인 결합으로서의 가치를 보여주는데 있어 음악을 이처럼 변화무쌍하게 말하는 것은 참으로 어려운 일이다. 그것은 구조적으로도 불가능하고 동시에 희소성의 가치에서도 찾을 수 없는 것이다.

서사무가로 본다면 우리는 서사적인 내용에 집중해야 한다. 서사적인 얼개를 어떠한 시각에서 볼 것인지에 대한 입체적인 논의가 가능하며, 이를 체계적으로 논하면서 서사무가의 유형과 의의를 정리하는 일이 가능하다. 그러나 이러한 연구는 제한적인 의미를 가지고 있다. 입체적인 논의를 하는 것을 중심으로 서사적인 내용만을 언급하니 자칫 피상적인 견해에 머무를 수 있다.

마지막으로 무속신화로 본다면 이 본풀이의 문제를 심층적으로 확대할 수 있어 가장 소중한 가치를 가진다. 무속신화로 본다는 것은 무엇을 말하는 것인가? 무속신화의 입체적 연구가 가능한 것인가? 그러한 연구를 통해서 우기가 해야 할 필요한 일들을 확인할 수 있으며, 어떻게 제한해야 하는지에 대한 문제를 새롭게 연구할 수 있다. 그러나 무엇보다 이 무속신화의 층위를 어떻게 볼 것인가 하는 문제는 간단치 않다. 퇴적층으로 볼 것인지, 잔존하는 전승형으로 볼 것인지 문제가 심각하다.

함경도 망묵굿과 본풀이의 복원이 가장 소중한 문제이다. 무당이라는 사람들의 특별한 본풀이를 중심으로 이들의 의례를 이해하고 새롭게 조명하는 시각이 필요하다. 아울러 이들 본풀이의 내용과 의미를 현재적 관점에서 확실하게 복원해야 할 임무가 우리에게 있다. 따라서 본풀이를 복원하고 이들 연구의 대상을 복권할 수 있는 연행에 대한 총괄적인 연구가 필요하다. 함경도 망묵굿의 전통을 복원하고 이를 본풀이로 환원하는 작업이 우리에게 요구된다.

자료편

.
.
.

임석재·장주근 채록 김복순 구연 〈산천굿〉
최복녀 소장 〈산천도량〉 원문과 주석
이찬엽 연행 〈산천굿〉(2016년 12월 11-12일)
이찬엽 연행 국악방송 녹음 〈산천굿〉(2019년 10월 17일)

〈산천굿〉 또는 〈산천도량〉의 자료는 모두 4가지를 부록으로 첨부한다. 임석재와 장주근이 채록한 1966년 경의 자료로 김복순이 구연한 것이다. 김복순은 당시로서는 젊은 나이의 무녀인데, 강춘옥이나 지금섬과 함께 굿을 하러 다녔다고 보인다. 나중에 1981년의 망묵굿에서도 〈산천굿〉의 연행을 담당하므로 이 여성을 주목해 마땅하다. 이 자료는 서사적인 독자성이 있는 자료이고, 내용도 다양하게 구성되어 있으므로 주목할 만하다.

최복녀가 소장하였다가 이찬엽에게 전한 자료인 〈산천도량〉은 능숙한 글쓰기로 일정하게 내용을 갖추고 있는 것으로 주목할 만한 자료이다. 이 자료를 기반으로 하여 전승을 하고 있다. 함경도 망묵굿을 하는 만신들은 이 책자를 펴놓고 이를 구실삼아 구연을 하는 것처럼 한다. 이미 알고 있는 내용인데도 마치 독경하는 법사들이 이를 펴놓고 하는 것처럼 권능을 가지고 있는 것처럼 보이기 위해 장구 위에 이를 펼쳐놓는다. 구전의 보조적인 수단 이외에 이러한 뜻을 담고 있으며, 필사본이 많이 있는 것이 함경도 굿의 특징이다. 단순하게 학습하기 위한 수단이라고 말할 수는 없다.

이찬엽이 실제 함경도 망묵굿을 하면서 이를 구연한 것으로 이 〈산천도량〉 역시 같은 원리에 입각하여 하는 것이다. 이 굿은 2016년 12월 11일부터 12일까지 굿을 이찬엽의 신당에서 하였고, 거기에서 이찬엽이 장단에 맞추어서 한 것이다. 자료직 가치가 매우 높으며 넋령을 합쳐서 부르면서 이야기를 풍성하게 이끌어나갔다. 실제 당가집이 있을 때에 어떻게 서사무가를 운용하고 이야기를 펼쳐나갈 수 있는지 잘 알 수 있는 좋은 자료라고 하겠다. 전사가 온전하지 않으나 내용 이해에 문제는 없다.

이찬엽이 구연한 자료 가운데 마지막에 해당하는 것은 국악방송에 가서 〈산천굿〉을 녹음한 자료이다. 이 자료에 기반에 무가를 구연하였으므로 이 자료의 특징은 앞에서 말한 최복녀의 자료에 철저하게 기반하고 있다. 그렇기 때문에 이 자료의 가치는 연행하는 변이양상을 알 수가 있으며, 연행의 특징적 면모를 확인하는 보조적인 자료로 간주할 수 있다. 실내 스튜디오에서 녹음을 하였으므로 이 자료는 제한된 인공 조건의 성격을 가지고 있으나, 자료적 가치는 매우 높다고 할 수 있다.

여기에 1981년에 녹음한 자료를 구체적으로 전사하여 첨부하여야 할 것이나 그렇게 되지 못했다. 겨를이 있었으면 착실하게 자료를 전사하고 음악적 분석까지도 겸할 수 있었으나 그렇게 되지 못한 것은 전적으로 필자의 부실함 때문이다. 그러므로 이 자료의 전사를 〈산천도량〉의 연구 도달점으로 삼아야 하리라고 본다. 연구는 자료 정리로부터 시작하는데 그렇게 되지 못한 불성실이 문제가 된다. 자료를 체계적으로 이해하면서 연구의 도달점을 이룩할 인재가 나와야 할 것 같다.

임석재 · 장주근 채록 김복순 구연 〈산천굿〉

산천굿

창 : 金福順 (여, 41세)

장구 : 同人

양푼 : 黃福女(여, 51세)

−처음에는 主巫가 장구만 치면서 唱誦한다. 그러다가 中間에서부터는 양푼을 같이 처서 合奏하게 된다.

(노래)
블그나 블그니오
산다느

(말)
아− 블근 선배느 그 어디미 근본이요
옛날이면 옛 시절에 글이도 잇고 판단이도 있읍데다.
불근 선배느 근본으느 선간 낙출이 분명하야
옥항상제님 앞에서 옛적에 메릿 물로 나누시다 베레 돌으 지하궁에
네레뜨리 삼통객이 나가섰다느

(노래)

거기서 정배로 네리 오데

영산국 고개 밑에 하아 중군에 부산으로 五代 독재르 내레 왔다네

(말)

그러허니 영산이느 누여연이 女息이요

그도 선간에 낙출이 분명하오

옥항상제님 앞에서 아침이면 쇠식물(先水물)이 정 낮이면 양치 물이

로다 기나기모 자리끼라

떠두주 댕기서대 새시대르 지하궁에 네니뜨리 귀신 정배로 네리 오

대 불치고개 밑에 흘터 보니 여식이로

(노래)

네리 왔다네

어-아-아-

(말)

그러하니 불근 선배느 거기서

초 三歲을 당진하니

강남 재 별상이 큰 손님 적은 손님 편지 전해 보내시고

어느 독수당(獨書堂)을 뀌미 놓고 글 工夫를

(노래)

한다느

아-아-

(말)

그러거니 천자이 아배 사랑 초공(史略 初卷?)에 논아 맹재(論語 孟子)
모신 선비 내이 드며 工夫를 하옵시고 十四歲에 당진하니 서로 혼사
말으 건댔는구나

말으(마을, 符?) 접짝에 지연 아부님

말으 입깍에 지연 어머니요

지연 어머니느 지연 아부지하고 연사이로다.

부모이가 첫 말을 부치는구나

첫 말 부치시니 막설이요

이 말 부치시니 하설이요

지연 어머너너 불거니 선배 연세르 논지하니 十四歲 열네살이 靑春
이요 지연 아부님으너 영산이 연세르 논질하니 지히(至於?) 十六 열
여섯이 호연(好○?)이다.

(노래)

판단을을 한다―

(말)

그러허니 거기 삼번만만 산허락이 대홉네다

사번 재면 말 한 판에 천년 연한 곳에 꼬(꽃) 한 퍼기(포기?) 피엇서라

거기서 불근 선배 아부님으느 영산각씨로다 불근 선배 구합(궁합)으
로 가리는데

납채 가고, 장개 가고, 시가를 가신 말으, 오실 날, 가실 날으 자서이
꼬누시자 새박 조박 일기하고 갑매라느 말으 타고 남이 따이르

(노래)

간다― 너―어―어―아

(말)

그러허니 선생이 마전에 당진하야 마당에다 말으 매고 선생이과 人事-르하고 재피방에 넘어 앉어 은돈 금논 내어 놓고 사주 평논 구합이라

신부 실랑이 이실 날, 가실 날을 고누시겠다고 하옵시니,

선생님으 왼 손 꼽으 디리시고 오른 손곱 매디 품어 구합으로 가래는데

(노래)

甲子 乙丑 ㅇ中金에 丙寅 丁卯 ㅇ中火라 ㅇㅇ 乙巳 대리무(大林木) 金과 불이 좋기로 끝이 없소

(말)

거기서 영산이느 납채 가실 날으느 初 야드래 날이 성자 지어 납채

(노래)

간다네

(말)

그러하니 불그니 장개 가실 날으 六月이느 유두 날입네다 정낙(正) 午時ㅂ네다

시댁으로 영산이가 가실 나이 四月이느 초 야들앳 날이 정낙 午時며 시댁으로

(노래)

간다네

(말)

그러허니 거기서 신부 실랑 모시러 가실 날으 자서이 골라 가지시고

집당으로 선생님과 가누라고 하직하고

집이 가서 날이 가고 달이 오니 거기 납채 갈 날으 四月 초 야들에

날이 당진한다

무얼 부터 가춥니까

낮이 짜던 일공단이 밤이 짜던 월공단이 해 그리던 일공단이 달그리

씨 월공단이,

불기 불기 청 대단이 푸림 푸림 홍 대단이로다.

모시며 제 철이며 오록 조록 당 항나리

입닷 도넌 거젓마리 석동 적비르 납채 싸고 납채 속이 청실 홍실 오

리 답장으로

연 三匹으 짜옵시고 납채 넣

옛날이나 지금이나

유(裕?)한 사람 파이 굴라

큰 지게로 지우시고

그르사느 아부님이 가시는구나

천방 지방 몰아 가서 영산이 댁이 당진하야 방중에다

山水 屏風 人物 屏風 펠체 놓고 납채르 도라보니 忠臣님에 禮物이고

分明하다

子弟에 연애비가 分明하네

납채르 둘러 보고 아리구느 안방에다 주안상을 받아 물리시고

거기서 하직하고 사둑 댁이서 집안으로 도라간다고 人事를 하야 집

을 간다.

(노래)

어-아-

(말)

그리고 六月 유두날이 기영 기영 당진하니 무얼 부터 가추드니라

(노래)

난호걸이여 설란서여 천애간에 뒤네기느 말석거리 임상이며 등 농
이고 해상 가는 정매 된 정매라

(말)

어– 가치 가자시고 거기서 불근선배르 紗□ 角帝 간대 간복(官服)으
치처 입히시고 오리 아부님(雁夫)으 오리(木□) 한 쌍으로 紅□에다
싸서 안으시고
불근선배 아래꾼들아 벡체(辟除) 소리 치는구나
천방 지방 영산이 댁으로

(노래)

간다네

(말)

드러가니 十里에다 우막 치고 五里에다가 □幕치고 六間前에 나서
가니 요디섬이 네리 서서 영산이 공노댁이서느 쉬염빈가(꽈) 한전텁
으 공노(公論)한다.
마당에다 천장 휘장 구름장으 치처 치고 상으느 매여 놓고
만보정 제부중으 펠체 놓고
유리병이다가 花草르 滿発을 시게 놓고 양푼에다가 물 떠 놓고 靑鶴
紅닭을 잡아 올레 놓고
영산이느 七寶丹粧에 노이홍상(綠衣紅裳)을 시기시고
연반매(連花鞋의 訛?)로 신으시고 앞에다가 몸종이르 앞 세우고 마

당 동뚜로 나오는구나
불건선배하고 영산각씨하고 마주 세워 놓고 쉬연텁을 하는구나
주연서 나오시다
조롱박이다가 이연주(因緣酒?)를 매어 놓는구나
불건선배느 만지 이연주르 부어서 그대 영산이한테 보내시니
영산이느 마시재고 고이 들구 섰읍니다
이래 불근선배 말씀하기르
"여봐라 그대 처재 들으라
첫째르느 이연주르 보내는 그뜻든 그대 처제 내 家門이 올작치면 첫
채르느
세영사제(先靈祀祭?)요 두채르느 자석으 뒤치고 父母르 거느리고 그
뜻드로 먼저 보낸다"고

(노래)

한다네- 아-아-

(말)

거기서 영산이느 받아 마이시고 영산각씨 이연주르 부어 낭군에게
보내시니
낭군님이 받아 마이신다.
서로 두분이 읍하신 후에 영산이느 후원으로 도라 들어가고
불근건배 房中에 마라전애 올라 오는구나
큰 상으로 받는구나 큰 상 쳉기 맥기 받으시니
큰 상 받아 물리시고

(노래)

간다네- 아-아-아

(말)

그러거니 거기서 七月七夕날이 영산이 왕세 시댁으로 네레가고

거기서 불근선배넌 처재르 대리다 놓고

"처자야 들으라 나는 工夫르 더 하여야 되겠으니 내가 안혜산 금생 절관에

올라가 늘 工夫르 하고 네리오겠으니 兩親 父母 모시고 편히 편히 잘기워라"

(노래)

한다네- 아-아-

(말)

그러자니 거기서 불건선배느 절관에 올라가서 늘 工夫르 참三年으 하는구나

한날으느 先生님이 학생들을 불러 놓고

"니이들 들어라 工夫만 하며으느 못쓴다 날새도 좋고 일기도 양양하는데

春三月이다 山 놀이다 꽃 놀이다 우리 지금 소풍이 삼아 山 놀이르 가자"

"글랑 그리 하시요"

거기서 山 놀이르 가는구나

山中에 짚은 차山中에 드러가서 三四月이 好時節이 진달이라 만달이라 있었다

봄 나우(蝶)르마 꽃속에서 해주 해주 웃으며 너울 너울 춤을 추어 큰 나우가

노는 것을 보더니만으 불건선배 생각하네

영산이느 집당이서 三四年동안에 나르 보기싶어 어찌 살아 가능가
고 이런
생각 영산이 생각이 푸른 듯이 올라

(노래)

온다네-아-아-아-

(말)

東便으 살피 보니 江南 갓던 구제비느 九月九日 날이 저 江南에 늘
어 갔다 三月三절 날이 나오는데 높이 넘어 히열인다
나추 뜨며 허무럭 푸르럭이는구나
앞으 뒤으 뒤어(뒤에) 시구 어무 제비(어미 제비) 앞 서머녀 새끼 제비
앞 세우고 굼벌기가 소벌기르 물어다가 너 먹어라 나 먹어라 우질
구질 하는구나
그리서 불그니 칫떠 보고 나에 양친 父母님으느 집당이서 나르 보시
기싶으겠다느 생각이 푸른듯이 올라 오는구나
그날 댕기면 놀다가 절관에 네리가서 야밤에 밤중에 무덩새느 우는
구나
그적에 영산이 생각을 하는구나
야밤에 우는 새느 님으 생각이 나서 우니 영산이느 나를 보기싶어서
어쩌능가
이런 생각 저런 생각한다

(노래)

느구나 아-아-

(말)

그러하니 아침에 일떠나 선생님전에 드러가서 참마나 대주가고 선생님이 절으

"오늘이 집당에서 기실이 왔이니 집당으로 네레가야 되겠읍니다. 그러하니 그 간에 펜이 펜이 지우시요"

선생님이 말씀허시기르

"불그나 늬가 무슨 일로 전당으르 보든듯이 가겠느냐 오늘어느 日느 좋지마는

日辰이 나뿌니 못갈 질이 분명하니 다른 날이 가라"구

(노래)

한다네–아–아–

(말)

그러니

"선생님이 선반대 무슨 일진이 있읍니까 정이 나뿌시다며느 맥패나 시구 주십시요"

"그러며느 정녕 가겠으며느 맥패르 시게 주다

어디만큼 내레 가다 목이 말으구 탁하지만 절 우에느 맑고 정한 물이 있고

질 아래느 흐리고 탁한 물이 있으니 맑고 정한 물으느 알간체 마르시고 탁한 물이 마이라"고

(노래)

한다네– 아–아–아–

(말)

"그리고 십리만큼 내레가라 멀기 가래 포도포며 아주 보암스럽게 익어 저자

저도 알간체 말고 가고 오리만큼 네레가다 약수가 네리 붓느니라 그러나

버트 궁굴지말고 그양 가고 네려가면 동자역이 있느니라 거기 올라가면 十年묵은 나무로다 아지(枝) 十萬 --- 길이(나무높이) 구천 질이다

그 나무저 불이 천불 지불 불어며느 새 파란 새 각씨가 불 꺼 달라고 병력같이 소래처도 알과채 마르시고 그 물로 길어 주지 말라"고 하였소

그런 멕패로 시게 주시능 거 알고 선생이가 생각하고 떠난다

(노래)

에- 에- 아- 아-

(말)

그러하여 어디만큼 내리오니 불연간에 목이 말으구 탁하시니 질우에 살피보니

맑고 정한 물이 있읍데다 질 아래르 구어보니 흐리고 탁한 물이 있읍데다

뒤에서 쪽배지르 빼어 쥐고 거기 흐리고 탁한 물으 마이자구 생각하는구나

그러다가 내가 맑고 정한 선배로다 내 속이 깨긋한 선밴데 무삼일로 흐린물으

마이겠네 천 수에 맑고 정한 물으 마이겠다

질 우에 맑고 정한 물으 지퍼 세 개지르 마이시고 十里만큼 네리가
니 멀기

다래로다 포도로다 아주 보암스럽게 익어 만발을 하였구나 그양 지
내치자고 생각하니

내 어찌 저 열매로 보고 그양 갈 수 있겠느냐 한 송치르 떼어 한 손에
들고

또 한 송치 양 손에다가 들고 네리 간다

五里만큼 내라 가라

고장 날쎄 日氣 창창하던 날씨로다 天地가 맛붙는 것같앳습데다 악
수가 네리구는구나

내가 선생님으느 비르 궁구지 말라고 하였지마는 나는 선배로다 내
가 왜 이비를 맞구 가겠느냐

그리서 비로 궁궜소 그 비로 궁궈 가주 네리 간다

五里만큼 네리 가니 동지역이 올라 서서 十年 묵은 나무로다

아지는 十萬 아지로다 질이느 구천 질이요 그 나무에 새파란 새악씨
가 천불 지불이 붙는구나

"거기 네리 오는 불근이 선배야 이 불 꺼 달라"고 병력같이 소래치니

내가 선생님으 저 불으 끄지말라던 거 그러나 영산이 나르 오능가고
마중으르

나왔는지 모르니 도복을 벗어 들고 물을 무체 천불 끈다 물을 무체
지불 끈다

그 불을 끄구 나니 새각씨가 세번 네번 도지하더니만으 이락이라는
大峰신이 돼 와 입으 다홍같이 떨리시고

"내 입이 들라"고 병력같이 소래치니

불근선배느

"어리재 큰 슴쟁이 불 꺼 달라고 하여서 불 꺼 주었는데 은헤벤헤
원수 되였느냐"

(노래)

한다네- 아-아-아-

(말)

그러니 그 승생이 말씀하기로

"여봐라 불근선배 들어라 오늘으느 내가 이 나무 十年에다 옥황에서 정배로

네리 와서 十年 마주구 오늘이 내 곰 만지 먹겠느 물이로다 멀기 다래로다

내가 만지 먹고 물이 붙어 천불 지불이 승천하야 옥항으로 올라 가겠는걸 뇌가 모도 만지 먹었으니 너르 잡아 먹어야지 나는 옥항으로 승천하겠다느

(노래)

한다네- 아-아-아-

(말)

그러하니 거기서 불근이 앙탈한다

"여봐라 이 승생아 우리느 父母 兩親이딜 지시고 오늘으느 父母兩親이가

나느 五代 獨子(子)의 아들이니 네레 가니 갔다가 오늘이 갔다 넬 아침에

해도지에 올 터이니 그대 와서 잡어 먹으라"

(노래)

고 한다는 아-아-아-

(말)

어- 오야 가고 지야 가고 거기서 집당으로 내리 가는데 그 슴상이

"불건선배 들어라 네가 올 시간에 아니오면 너에 집이 네리 가서 구족으로

망하기 하겠으니 그런 줄으 알아라"

"글랑 그리 하라"고 하고

집에 들어 가서 아부님 어머니한테 들어 가 인사하르 들이시고 內房에 들어 간다

영산각씨느 진지르 챙기서 디리 오는구나

불건선배 수심이 낙수하야 진지상을 아니받으시니 영산각씨 묻는구나

"여보시요 낭군님이 무슨 일이 생기길래 진지로 아니받고 수심이 낙노하십니까

저하고 말씸을 하시면으 제가 맥패르 들일 터이니 말씀이나 일레 주시요"

불건선배 하는 말이

"그대 처자야 그란 것이 아니오라 선생님이가 집당으로 네리 올 대 여러가지

방법으 가리키는 거 내가 반델 하야 그거 다 그대루 못하시구 물도 흐린 물으 먹으라는 것 맑고 정한 물으 마이시고, 멀기 다래 뜯지말라 하는 것

하두 보암스러와서 두 송치르 띠어 먹고 비도 궁굴지 말리든 거 비도 궁굴렀소

거 돈지역이 올라 서서 十年 묵은 나무로다 아지 十萬아지 절이 구천 질이

그 새파란 새각씨가 천불 지불이 붙어 불 꺼 달라 하여도 알관체 말라던 거

영산이가 나르 보기싫어 마중으로 오는 길어서 불 꺼 주구 왔더니

세번

네번 도지하더니다는 대방실이가 돼 화 한다처느 고내무치 입을 다 홍같이 벌리시고

내 입이 놀라고 병력같이 소리치니 거기서 근에벤에 원수더야느냐 하니

저르 잡아 먹어야 옥항으로 승천한다 하니 오늘 저녁이 연기르 하야 낼 아침에 해도지에 간다고

(노래)

한다는 아-아-아-

(말)

그러니 "이르 어찌하면 좋겠는가"고 으논하니

"여보시요 낭군님아 영역 걱정 말으시고 이서 날래 진지르 받아 물리시요 제가 맥패르 하오리다"

그 밤에 잔다는 게 그양 뜬 눈이 바키고 새박토락 오드니만이

영산각씨 배르 짜더 배틀이 가서 쑥새칼으 베어 처헝것타다가 싸서 품이다가 품는구나

"여보시요 낭군님아 내가 먼저 가고 한참 있다가 손목으로 흔드시면 그대 낭군이 네리 오시라"고

(노래)

한다네- 아-아-

(말)

"글랑 그리 하라"

영산이느 여러가지 준비르 하야 그 시간에 네레 간다

네리 가니 그 슴상이 스르르 하고 오는구나 묻는구나

"여보시요 아가씨 여기 밑에세 쪽고만 최립을 쓴 선배가 오시는 거 못봤는강" 하고 물으시니

"여봐라 어리재 큰 슴상이로다 인간으느 왜 찾느냐?"하니

"그렇것이 아닙네다 나는 十年 네리 와 장대루 있다가 옥항으로 승천하는거

그 선배가 불 꺼 주니 잡아 먹어야지 승천하겠다"고 하옵시니

"여봐라 이 즘상아 그 분이가 내 남펜이 분명하다 그러니 내가 낭군이 없이

살자면으 이 펭생이 쓰고 입구 놀구 먹구 할 것 대처하고 주욱 잡아 먹어라"

"글랑 그리 하시요"

그 슴상이 목으 찔룩거린다 세번이 탁 하니 줄 아 야강지(八모가 난 夜光珠?)로 게우는구나

"이 거 아가씨 가주 가면 일펭상이 놀구 깨까지 먹구 사니 받아 가주고 가시요"

"여봐라 이 즘상아 아무리 용천금이라도 불릴 주르 알아야 불리지 이것 중돌산나 어찌 쓰넌 법으 알아야 되겠으니 걸 질이 가르키라"

(노래)

고 한다네– 아–아–아

거기서 아가씨

첫 모로스 저너시면

하산이가 명산이 되고

절로 나는 모이외다

두 채 모로이 저느시면

명산이가 하산이 되느

절로 나는 모이외다
세 채 모로 르 저느시면
없던 금전도 절로 난다
절로 나눈 모이외다
네 채 도로이 저느시면
없든 사람도 절로 나고
절로 나는 모이외다
다섯 채 모로이는 저느시면
없던 집두 나 지고
절로 나는 모이외다
일곱 채 모로이 저느시면
끈델양이 절로 나고
절로 나는 모이외다
거기서 한 모느
아이 가르케 주는구나
이 슴상아 이 슴상아
이 모로르 어서 바다
한 모로이 가르키라
그러허니 그 슴상이
아이 가르키구 있읍데다
거기서 영산이느
가슴이서 베르 짜던
속새칼르 꺼내 쥐구
그 점상이 뿥즉이르
두번 세번 감아 쥔다
어디제 큰 즘상이
어약으르 어이 겠느냐

어서 바떠 가르치라
그 승상이 슴상이너
눈물을 바우 바우
바우 부아 흘리시며
아가씨 아가씨 벡죽이르 노처 주시요
어서 바삐 가르키겠소
거기서 한주르 한수르
감은 그 느처 주니
한 모로느 쓰는 거느
미분 사람기다가 전주시면
절로 죽은 모이외다
이 슴상이 이 승상아
너 보다 더 미분 사람이 어디 있겠나
그 짐상이다 전주시니
지긋 나가 자빠진다
거기서 영산이느
고개 한정에 올라가서
손목으로 껑덕거리니
불근 선배 네리 오네
어디 재 큰 즘상이 죽은 거
그양 무당이 버릴 수 지양없다
거기서 타상궁내
타상궁내르 드러가네
하 나무두 이천지요
저 나무도 이천지요
이깔 나무도 이천지요
삼 천지 네라다가

우물 井재르 째게 놓고

그 즘성이 거기다 올려 놓고

하장으로 시기는구나

하장시기는 재느

어찌 무당이 버리겠니

그래서 그 재르느

여들 봉지르 싸 놓고서

한 봉지르 얻어다가

함경남도 던진다

白頭山 살령이 나무 난다

또 한 봉지 들어가다

피안도다 던지지니

모란봉 살령이 절로 나네

또 한 봉지 얻어다가

가완도에다 던지시니

금강산 살령이 아랬는구나

또 한 봉지를 들어다가

겡기도에다 던지시니

三角山 살령이 길러 나데

또 한 봉지 들어다가

황해도에 던지시니

九月山 살령이 절로 나데

또 한 봉지르 들어다가

절라도에 던지시니

지리산 살령이 절로 나데

또 한 봉지를 들어다가

충청도에 던지시니

계룡산 살령이 절로 나네
또 한 봉지를 들어다가
경상도에 던지신
太白山 살령이 절로 나네
그 담에 기튼 것 가저다가
사오방에 뿌리시니
사대큼시 살령님이
살령님이 되는구나
나무에다 뿌리시니
꼿신 살령이 되는구나
돌이다가 뿌리시니
石神 살령이 되는구나
물이다가 뿔이시니
각사 즘생이 되는구나
거기서 두 분으느
이 땅으로 네리가서
불건선배 실낫같은
이내몸이 태산같은
사병이가 이르렀소
경찬모로 대산천댁으로
거기서 벙점을 가네
병점 절로 네리 가서
은돈 금돈을 내어 놓고
병점으로 가래시니
왼 손금을 다리 집고
오른 손금은 내리 굽어
이 북을 부치더니 여보시요

불근선배 불근선배
山川 동토가 이르렀소
八道 山川에 살령님이
山川 동토가 이르렀으니
산중에 고양매르
새영매르 찌어다
삼정 구정매르 찌어다가
가완도에 함경도에
八道 山川 山川에다
살령 기도 디리시구
피묵 보시 山川에 들어 가서니
젯 상으르 배설해 놓고
山川 판에다 山川 굿에다
山川 굿을 디리시며
불건선배가 나사 날네
거기서 선생님으
하직하고 집당에 가서
집이 가서 준빌 한다
오백미르 다시 다시
열 두 벌을 쓰러 가주
마지 불기 새영매 저어서
각 곳에 八道山에
八道山에 기도 부치고
그 즘상이 죽은 山川에
피묵 보시 山川에 늘어 가
山川 굿으로 챙기는구나
山川 상은 여들 상이고

여들 상을 배설배 하고
山川 파내르 디리시며
山川 굿으로 디리시니
불근이느 나사났소
아랐는 듯 마랐는 듯
아주 예영 나사나니
받아 노다가 기양 못가고
기양 못노고 가시니
지부왕 염나대왕이
두루 왔길래 千秋萬代
代代 긴송에 살거눅이
익히 먹기 근본을 낸다
지하궁 인간덜이
山川 동토가 이를 적에
山川 굿으로 받기하오
山川 굿으 받아 놓고
家戶마다 삼집마다
山川 굿으 디릴 적에
영산이야 불근선배야
山川 굿으로 받으시고
오늘에 가신 금일 망자
그 山川에다 가던
山川이라는 거 있습데다
이십대 무처 있던 山川에느
어느 도이라고 아이있겠쏘
이십대대너 山川하이
백골이던지 나무넌지

헌대목이 돌이던지
동토 안정을 시겨 주구
아주 두상이 시게 주구
그리하야

(말)
오가마임아
발언이요 발언이요 원아생(願往生?)도 발언이요 성블서 애미 타불
극낙으로 가자 발언이요
생기멍자근 자작이와 여긴산목이 신선놀아 일천파도는 십사열이요
시연에 타고
팔채 잡아 팔록이라
동발언이요 남 발언이요 서 발언이요 북 발언이 천하 발언아 올레세요
어– 지하 발언 인 발언 명복 발언 지옥 발언 게다 두고
다른 애원정가 다른 질상이 아닙네다
옛날이며 옛 시절에 天地 開闢하실 적에

(노래)
대천지 공근에 법이 이여토 어터던가

(말)
어– 하나님으느 삼여 자워 子日 子時 子方으로 生하시고
땅으로 丑年 丑日 丑時 丑方으로 生하시고
사람으느 寅年 寅日 寅時 寅方으로 生하시고
사 유처하고 사 유지하니

(노래)

이 츠러 동방이요 일러부느 토방하니

(말)

어- 일츠증이도라 일이느 어에로다

日月으 성질과 二十八宿과 四方으로 지키시고 北斗七星으로 東西南
北이 생겼도다

太極이 조닥(□判?)하야 陰陽이 신무하고 五行이 사생하야 말 머리
변하도다

(노래)

午時에 성인인 수출하사

(말)

어- 이리구 이하로 일러

대고삼마오제로다(太古 三皇五帝의 訛?) 무인이 이와가니(無爲而
化?) 형지신이일이라(兄弟十二人?)

一萬八千세르 사르시고

地皇氏는 火德으로 王을 하야 형지십이일이(兄弟十二人?) 역강(亦
各?) 一萬八千세르 사르시고

人皇氏느 영직(兄弟?) 九人이라 分長 九州하니 보헌이(凡?)

(노래)

一百五十一世르 사르시다

(말)

어- 三皇氏 사신 뒤에느 合하시면으 四萬五千六百年이로다

人皇氏느 이유이유오을소씨(以後 有月 有巢氏의 訛音?)라 탄생하야
구어이소(構木爲巢)하고
신창수(食木實?)하야 경인이하식(敎人火食?)하게 하고

(노래)
태고 벅커씨(太昊伏○氏)라 탄생을 하야 火食을 하게

(말)
어- 蛇身人首라 조석에 악하고 이때 경증지이정(結繩之政의 訛?)으
로 하시고 시에팔과(始畵八卦?) 생하야 음약 초약으 가르키시다가
건낙 검북이 이로 감수요
천지 정리하고 삼택이 동기하여 냅풍이 삼명하야 수화 불상격하며
팔개 상탕하야

(노래)
말 모래 변하였도다 그 때부터 어-제-이-로다

(말)
어- 어내 씨니 여피로 시예하야 풍선이 상수 五十세로다
神農氏라 나올적에 사람의 모이소 머리라 상맥소하야 시운이 약하
고 장내게 상하야 시고 이 교경이라
삼아오시우게스 夏禹氏라 탄생하야 九年 지수로 막을 적에 해중에서
하돈낙수(河冈洛書)가 나오는데 거북이라는저 즘생으느 등에다가

(노래)
용천 팔괘요 배에느 이 세사로… 어-아-아-

(말)

너기로 천삼 생목하야 이 팔성시하니 가벌으 삼팔목으로 동방으로

차지하고

천실행하야 지신성시하니

병정입치활로 남방으로 찾고

천궁생글하야 지이사 성시하니 전신사그금으로 서방으로 차지하고

천일세 주왕하니 저이유 성시하니 이인게 일록수로 북방으로 차지

하고

천옥생토하야 지신 성시하니 이십사천이 생겼도다

반고처 하산이요 주심지 항수라

산이 높아도 하늘 아래 山이요 물이 짚어도 땅우에 물이로다

(노래)

山之 祖宗은 崑崙山이요 水之祖宗은 黃해(河)水라

(말)

어- 오학이 금등 건너 황해수로 선력하고

白頭山 을지맥(一支脈?)이 豆滿江이 靑龍이요 鴨綠江이 白虎로다

八道江山에 둑국 둑세르 차자보니 자자山에 심자 진이 둑국이요

(노래)

하유축에 둑세로-다- 자자山에느 한유속에

(말)

어- 둑세노나 심자짐이 삼합이요 축자삼이느 강자병이 공적이요 갑

인 무자느 공녹이로다 이이 산이 산이 오-오-이요 일록수로 둑국이

요 심자짐이 둑세로다

감묘산에느 해묘미가 둑국이요 사 계산으에는
을지산에느 삼모배압이라
정사산에느 서울숙이 둑국이오
병모임진 공적이다
병오산에느 병사정미이 공적이요
사오삭으 치덕이라 정미산에느 해몸이가 둑국이요 일려수가 둑세로다

(노래)
곤잔산에 사월사가 시덕이로다 올해 을사

(말)
어- 공격이라 경이로
병술 병진 하둑이라 신술산에느 사울축이가 둑국요 일록수가 둑세
로다
건뇌산에 임술 경자는 공적이요 가우 특이 삼합이라
이 신산선이 나려하야 八道江山 생겨 나려 갈 제 항경도에 도라보니

(노래)
吉州 明川 칠보산이요
成興 드러서 관령사라

(말)
어- 당진 넘어 요내산이 생겼도다 州르 맥이실 적에 二十四州가 생
겼도다
피안도라 도라 들어 지을산과 모앙산(妙香山)가 모란봉이 생기시고
州를 맥이실 적에 四十二州가 생겼도다
항해도라 도라들어 九月山이사 首陽山이 二十四州가 생겨 있고

강안도라 돌아들어 金剛山과 오악산과 오대산이르 생기시고 州를
맥일 적에느 二十七州가 생기시고
경기도 도라들어 三角山과 북악산가 仁旺山이 종남山이 생기시고
州르 맥이시니

(노래)
二十五州가 생겼소다…

(말)
어- 忠靑道라 도라들었소 게롱산이 생기시고 고남산이 생기시고 州
르 맥이실 적에 二十州라 생기시고
경상도라 도라들어 太白山이 생기시고 가약山이 생기시고 州르 맥
일 적에 四十州라 생기시고
全羅道라 지리산이 생기시고 고등산이 생기시고 州를 맥일 적에 四
十四州가 생기시고
八道 名山에 합신하야 名堂 地理 골라 낼 적에
지리선생이 걸량지르 등에 지고 지리 픽토(地理 逼土?)르 손에 쥐고
답상가(踏山歌)르 부르면서

(노래)
높은 山에 낮으 밟아 낮은 山에 높이 밟아…

(말)
어- 산신 따라 흥장하고 靑龍 白虎루 구비 갈 때 배털 노이 품고
마니 민석 거북(巨富?)이 出生이라
금일 엮 찾이 오다 대한 문으 들어 보다

(노래)

白頭山을 지내니 豆滿江이라 …… 에훼…지…아…

(말)

어…오늘이 또 한편에다가 吉州 名山 질 가등봉을 호청강이 배합이요
함흥 돌아 발룡山으 성천강이 배합이요
피안도지 모란봉은 대동강이 배합이고
황해도지 九月山은 구렁포가 배합이요
강완도지 금강신은 소상 팔경 망장포가 배합이요
경기도지느 三角山은 한강가 배함이요
충청도지 게룡산으 남대천이 배합이요
경상도지 태백산으 낙동강이 배합이요
절라도지 지린산으 감녕수가 배합이요

(노래)

저기 가느 금일 영가느 좋은 배합으 …… 워데…허ー어ー

(말)

어ー 용맥가 주산으느 돌아 보자
고행용에 강일수느 자자 요행산이로다
해장영에 을리수느 육자경에 상이로다
병오장에 병인수느 병자정에 상이로다
정에영에 정인수느 정자정에 상이로다
기해영에 기을수느 기자정이 상이로다
경대영에 경이수느 경자정이 상이로다
지일영에 지울수느 신자정이 상이로다
임길영에 임일수느 일자정이 상이로다

계해영에 게일수느 게자정이 상이로다
해자영에 해일수느 춧자정이 상이로다
계죽영에 추일수느 춧자정이 상이로다
감명영에 명일수느 묘자정이 상이로다
선산영에 산일수느 오자정이 상이로다
곤미영에 미일수느 미자정이 상이로다
곤신영에 유일수느 유자정이 상이로다
육출영에 유일수느 유자정이 상이로다
자자 오행이 주신으느 감며 보니 주산이요

(노래)
축자 미행 주신으느 해다봉이가 주산이요

(말)
어- 게다정에 주산으느 감며봉이 주산이요
간이장이 주산으느 을진봉이 주산이요
병오장이 주산으느 곤장산이 주산이요
병유장이 주산으느 신술봉이 주산이요
고해영에 주산으느 태자봉이 주산꾜
인개자에 주산으느

(노래)
게출봉이가 주산꾜

(말)
어- 오늘 가신 금일 영가느 천지 등근도 다올렜소
이십사락이도 다 올렜습니다

어디 만침에 당진하야 八道 名山도 다 올렸소
그리고 북이산에 당지하야 어리선신봉지초수하여 유자 손지 문장이
로다
선심밖에 칫대봉이 이러서면으느 유자 손지 대과로다
경오봉이 소스하면으 유자 손지부가로다
경오밖에 칫대봉이 이러 서면으

(노래)
진사 급제느 이런 산천에 어- 허-어- 하-네-

(말)
어- 백호봉이 이러 서면으 호반 급제가 이런 산천에서 나느니라
청용밖에 봉이 서면으 유자 손지 형제로다
노적봉이 소수하면으 萬石巨富가 나느니라
암신밖에 봉이 서며 지리 명사가 나느니라
암산에 뚜렷하게 높이 서며 忠臣 烈女가 나느니라
수구밖에 번버이면으 유자 손지영웅이로다
촛대봉이 마주 서면으 三代 登科하느니라
자자 오오 묘뉴 초수하며 代代 孫孫 장자로다
진술 출무이 구전(具存?)하면으
百子 千孫이가 나느니라
인신사에 구전하면으 영매 역사가 나느니라
암신에 쌍두봉이 자손이 나느냐 마주서며 쌍두
靑龍 白虎 구전하면으 정승판서가 나느니라
백호가지 휘두 나면으

(노래)

영웅호걸으 이런 山川에 나느니라

(말)

어- 장군석이 근어지면은 五倫三綱 몰라 보고
청용가지 주다나며 반명 역사가 츰츰하다
흠한 바위 희도 나면으 꼽장 자손이 나느니라
청용가지 흘러 가면으 재산 탕패가 나느니라
상꼬봉이가 마주 서며 박수가 나느니라
그 암산밤에 여산으느 代代孫孫 絕代로다.
세로학이 산태 나면으 횟천 자손이 나느니라
역맥이 혼합하면으 도둑 자손이 나느니라
암신에 머러지며 객사 형사(客死 橫死)가 나느니라
청용 백호가 히미하며 병신 자손이 나느니라
청용가지 흘러 가면으 앉은 방이 나느니라
자산에 무맥하며 개개 걸식(家家 乞食)이 나느니라
평풍석이 도두하면으 불약 선발이 나느니라
八道어 살령임아 찾아 보자

(노래)

오제 육갑어 당진하야 어떤 산천이 어-느-하-산

(말)

어- 庚午 辛未 壬申 癸酉 甲戌 乙亥하니 신이 다스 오제 살령 丙子
丁丑 戊寅 乙卯 庚辰 辛巳하니 산이 다스 오세 살령
壬午 癸未 甲申 乙酉 丙戌 丁亥하니 산이 다스 오제 살령

戊子 己丑 庚寅 辛卯 壬辰 癸巳하니 산이 다스 오제 살령
甲子 乙丑 丙寅 丁卯 戊辰 己巳하니 산이 다스 오제 살령
庚子 辛丑 壬寅 癸卯 甲辰 乙巳하니 신어 다스 오제 살령
丙午 丁未 戊申 巳酉 庚戌 辛亥하니 다스 오제 살령
壬子 癸丑 甲寅 乙卯 丙辰 丁巳

(노래)
하니 산이 다스 오제 살령

(말)
어— 戊午 己未 庚申 辛酉 壬戌 癸亥하니 산이 다스 오제 살령
오늘 가신 금일 망재느 이런 산천에 나지 말고 소곤 山川에 가서 나서
이렇금 생기 있는 자손들이느 호반 급제르 나게 하여 주고 영웅 호
걸이르
나야 낳기 하야 도아 주시구요

(노래)
名山 大川에 살령임아 白頭山이 살령임아

(말)
어— 칠보산으 살여임아
발용산의 살령임아
구양산의 살령임아
철봉산의 살령임아
九月山의 살령임아
금강산의 살령임아

오왕산의 살령임아
삼각산의 살령임아
인왕산의 살령임아
종남산의 살령임아
계룡산의 살령임아
대령산의 살령임아
지리산의 살령임아
가야산의 살령임아
할나산의 살령임아
대산 소산 살령임아
대악 소악 살령임아
미산 대처 살령임아
二十六전 살령임아
사에 필바 살령임아
애와 명산 살령임아
명산 도산 살령임아
큰기 데더 살령임아
청용 백호 살령임아
혐모 조자 살령임아
천지 기절 살령임아
동서남북 살령임아
석산 육산 살령임아
원산 근산 살령임아
하방 상방 살령임아
凶山 吉山 살령임아
천개 하성 살령님아
이 山川에 살령임아

간 대절 살령임아

월대 山川 살령임아

부대 山川 살령임아

七代 山川 살령임아

五代 山川 살령임아

오늘이 오다가 이대 당대 금대루 山川 금일 망령

가신 山川 아게 살령임이

오늘이 당국하야

(노래)

정다지무 적어나 가오

아─ 높음으 대게 나진대 대에

아─ 이 물결으 대태거너

아─ 청 재비도 세 번이요

아─ 홍 재비도 세 잔이요

아─ 물은 편이라 법을 편이라

아─ 홍상이라 백 상이라

아─ 계란이라 수란이라

아─ 대양푼에 엥게찜과

아─ 소양푼에 가리찜아

아─ 숫떼비라 돗떼비라

아─ 어적이라 산적이라

아─ 마이 가주어서 산천에다가

아─ 예사로 끄시구요

아─ 나무 동방에 만월세게

아─ 나무 남방에 화정세게

아─ 나무 서방에 극낙세게

아— 나무 북방에 여래세계
아— 나무 중앙에 화정세계
아— 동방 정토느 일시분인다
아— 남방 정토느 산시분산마
아— 구천 오백에 뎅경자느
아— 대자 대비느 원앙새야
아— 극낙 세계로 인도로 하시오……

(1965. 7. 26. 採錄)

최복녀 소장 〈산천도량〉 원문과 주석

최태경·최복녀 필사

표지

辛亥年
西紀一九七一年 陰十一月十三日

山川道場
山川經 최복녀
崔福女

본문

[1]1)

옛날이라 그 시절에 불근선배2)는 선간락춘3)의 분명하오 옥황상제임

---

1) 필사된 책자의 원문을 말하는 숫자이다.
2) 불근선배: 붉은선비, 색감에 의한 명칭 작법에 유의하여야 한다.

알에서4) 벼류물5)을 나르다가 벼류돌을 지하국에 던젓던니 사동각이6)
낫더라 그 죄로7) 지하국8)에 귀순정배을9) 나리올 적에 영산주10) 고개
밋에 하덕장군11)의 후생으로 오대독자 외아들노 태여나스며 영산각
시12)는 그도 선각락춘13)이 분명하옵더라 옥황상제임 알에서 세순물[2]
을 나르다가 세수대야을 던젓던니 사동각이 나더구나 그 죄로 지하국에
귀순정배로 불치고개14) 밋에 홀노분인15)의 녀식으로 삼대열여16)에 나
려왔음니다

불근선배는 열네 살이 된니 불치고개 밋에 홀노부인 여식이 잘 자란
다고 말슴을 드르신니 서로 혼사 말슴을 전할 적에 마을 저족17)에 마패

---

3) 선간락춘: 선관낙출이라고도 한다. 함경도 망묵굿의 사설에서 주인공 처지를 말하는 것
   으로 본디 선관의 자질을 가지고 있으나 인간의 세계에 내려오게 된 천상계와 지상계,
   또는 선계와 인간계의 구분에서 출자가 다른 점을 분명하게 한다.

4) 알에서: 밑에서 정도로 해명하는 것이 바람직하다.

5) 벼류물: 벼루물로 연적에 물을 깃다가 생기는 사단을 말하는 것도 있다.

6) 사동각이: 네 동강이.

7) 죄로: 죄를 지어 정배를 오는 것을 말하니 이는 적강형 인물을 상정한 이야기나 적강소설
   에서 일어난 바와 상통한다.

8) 지하국: 선관이 사는 곳과 구분되는 인간세계를 말한다.

9) 귀순정배을: 귀양정배를 뜻한다.

10) 영산주: 영산주는 미상이나 장차 중요한 곳이 된다.

11) 하덕장군: 화덕장군의 와음이나 불분명하다. 화덕장군은 본래 불을 관장하는 신격에서
    유래되었다.

12) 영산각시: 붉은선배와 짝이 되는 인물인데 둘의 출자는 같으며 선관낙출이라고 하는
    것이다. 다른 구연본에서는 이 인물이 같은 방식으로 명명되어 있어서 주목된다. 영산각시
    와 대비가 되는 붉은선비 역시 고정되어 있다.

13) 선각락춘: 선관낙출이나 선관낙줄의 오기인 듯.

14) 불치고개: 불치고개는 특징적인데 구체적인 장소로서 밝힐 수 있는 바는 아니다.

15) 홀노분인: 홀로부인인 듯하고, 화덕진군과 짝이 되는 소중한 분으로 상정되었으나 구체
    적으로 무엇인지 밝혀지지 않는다.

16) 삼대열여: 삼대에 걸친 열녀라고 하는 것이다.

17) 저족: 저쪽의 오기인 듯.

아부임18) 마을 이족19)에 마패어머님20)계서 불근선배 [3]나이는 열네 살리오 마패아부임21) 딸애기 영산각시는 열 다섯 살리라 첫 말을 드린니 거절을 당하고 두 번만에 반허락이라 세 번만에 참허락이라22)

불근선배 아부임은 갈매23)라는 말을 타고 영산각시 납채24) 가실 날 불근선배 장가을 가실 날 영산각시 시집을 가실 날 실낭 신부 오실 날을 고르러고 떠날 적에 일월강 넘어서 이원강을 건너서 삼홍강을 넘어서 선생님 댁을 [4]차저가서 갈매라는 말을 치우굿25)에 지처매고 재필방 중26)에 넘어 안즌니 선생님이 날자을 고르실 적에 백중역27)을 펼처놋 고 무근역세28)을 들처놋고 햇역세29)을 펼처놋고 왼손곱아 드리집허 오른 손금을 내여집허서30) 월광에는 달을 골나 일광에는 날자 집허31)

---

18) 마패아부임: 매파가 되는 아버님을 이른다.

19) 이족: 이쪽의 오기인 듯.

20) 마패어머님; 혼인을 약속하게 되는 아들의 어머님이다.

21) 마패아부임: 매파부인으로 혼인을 하게 되는 당자의 어머니이다.

22) 이 대목에서 중요한 것이 초망, 재망, 삼망에 드는 과정을 이렇게 말하는 것으로 볼 수 있다.

23) 갈매: 갈마를 말하는 것인데 신이한 말인지 갊아드는 말인지 명확하지 않다.

24) 납채: 납채(納采)로 혼인 때 신랑집에서 신부집으로 예물을 보냄 또는 전통 혼인의 여섯 가지 의식 절차인 육례 중의 하나.

25) 치우굿: 집안의 한 곳을 말하는데 이를 찾아서 집중적으로 해명하여야 하는데 아직 정리 되지 않았다.

26) 재필방중: 미상.

27) 백중역: 책력을 말하는 것이다.

28) 무근역세: 묵은 책력.

29) 햇역세: 새 책력. 햇밤이나 햇과일과 같은 용례에서 확인되는 것이다.

30) 왼손곱아 드리집허 오른 손금을 내여집허서: 왼손을 곱아서 들어서 짚고 오른 손금을 내여 짚어서 하는 것으로 조음구를 맞추어 율격을 맞추고 있음이 확인된다. 무가가 소중한 것은 이러한 율격의 조음구와 구비공식구를 활용하여 표현을 풍부하게 의미를 강화하는 것을 볼 수 있다.

31) 월광에는 달을 골나 일광에는 날자 집허: 날자를 잡고 정리하는 것이 요점이며, 이렇게 하는 것의 본질을 파악하는데 구비공식구의 활용이 눈에 띄게 활용되는 것을 볼 수 있다.

원아 원재32) 골나내여 납채가실 날은 삼월 삼일리라 납포33)가 가실 날
은 사월 초팔일리라 불근선배 장가[5]을 가실 날34)은 칠월 칠석 날리라
영산각시가 시집오는 날35)도 칠월칠석 날리라 오실 날 가실 날을 바다
가지고 불근선배 아부임은 갈매라는 말을 타고 집으로 도라와서 납
페36) 가실 날리 기영 〃 〃 당진한니37) 영산각시 댁에다 납페을 보내고
납채갈 날리 기영 〃 〃 도라온니 무었을 갓추리가38) 해을 보아 일광
단39)이오 달 동산에 월광단40)이라 물명주41)오 갈명주42)오 [6] 북단43)
이오 홍단44)이오 푸르다고 청대단45)이오 히고히다 백목단46)이오 경모
시47)을 삼만돈을 믇보내도48) 삼백돈이나 가차가지고49) 글함50)이며
동백열51)에 요지답장52)을 써서였고 과연 양반집 예장53)이 분명하다

---

32) 원아 원재: 원할 원자.
33) 납포: 납폐를 말하니 혼인 잔치에 가는 예단을 이른다.
34) 장가가거나 장가드는 것의 혼인례를 말한다.
35) 시집오는 날의 의례를 말한다.
36) 납폐: 납폐(納幣), 혼인 때 신랑집에서 신부집으로 예물을 보내다.
37) 당진한니: 당도하니.
38) 갓추리가: 갖추리잇가의 표기.
39) 일광단: 해의 무늬가 있는 비단.
40) 월광단: 달의 무늬가 있는 비단.
41) 물명주: 엷은 남빛 명주실로 짠 피륙.
42) 갈명주: 광명주의 하나로 명주실로 짠 피륙을 말한다.
43) 북단: 흑단의 오기이거나 와음일 가능성이 있으며, 검은 빛이 나는 비단을 이르는 것으로
    판단된다.
44) 홍단: 붉은 비단을 이른다.
45) 청대단: 중국에서 나는 비단을 이르는데 이 비단이 청나라 시대에 크게 성행하였다.
46) 백목단: 흰 비단을 이른다.
47) 경모시: 승새가 고운 모시를 이르는 것 같다.
48) 믇보내도: 못보내도.
49) 가차가지고: 갖추어가지고.
50) 글함: 글을 담은 함지를 말하는지 분명하지 않다.
51) 동백열: 동뢰연으로 혼인 잔치를 이른다.

새벽 조반54)을 잡수시고 불근선배 아부임은 후행차55)로 차리시고
하인 불너 글짐56)지워 어대 만치 당도한니 영산각시 댁에 당도한니 과
연 양반대이57) 분명하다[7] 방중에 넘어서니 화초병풍58) 펼처놋고 돗
보존59)을 느려놋고 크나 큰 상을 배설하고 자내 쌀60)도 서 되 서 홉
가차놋고 쌍촛대61)에 불을 켜고 식사 후에 글짐을 부리울 제62) 해가
떳다 일광단에 달리 떳다 월광단 물명주오 갈명주오 뽕나무에 청단이오
불근 판에 홍단이오 푸른 판에 청단이오 히고 힌니 백목이라 경모시라
삼만 돈은 허설리고 삼백 돈을 갓차 가지*63) 동백연64)에 요곳 속에 [8]
요지답장 드러* 과연 양반의 예장이 분명하다 불근선배 댁에서는 불근
선배 장가을 가실 날을 기여〃〃 당진한니 무엇부터 가추실가 백년화초
연꽃 속에 긴 정매 짜른 정매65) 관대파 관복이면 손에 드는 쌍부채라
마하인은 마상을 차리시고 요디섬을 갗차 놋고 불근선배 대동 뜰에 낫
더선니 벽채소리66) 드려치며 마상에 오르신니 대문전에 낫떠서서[9]

---

52) 요지답장: 아름다운 글씨로 쓴 답장을 말하는 것 같다.
53) 예장: 예장(禮狀)으로 혼인 때, 신랑집에서 예물과 함께 신부집에 보내는 편지.
54) 조반: 아침밥의 한자 표기.
55) 후행차: 혼인할 때, 가족 중에서 신랑이나 신부를 데리고 가는 사람이나 행렬.
56) 글짐: 등에 지는 짐을 이르는 듯.
57) 양반대이: 양반댁이.
58) 화초병풍: 화초가 그려지거나 수놓아진 병풍.
59) 돗보존: 명확하지 않다.
60) 자내 쌀: 쌀의 한 종류일 듯.
61) 쌍촛대: 쌍촉대. 쌍으로 올려진 촛대를 뜻한다.
62) 부리울 제: 짐을 부릴 때에.
63) *: 글씨가 물기에 번져서 알아 볼 수 없을 때에 구체적으로 재구하는데 활용한 도식이다.
64) 동백연: 동뢰연(同牢宴) 전통 혼례에서, 신랑과 신부가 교배를 마친 후 서로 술잔을
　　나누는 잔치이다.
65) 긴 정매 짜른 정매: 정매가 무슨 뜻인지 알지 못하겠다.
66) 벽채소리: 벽제소리이다. 삿된 것을 물리치는 소리를 말한다. 훤화를 금하는 것과 같은

벽채소리 드러치며 냉병사 무인지경에 당도하니 영산각시댁에 드러선
니 과연 양반대이 분명하옵더라 요지섬67)을 내러서서 안방으로 드러선
니 청장 휘장 펼처 놋고 대동뜰에 화초병풍 펼처놋고 돗보존도 느려놋
고 큰 상을 배설하고 치연법68)을 드릴 적에 청닭 홍닭을 가차놋고 동백
연에 연꽃속에 아마 만침 갖차가지고 치연을 들릴 적에69) 영산각시는
칠보단장 녹에[10]홍상70) 차리시고 나와서 치연법을 드릴 적에 불근선
배 가 영산각시 에게 술 석잔을 부어서 드릴 적에 이 술 석잔을 드릴
적에 이 술을 마신 후에 내 가문에 봉송71)을 하올 적에 첫재로는 세
영72)에다 봉제사73)요 둘재는 부모임게 공경이오 셋재는 부부영화 다
자손74)이라 치연을 올니신니 영산각시 그 술 석 잔을 마시옵고 영산각
시 금포주박75)에다 술[11]석 잔을 부어서 불근선배님게 올니신니 불근
선배 바다서 마시고 불근선배 영산각시에게 단자76)을 적어서 올니신니
영산각시 바다보고 답장을 올니신니 불근선배 바다서 펼처본니 영산각
시 글솜시가 선배의 글보다 배승하구나77) 이래서는 몬스리라78) 집으

말일 듯.

67) 요지섬: 요지섬은 아름다운 섬돌이나 하마석과 같은 말하는 듯하다.

68) 치연법: 잔치를 여는 법.

69) 혼인가례를 하는 장면을 묘사하고 있다.

70) 녹에홍상: 녹의홍상이니 녹색 저고리와 붉은 치마.

71) 봉송: 봉송(奉送)으로, 물건이나 명을 전하는 것을 이른다. 반기봉송과 같은 용례에서
이 말의 의미를 확인할 수 있다.

72) 세영: 선영.

73) 봉제사: 제사를 받듦.

74) 다자손: 자손을 많이 두는 것.

75) 금포주박: 금으로 장식된 잔.

76) 단자: 부조나 선물 따위의 내용을 적은 종이를 의미하기도 하고, 사주 또는 물건의 목록,
후보자의 명단 등을 적은 종이.

77) 배승하구나: 배나 수승하구나. 곧 글솜씨가 나보다 탁월하다고 하는 것을 말한다.

78) 몬스리라: 못쓰리라.

로 도라와서 양친 부모을 모서 놋고 영산각시 글 솜시가 나보담 배승한
니 나는 금생절노[79] 글공부을 가곗다 한니 [12] 부모임계 선〃하* 허락
을 하옵신니

　그때애 불근선배는 홍선[80]을 손에 들고 초립을 쓰고 청도복을 입고
책보을 엽헤 끼고 부모님계 평이〃〃 기우시라[81] 인사을 드린 후에 안
내산 금생절노[82] 가옵더라 금생절에 올나가서 선생님계 인사을 드린
후에 글 공부을 시작하여 찬 삼년을 글공부을 하였든니[83] 그 때에 선생
님이 하는 말리 너는 공부가 그만하면 만족하다 [13]하시면서 오늘은
옥황전에 선광 구경을 가라하옵신니[84] 그 적에 불근선배는 대답을 하
옵시고 선생님을 하직하신 후에 선광 구경을 가는구나

　선광으로 올나간니 선광이라 좃기는 과연 좃구나 옛말에 신선노름에
독기 자류가 썻는 줄[85]을 모른다 하시든니 과연 그럿구나 영산각시을
다리고 와스면 선광 구경이나 하실 것을 우리 절에 선생님이 오시여스
면 성광 구경을[14] 하실 것을 양친부모을 모시고 오시여스면 구경이나
하실 것을 일광산[86]에 드러간니 나무들도 유명하다 뿌리는 아흔 아홉

---

79) 금생절노: 안내산 금상절로의 축약어.

80) 홍선: 붉은 부채. 붉은선배의 치장품과 격이 맞다.

81) 기우시라: 계시리라.

82) 안내산 금생절노: 함경도나 평안북도의 본풀이에서 등장하는 곳으로 신이한 인물의 여러
　가지 이적이나 특별한 행동을 하는 곳에서 신이한 장소로 사용되는 절을 이르는 관용구와
　같은 구실을 하는 것을 볼 수 있다.

83) 찬 삼년을 글공부을 하였든니: 삼년을 꼭 채워서 글공부를 한 것을 이름.

84) 옥황전에 선광 구경을 가라하옵신니: 옥황전에 선경을 구경하라고 명하는 것을 이른다.
　선계와 인간계로 갈라지는 지점의 분명한 경계면을 말하는 것으로 서로 깊은 관련이 있으
　나 달라지는 지점이 있다.

85) 신선노름에 독기 자류가 썻는 줄: 신선놀이를 구경하다가 지상에서 가지고 온 도끼의
　자루가 썩는 것을 이른다. 선계의 시간과 인간계의 시간이 상대적으로 차이가 나는 점을
　이르는 대표적인 관형적 표현이다.

86) 일광산: 선계에 있는 가상의 산이다. 이하에 산에 대한 열거가 이루어지는 것을 볼 수

이오 높이는 구천 기리라[87] 가지는 열두 가지요 잎픈 삼백 육십 잎피
되옵시고 꽃치라도 유명하다 두 포기가 폐여 있는데 그 꽃을 한 포기는
거기 두고 한 폭이는 떼여내여 한울에다 띠우신니[88] 이 천하에 피였구
나 월공산에 드러간니 유명하다[15] 이 꽃은 밤에 피는 꽃이로다 한 폭
이[89]는 거기 두고 한 폭이는 한울에다 띠우신고 그 길노 도라와서 화덕
산에 들러간니 불리라고 하면서 서 말 서 되가 있더구나 반은 거계 두고
반은 이 천하에 띠우신고 그 길노 도라와서 수용산에 드러간니 물리라
도 서 말 서 되 있더구나 반은 거기 두고 반은 이 천하에 띠우시고 그
길노 도라와서 금하산에 드러간니 금이라도 두 쌍이 있읍니다[16] 한
쌍은 거기 두고 한 쌍은 이 천하에 너른 벌에 팔도산에 띠우시고 노류산
에 드러간니 노류[90]가 두 필리 있읍니다 한 필은 거기 두고 한 필은
이 천하 너른 벌에 팔도산에 띠우시고 고사리산에 드러간니 고사리 두
쌍이 있읍니다 한 쌍은 거기 두고 한 쌍은 떼여다가 이 천하 너른 곳에
팔도산에 띠우시고 식목산에 드러간니 나무라도 두 쌍이 있읍니다 한
쌍은 거기 두고[17] 한 쌍은 떼여다가 이 천하 너른 벌에 팔도산에 심우
시고 꽃동산에 드러간니 꽃치라도 두 쌍이 피였는데 한 쌍은 거기 두고

있다. 월공산, 화덕산, 수용산, 금하산, 노류산, 고사리산, 식목산, 꽃동산 등이 있으며,
달리 이러한 산이 전국적으로 팔도산이 되므로 다시 이를 구조적으로 활용하면서 선광의
주요한 것들을 동일하게 만드는 것을 볼 수 있다. 이는 산천굿의 구조적 복사가 되고 이를
굿의 원천으로 삼으며, 이러한 역할을 하는 인물이 바로 붉은선배이다. 산천에서 우리가
필요한 생필품을 얻는 것과 깊은 관계가 있다. 그러므로 붉은선배는 이를 복사하여 만드는
존재임을 알 수가 있다.

87) 기리라: 길이다. 길은 나무의 높이를 재는 단위로 쓰였다.
88) 한울에다 띠우신니: 선광 구경을 하고 이를 그곳에 두 개가 있으니 하나를 달리 제거하여
   하늘에다 띄운다고 하였으므로 이는 주목할 만한 변형이다. 선계에서 천상에 하나를 두는
   것이므로 주목할 만한 것이다.
89) 폭이: 포기.
90) 노류: 노루.

한 쌍은 이 천하 너른 벌에 띠우시고 그럭저럭 지내다가 하늘리 검어젓다 히여젓다 푸르러젓다 삼 세 번을 변하더라[91] 대동 뜰에 낫더서서[92] 머리 우에 손을 언고 하늘을 처다본니 강남 갓던 구제비가 아부 제비 뒤에 서고 에미 제비 가운데 서고 색기 제비[18]을 앞에 세우고 삼월삼신 조은 날에 지하궁에 내려와서 색기을 길너 가지고 구월 구일에 가신다고 벌네을 먹이면서 구질〃〃 하는구나 높이 뜨면 하늘이 히여지고 중천에 뜨시며는 푸르려지고 낙계 뜨면 검어지고 세 번식 변색하여 지는구나 그 적에 불근선배 생각한니 구제비도 색기을 길너가지고 구질〃〃 하면서 나오는데 나갖은 인생은[19] 사람으로 탄생하여서 인간 도덕이 있다 하면은 영산각시 얼마나 고대할가 그때에 회심하고[93] 이래서는 안되리라

금생절[94]노 도라온니 선생님이 하시는 말리 선광 구경이 좃튼가 한니 불근선배 하시는 말리 과연 조흔 데라 하옵시고 소생이 나간지 멧 날리나 되옵니가 하옵신니 네가 나간지 이틀 반이라 하옵신니 그리면 선광에 이틀 반이면 인간에는 이년 반인가 하옵네다[95][20] 그 적에 불근선배가 하시는 말리 선생님 나는 양친부모도 보구십고 영산각시을 다려다놋고 너무도 무정하계 와서 이슨니 보기도 싫허서 오늘은 집으로 내려 가리라 하옵신니 선생님이 사로시되[96] 너는 아직 때가 되지 안어

---

91) 하늘리 검어젓다 히여젓다 푸르러젓다 삼 세 번을 변하더라: 하늘의 빛깔이 고정되어 있지 않고 변화무쌍하게 되는 것을 묘사한다. 하늘의 이치를 현화나 현묘하다고 하는 것을 이르는 것인데, 이에 대한 구체적 표현을 얻고 있다. 이를 제비의 나는 높이로 표현하고 있으며, 동일한 표현이 뒤에 반복된다.

92) 낫더서서: 나서서.

93) 회심하고: 마음을 고쳐 먹고.

94) 금생절: 안내산 금상절의 축약이다.

95) 그리면 선광에 이틀 반이면 인간에는 이년 반인가 하옵네다: 신선놀음에 도끼자루 썩는 줄을 모른다고 하는 말이 이를 두고 말하는 비유이다.

슨니97) 몯내려간다 하옵신니 선생님 소생은 양친부모을 보구십허서 기영이98) 내려가겠다 하옵신니 그러면 내려갈 적에 도기역99) 첫[21]머리에 나서며는 인간 좃고 청〃한데 하눌리 붙원간에100) 흐리면서 뇌성101)이 진동하고 바람이 불면서 비가 퍼부어도 비을 끈지 말고 그양〃〃 내러가라 뇌성이 울다가 끈치고 하눌리 조흐면 목이 말나 탁〃하거든 길 아래로 흐리고 탁한 물리 내러가리라 길 우에 막고 정한 물을 마시지 말고 길 아래 흐리고 탁한 물을 마시라 그리고 도라서면 [22] 멀구102) 다래103)가 무수하계 이스리라 그것을 먹고 십허도 먹지 말나104) 그리고 동기역105)에 나서며 십년 무슨106) 구새통107)에서 불이 붓터 올나 가는이라 그래도 그 불을 끄지 말고 그양〃〃 내러가거라108) 불근선배

---

96) 사로시되: 사뢰시되.

97) 안어슨니: 안왔으니.

98) 기영이: 기어이.

99) 도기역: 어디인지 불분명하나 아마도 길을 가다가 만나는 처음에 역을 말하는 것으로 추정되며, 뒤에도 동일하게 반복되어 있다.

100) 붙원간에: 머지 않은 사이에.

101) 뇌성: 천둥소리.

102) 멀구: 머루.

103) 다래: 다래나무의 열매.

104) 무수하계 이스리라 그것을 먹고 십허도 먹지 말나; 먹고 싶은 것을 참아야 하는 것의 금기는 여러 가지 이야기에서 금기로 작동하는 것을 볼 수 있다. 가령 〈사가 된 이야기〉 같은 것에서 사악한 존재가 되어 글방도령을 해치려는 것에서도 먹고 싶은 청배, 옹달샘물, 딸기 등이 되는 것과 서로 상통하는 설정이라고 할 수 있다. 이 본풀이에서는 먹고 싶은 것으로 맑은 물, 머루와 다래가 되는데 이를 먹고서 생긴 사단이라고 한다면, 같은 화소가 있는 이야기에서는 이것이 다른 인물인 몸종에 의해서 거절되는 것을 볼 수 있다.

105) 동기역: 특정한 작중 무대의 이름으로 판단된다. 도기역으로 되어 있기도 하다.

106) 십년 무슨: 십년 묵은.

107) 구새통: 속이 저절로 썩어서 구멍이 뚫린 통나무. 또는 나무로 만든 굴뚝. 원래는 속이 썩어서 구멍이 뚫린 나무로 만들었다.

108) 그러면-내러가거라: 안내산 금상절의 선생님이 내리는 금기이다. 첫째는 뇌성벽력이 나고 비가 오면 이를 긋게 하지 말고 그냥 가라고 하는 것이다. 둘째는 목이 마르게 되면

가 선생님계 하직하고 홍선[109]을 손에 들고 초립을 쓰고 청도복[110]을
입고 책보을 엽에 끼고 떠나서 내려온다

　동기역에 당진한니 청 〃 하든[23] 하눌리 흐리면서 뇌성이 진동하고
바람이 이러난다 쏘낙비가 내려온니 불근선배가 선생님이 말슴하기을
비을 끈지 말나고 부디 〃 〃 당부 하여슨니 엇지하리오 그러나 선부이 마
음이라 비을 마즐 수 없어서 비을 멈추구 난니[111] 순식간에 일기가 청 〃
하계 조와젓다 그리고 내려오는데 길 우에 맑고 정한 물리 올나가는구
나 길 아래을 바라본니 흐리[24]고 탁한 물리 내려가옵네다 그때에 불
근선배가 목이마르시고 물리 당기신니 우리 절에 선생님은 길 아래에
흐리고 탁한 물을 마시라 하였는데 선배의 마음으로 흐리고 탁한 물을
마시라 하면서 길 우에 마러고 정한 물을 마시고[112] 도라선니[113] 멀구
다래 연삼송이[114] 이거저서 있더구나 우리절에 선생님이 멀구 다래을
먹지 말나 하였거늘 선배의 마[25]음으로 그양 지나 갈 수 없어 한 송이
을 떼여서 먹고 또 한 송이을 떼여서 영산각시을 주리라 하여 영낭에
다[115] 였고 또 한 송이을 떼여서 손에 들고 어디 만치 내려온니 십년

비가 내린 것이 길 위의 맑은 물이 된 것과 길 아래 흐린 물이 있는데 이 가운데 흐린
물을 마시라고 하는 것이다. 셋째는 머루와 다래가 있으면 먹지 말라고 하는 것이다. 넷째
는 십년 묵은 구새통의 불이 올라가게 되면 이를 끄지 말라고 하는 금기이다. 금기는 선광
구경의 그것과 반대의 설정을 말하고 있다. 인간의 욕망이나 호기심을 충족하고 자연의
질서에 개입해서는 안된다고 하는 것이다. 금욕이나 금기를 말하고 어떠한 자연의 질서에
대해서 개입하지 말라고 하는 것을 이른다. 욕망을 억제하고 자연에서 이루어지는 순환이
나 생태적인 것에 개입해서는 안되는 점을 분명하게 하고 있다.

109) 홍선: 붉은 부채.
110) 청도복: 청색도포를 뜻한다.
111) 차례대로 금기를 어기는 것이 이루어진다. 그렇게 해서 모두 네 가지 금기를 어기는
　　 것이 이루어진다.
112) 두 번째 금기를 어긴다.
113) 도라선니: 돌아서니.
114) 연삼송이: 잇다른 삼 송이를 말한다.

무근 구새통에 불이 붓터 올나간니 절문 녀인이[116] 나서면서 하는 말리
저기 가는 저 선배야 이 불을 꺼달나고 애걸한니[117] 우리 영산각시 내
가 오는가 마중을 나왓다가 저 불덤에 드런는가[118] [26] 하고 입엇던
청도복을 버서들고 그 불을 끈니 천불리 나자지고 지불리 욱어진니 그

---

115) 영낭에다: "염낭"의 오기인 듯하며, 이를 풀이하면 주머니에다.

116) 절문 녀인이: 젊은 여인이. 앞에서는 금기가 구체적으로 세 번의 걸친 현상이 자연의
   현상이다. 하늘의 뇌성벽력이 치고 비가 내리는 것, 내린 비가 물이 되어 있는 것, 머루와
   다래가 있는 것이 그것이다. 그렇지만 이제는 사람으로 화한 존재가 있으며, 구새통에
   있는 불을 올리는 존재이므로 자연의 순환이나 재생과 관련되는 것을 말한다. 순화과 재생,
   반복과 부활 등은 중요한 문제이고 네 가지의 금기가 사실은 인간의 욕망과 자연의 순환이
   상충하는 부분을 말하는 것으로 이해된다. 십년이 된 가운데 구멍이 뚫린 고목나무의 불이
   붙는 것은 다른 것에로의 전환을 이르는 말이라고 할 수 있다. 그렇지만 이 존재가 욕망을
   가진 아름다운 젊은 여인으로 표현되어 있으므로 더욱 주목할 만한 것이라고 할 수 있다.
   여인이 자신의 욕망을 꺼달라고 청유하고 부탁하는 것을 보이고 있어서 더욱 주목된다.
   다른 판본에서는 이 인물이 곧 파란각시로 되어 있어서 주목되는 점을 확인하게 된다.
   젊은 여인이 파란각시라고 하면서 이 판본에서 붉은선비, 영산각시, 파란각시 등의 삼각갈
   등을 야기하는 것으로 되어 있음이 확인된다.

117) 저기 가는 저 선배야 이 불을 꺼달나고 애걸하니: 일학이가 부탁하는 것이다. 이 대목에
   서 상충하면서 착각하고 서로의 욕망을 드러내보이는 방식에 근본적인 문제와 착각이 있음
   을 우리가 새롭게 알 수가 있다. 욕망을 자제하는 인물이 욕망을 드러내는 것과 욕망을
   이용하여 유혹하는 것이 결국 자연적인 것들의 순환이나 변화를 망치는 것을 말하는 것으
   로 이해된다. 영산각시의 욕망을 인정하지 않는 선비와 선비의 욕망을 이용하는 것이 논리
   적으로 중첩되면서 맥락과 이면의 욕망이 드러나는 것을 볼 수 있다. 구생통이 타는 것을
   꺼달라고 하는 것이므로 이를 서로 지켜야 하는 것을 어기라고 유혹하는 것이다. 그리고
   부탁을 들어주니 전혀 다른 맥락으로 붉은선배는 이해한다. 그것이 "우리 영산각시 내가
   오는가 마중을 나왓다가 저 불덤에 드런는가"이다. 그리고 이를 달리 해석하는 맥락이 있
   다. "나는 옥황에 죄를 짓고 지하궁에 내려와서 십년 무근 구생통을 짓끼고 있다가 오늘은
   불리 붓터서 승천하여 성광으로 올나가는 겄을 네가 불을 끄기 때문에 내가 선광으로 올나
   몬간다" 맥락과 맥락이 서로 충돌하는 것을 볼 수 있다. 세 가지 욕망이 숨어 있다. 붉은선배
   의 욕망은 글공부로 영산각시를 압도하고자 하는 욕심이 있다. 이것은 이성이 앞선 것이며
   인간의 욕망을 감춘 욕망이다. 일학이는 자신의 타는 불을 인정하고 순환이나 재생으로
   선관의 질서를 유지하는데 동참하여야 하는 본원적인 이치를 가진 욕망이 있으나, 젊은
   여인으로 변화해서 이에 거부하는 욕망을 달성하고자 하는 마음이 있다. 그러한 이해의
   상충을 통해서 자신의 본원을 깨닫고 붉은선배는 새로운 질서를 실현하려고 하는 본질을
   회복하고 있다.

118) 붉은선배의 오해이다.

적에 녀인니 삼 세 번을 뛰든니 일학이[119]라는 즘생이 되여서 길리
는[120] 열다섯 발리오 통은 서 발이오 이려케[121] 큰 즘생이 되여서 입을
다웅갗이[122] 버리고 하는 말리 너는 내 입으로 들나하고 벽역 갗치 소
리을 친다 그때에 불근선배가 하는 말리 너을 살나고 불을[27]꺼서 살
여준 은헤로 나을 자바 먹으러 하는가 그 적에 일학이가 말하기을 나는
옥황에 죄을 짓고 지하궁에 내려와서 십년 무근 구생통을 짓끼고[123] 있
다가 오늘은 불리 붓터서 승천하여 성광으로 올나가는 겄을 네가 불을
끄기 때문에 내가 선광으로 올나 몯간다 한니 불근선배는 내가 영산각
시을 대러다 놋고 양삼년을 안내산 금상절에[124][28] 올나가서 글 공부
을 하다본니 영산각시와 양친부모을 보구십허서 내러오는 길리라 내가
집에 내러가서 양친부모와 영산각시을 만나보고 오며는 잡아먹으라 하
옵신니 그러면 그러라 하옵신니 불근선배는 그 때에 떠나서 집으로 내
러와서 수심이 만면하옵더라[125]

---

119) 일학이: 여인이 둔갑하여 된 괴물인데, 이무기와 같은 것으로 이해된다. 이 괴물은 즘생
이라고 표현되고 있으며, 길이는 열 다섯 발이라고 하고, 통은 세 발로 되어 있다. 이무기가
승천하여 새로운 동물로 거듭나는 것을 염두에 둘 필요가 있다. 이 인물이 경우에 따라서
일락이라고도 표기되기도 하고, 다른 판본에서는 이무기의 변형으로 확인되고 구체적으로
명칭이 있어서 파란각시라고 되어 있음을 보게 된다.

120) 길리는: 길이는.

121) 이려케: 이렇게.

122) 다웅갗이: 큰 것을 말하는데 무엇인지 명확하지 않음.

123) 짓끼고: 지키고.

124) 안내산 금상절: 함경도와 평안북도 강계 일대에 널리 존재하는 것으로 안내산 금상절은
신이한 세계이자 절이라고 하는 점에서 중요한 구실을 한다. 안내산이라고 하는 곳을 아내
산이라고도 해서 와음으로 다루고 있는데, 이 절의 기능이 긴요하다. 그것은 마치 제주도
본풀이에 항용 반복해서 등장하는 동개남 은중절과 같은 기능을 하는 절이라고 할 수 있다.
반복되는 관용구이지만 이들이 소중한 구실을 하는 점에서 함경도 무가에서도 긴요한 구실
을 하게 된다.

125) 수심이 만면하옵더라: 근심이 얼굴에 가득하더라.

그 적에 영산각시가 불근선배 드러온니 인사을 드리신 후에 진지을
지어[29]서 불근선배에계 진지상을 올니신니 불근선배는 내심으로 진
지가 불편하여 진지을 잡숫지 안으신니 영산각시가 하시는 말리 선부
임126)은 무슨 일노 불편하여서 진지상을 밧지 안니 하는가 물으신니 불
근선배가 하시는 말리 아내산 금상절127)에 선생님이 하시는 말리 너는
내려 가다가 동기역 첫곳에 가며는 소낙비가 올터인니 끈지 말고 내러
가다 하옵거늘 소생은 선배의[30] 마음이라 비을 끗고 내러와스며 맑고
정한 물을 먹지 말고 흐리고 탁한 물을 먹으라 하여스나 선배의 마음이
라 맑은 물을 마시고 도라선니 멀구 다래가 익어서 저자진 것을 한두
손이을 따서 먹고 내러오다가 동기역 한곳에 당진한니 십년 묵근 구생
통에서 불이 붓터 올나가는데 여인이 나서면서 불을 꺼달나고 애걸하기
에 영산각시가 내가오는 마중을 나오다가 불속에 드렸[31]는가 하여서
그 불을 껏든니 그 속에서 일학이라는 큰 즘생이 나오면서 나을 잡아
먹으려고 입을 버린니 너무도 무섭고 급하여서 사정을 하기로 나는 안
내산 금상절에 가서 양삼년을 공부을 하고 양친부모와 어린처자을 보구
십허서 내려온다 하고 삼일만 연기하여 주며는 양친부모와 어린 처자을
차저보고 죽으리라 하였든니 이 즘생이 허락하고 삼일을 넘지 말고 오
시라[32] 하여슨니 엇지 수심이 없으리오 하옵신니

그때에 영산각시가 하시는말리 영 〃 걱정을 마옵소서 남자라면 그것
즘을 큰일리라 하옵니가 어서 진지상을 바드시요 내가 모페을128) 하계
슨니 염여도 마옵소서 불근선배가 진지상을 바다서 물니 후에129) 삼일

---

126) 선부임: 선비님.
127) 아내산 금상절: 안내산 금상절의 와음이라고 간주된다.
128) 모페을: 모피(謀避)를.
129) 물니 후에: 물린 후에.

만에 영산각시가 뵈틀에서[130] 내려가서 뵈을[131] 짜든 속새칼[132]을 가저다가 나는 드시 가라서 푸른 천에 돋〃마라[133] 싸서 품에 품고 불근선배[33]와 갖이 일학이라는 즘생을 차저갈 적에 영산각시는 알에[134] 서고 불근선배가 두에[135] 서서 동기역에 올나갈 때에 불근선배는 오리마침 떠러저서 있다가 내가 손을 건들〃〃 하거든 올나 오시라 하옵시고 영산각시가 먼저 올나 가는데 일학이라는 큰 즘생이 길엽흐로[136] 불근선배을 차저서 내려올 적에 풀은 건입과 속입리[137] 척척 처자진다 내러오다가 영산각시을 만나서 하는 말리 조금[34]만한 초립을 쓴 선배가 오는 것을 보지 못하였는가 물으신니 영산각시가 하는 말리 이 무도한 즘생아 선배을 차저서 무었을 하려고 그러는야 그 선배는 내 낭군이다 하신니 일학이라는 즘생이 하는 말리 내가 선광으로 올나가느데 선배가 불을 꺼서 몯가계[138] 되여슨니 그 선배을 자바먹어야 선광으로 올나 가계슨니 할 수 업다 하거늘 이때에 영산각시가 하는 말리 이 즘생아 〃〃〃〃[35] 남에 집 오대독자 외아들을 자바먹고 엇지하자고 그러는야 대책을 세우고 자바먹으라 그렸치 안으며 이 칼에 죽으리라 한니 그 즘생이 눈물을 흘니면서 기침을 세 번을 하든니 팔광주은 팔만하광수[139] 계워노앗다[140] 그리고 이즘생이 하는말리 이것이면 대책이되리

---

130) 뵈틀에서: 베틀에서.
131) 뵈을: 베를.
132) 속새칼: 베를 짤 때에 끊어진 것들을 연결하고 승새나 바디의 날줄과 씨줄을 끊거나 연결할 때에 쓰는 칼을 이른다.
133) 돋〃마라: 돌돌 말아.
134) 알에: 앞에.
135) 두에: 뒤에.
136) 길엽흐로: 길 옆으로.
137) 풀은 건입과 속입리: 푸른 겉입과 속입이.
138) 몯가계: 못가게.

라 하옵더라

영산각시 하는 말리 이 즘생아 〃〃〃〃 금이 열닷 말리라도 붙여사 쓰고 구슬리 열닷 [36]말리라도 끼여사 쓰는 법인데[141] 이겄을 쓰는 법을 가르치라 하옵신니 이 즘생이 하는 말리 일편[142]을 가르치면 평산이 파산이 되고 파산이 평산이 되는이라 둧재엽[143]을 전우시면[144] 금은보화 가 나오니라 셋제 엽을 전우시면 업든 보화도 나옵니다 넷재엽을 전우시 면 업는 자손도 나는이라 다섯재 엽을 전우시면 업던 집도 나옵니다 여섯

---

139) 팔광주은 팔만하광수: 팔만야광주의 오기인 듯하다. 원문에 이렇게 되어 있어서 이렇게
표기한다. 여덟 개의 모가 난 것을 이르는 것으로 각기 팔모마다 별도의 기능을 하는 것을
볼 수 있다. 이본과 판본에 따라서 팔모야광주나 여의주 등으로 여러 서사체에 전하지만
여기에서는 팔만하광주로 되어 있다. 그러한 사실을 정리하면 다음과 같다.

팔모	이치	기능
일모	평산이 파산이 되고 파산이 평산이 되는이라	변화
둘째엽	금은보화가 나오니라	금은보화
셋째엽	업든 보화도 나옵니다	보화
넷째엽	업는 자손도 나는이라	자손
다섯째엽	업던 집도 나옵니다	집
여섯째엽	업든 전답이 나옵니다	전답
일곱째엽	소원성취 하옵니다	소원성취
여덟째엽	이 모는 미운 사람을 전우시면 죽는이라	미운 사람 죽임

140) 계워노앗다: 계워놓았다. 곧 토해놓았다.
141) 금이 열닷 말리라도 붙여사 쓰고 구슬리 열닷 말리라도 끼여사 쓰는 법인데: 금이 열닷
말이라고 해도 붙여야 쓰고, 구슬이 열닷 말이라고 하더라도 꿰여야 쓰는 법이라고 하는
속담을 가지고 와서 표현한 것이다. 금을 일정한 단위로 붙이는 것과 구슬을 실로 꿰어야
쓰는 법이라고 하는 것을 분명하게 말하는 것이다. 곧 팔모하광주의 용도를 일러주어야
쓸 수 있다고 하는 것을 강조한다.
142) 일편: 팔광주이므로 여덟 개의 모가 난 보주를 의미하고, 여기에서는 하나의 모를 이른
말이다.
143) 둧재엽: 둘째의 옆이니 팔모 가운데 이모를 말한다. 이러한 방식으로 용도를 해명하는
것이다. 이하 여덟 번째까지 같이 되어 있다.
144) 전우시면: 전우시다고 하는 말이 긴요하다.

재 엽을 전우시면 업든 전답[37]이 나옵니다 일곱재 엽을 전우시면 소원
성취 하옵니다 그리고 여들재 엽흘 가르치지 아니한다 영산각시 하는
말리 이 즘생아 팔광주라면 여들145) 모을 쓰는 법인데 엇지 하여 한 모는
쓰는 법이 없는야 속히 가르쳐 주지 안으면 이 깔을 끄리라146) 한니 그
즘생이 눈물을 흘니면서 하는 말리 이 모는 미운 사람을 전우시면 죽는이
라 하옵신니 영산각시 하는 말리[38] 이 즘생아 〃〃〃〃 너보담 더 미운
즘생이 어디 또 이스라 하면서 여들재 모을 전우신니 이 즘생이 죽었더라

그 적에 영산각시가 고개 우에 올나서서 불근선배을 오시라고 손을
들어 건들〃〃 하옵신니 불근선배 올나 오시든니 즘생은 죽었구나 하면
서 이 즘생을 어디다 버릴가 하는구나 명산 차산147)을 차저가서 소나무
도 일천 지리오 감나무도 일천 질리오 잣나무[39]도 일천 질리라 삼전
질을 베여내서 운물 정자로148) 싸여놋코 이 즘생을 이우다 올너놋코 그
밑에 다가 불을 달아 쌀구신니149) 살은 타서 재가 되고 뼈만150) 남앗더라

이 뼈을 어디다가 버리실가 팔도 명산 명승지로 보낼 적에 저음으로
보낼 적에,151) 함경도라 백두산에 보내시고 평안도을 도라보고 모란봉
에 보내시고 [40] 강원도을 돌아본니 금강산으로 보내시고 황해도을 돌
아본니 구월산에 보내시고 경기도을 돌아본니 삼각산에 보내시고 충청
도을 돌아본니 계룡산에 보내시고 경산도을 돌아본니 태백산에 보내시
고 전라도을 돌아본니 지리산에 보내시고 팔도 명산에 보냇던니 천하명

---

145) 여들: 여덟.
146) 이 깔을 끄리라: 이 칼을 쓰리라의 오기이다.
147) 명산 차산: 명산과 차산을 이른다.
148) 운물 정자로: 우물 정자로.
149) 쌀구신니: 삶으시니인지 태우시니인지 명확하지 않으나 사투리로 이해된다.
150) 뼈만: 뼈만.
151) 팔도명산을 차지하는 내력을 정리하여 보이면 다음과 같다.

산 대산영이 차지하고

　높은 산에 대산영152) 나즌 산에 소산영[41] 남산영 녀산영 원산 근산
에 대산영 청용 백호 대산영 주작 현무 대산영 미산 재처에 노리보고
오악명산 토지관에 칠성님이 하강하올 적에 이 즘생이 빼는 팔도 명산
에 보내시고

　재는 모아슨니 버릴 곳을 차저보자153) 넙고 널분 저 벌판에 던지자니
인간에도 피해로다 명산에다 던지자니 수목에도 피해로다 저 바다에 던
지자니 어족[42]들에 피해로다 이리저리 생각해도 버릴 곳이 더 업구나
할 수 없이 바다물에 던젓던니 그지 후에 고기가 생하시고

　불근선배와 영산각시는 집으로 도라와서 문을 열고 드러 안즌니 불
근선배가 일신이 피곤하면서154) 앞골도 지근 〃 〃 뒷골도 지근 〃 〃 아
이구 머리야 아이구 허리야 사대육신이 절 〃 하며 정신을 분별치 몯하신

도	산
함경도	백두산(함경도라 백두산에 보내시고)
평안도	모란봉(평안도을 도라보고 모란봉에 보내시고)
강원도	금강산(강원도을 돌아보니 금강산으로 보내시고)
황해도	구월산(황해도을 돌아보니 구월산에 보내시고)
경기도	삼각산(경기도을 돌아보니 삼각산에 보내시고)
충청도	계룡산(충청도을 돌아보니 계룡산에 보내시고)
경상도	태백산(경산도을 돌아보니 태백산에 보내시고)
전라도	지리산(전라도을 돌아보니 지리산에 보내시고)

152) 산령을 차지하는 내력이 이어서 서술하고 있다. 산령을 차지하여 보내는 것이 긴요한
　　과제이다.
153) 일학이의 재를 버릴 곳을 찾았는데 최종적으로 바다의 어류를 만드는 곳에 버리게 되는
　　것으로 종결된다.
154) 산에서 생긴 탈을 제거하는 산하리의 의례를 창조하는 것이 핵심적인 내용이라고 할
　　수 있으며 동토를 막는 것으로 황해도의 "치우삶는 굿"과 같은 것을 이해하는데 긴요한
　　성격을 보이는 절차라고 할 수 있다.

니 영산각시 이래서는 [43]안되리라 천문지리 무불통신 하신다는 분이
계시다 하옵신니 문점이나 하여보라 하옵시고155) 그 길노 떠나서 선생
님을 차저 가서 선생님을 인사하신 후에 불근선배 알는 말슴156)을 드리
신니 선생님이 드르시고 괘체157)을 내올 적에 어젯괘라 오날괘라 바잿
터에158) 용이 걸니 괘라159) 하올 적에 명산대처에160) 올나가서 나무
버인161) 동토나고162) 팔도산을 안정치 못하여슨니 엇지하면 조[44]흐
실가 하옵신니 산하리을 풀으시라163) 하옵더라

산하리을 푸시라면 백미라도 기백 말리오 소지라도 기백 권이라 산
천다리도 여들164) 필리오 새용뫼도165) 구정이라 은절미라 차절미라 홍
상이며, 백상이라 채소 갓차 가지시고 그 산하에 드러가서 산하리을 풀
으시면166) 불근선배 병이 나스리라 하옵신니 영산각시가 그대로 준비
하고 그 산하에 들어가서 산하리을 풀었든니 불근선배[45] 병환은 자연

---

155) 천문지리 무불통신 하신다는 분이 계시다 하옵신니 문점이나 하여보라 하옵시고: 점바
　　치와 무당의 깊은 차이를 인식할 수 있는 본풀이적 유래를 말하는 대목이라고 할 수 있다.

156) 알는 말슴: 앓는 말씀.

157) 괘체: 주역에서 하는 시점을 쳐서 괘의 본체를 베푸는 것을 말한다. 괘체를 정하고
　　도전괘, 호괘, 지괘, 배합괘 등을 산정하는 기준을 두게 된다.

158) 바잿터에: 밖에 터에.

159) 용이 걸니 괘라: 용이 걸릴 괘라.

160) 명산대처에: 명산의 대처에.

161) 나무 버인: 나무 베인.

162) 동토나고: 동티나고, 동티는 건드려서는 안 될 땅을 파거나 그런 나무를 베어서 그것을
　　맡은 지신이 노하여 받는 재앙이다.

163) 산하리을 풀으시라: 산에 난 탈을 말하는 것으로 이를 풀어내는 의례를 지칭하는 것이다.
　　동토가 났으므로 이를 풀어내는 것인데 명확하지 의문이 있다. 황해도에서는 이를 "치우
　　삶는 굿"이라고 하는 용어로 사용한 바 있다.

164) 여들: 여덟.

165) 새용뫼도: 새용노구메를 말하는 듯. 그렇지만 확실한지는 의문이 있다.

166) 산하리를 푸는 예장과 상차림, 필요한 굿의 여러 가지 요소에 대해서 언급하고 있어서
　　주목된다.

하계 나사간니 그때부터 나무 버인 동토[167]라 산천동토[168]가 나는 데
는 산하리을 둘면은[169] 조흐리라 하옵시고

불근선배와 영산각시는 이 법을 내옵시고 세상을 떠나슨니 무었을
로[170] 바드실가 남선부주 해동조선 강원도라 속초시에 ○○○ 대주 이
명당에 망영님들은 인도환생 못되옵고 저대 황천에 가신 후에 우망묵
대망묵[171] 못되여도[46] 조금만한 민심 예단[172]을 들러슨니 산천 불임
으로 내러바드시고 산천동토을 안정시겨 주옵시고 금생 양계 사러가는
만이간에 연맥이오 줄맥이오 뒷전없이 후환업시 도와주고 불상하신 망
영들은 저 산천에 길을 닥가 왕생극락을 하옵소서

산천굿도올엿구나 산천굿 상편종[173]
辛亥年陰至月拾八日[174] 山川經[175] 終著

---

167) 나무 버인 동토: 나무를 베고 나서 생기는 동티를 물리는 것을 염두에 둔 말이다.
168) 산천동토: 산천에 생긴 동티이다.
169) 둘면은: 두면은. 또는 둘르면을 의미한다.
170) 무었을로: 무엇으로.
171) 우망묵 대망묵: 망묵굿을 말하는 것인데 용법은 이해되나 정확하게 어떠한 뜻인지 알기
어렵다.
172) 조금만한 민심 예단: 작은 정성의 민심과 예단을 이른다.
173) 산천도량의 산천굿에 해당하는 것을 마친 것이다. 이는 달리 본풀이에 해당하는 것이
끝이 났다고 하는 것을 의미한다. 그렇지만 모든 도량에는 망령이 붙게 마련이고, 이하에서
는 망령을 하게 된다. 망묵굿이 곧 죽은 사람을 위한 굿이 되기 때문에 망령이 좋은 곳으로
천도할 수 있도록 하는 내용이 더 붙는 것을 볼 수 있다. 그러한 점에서 산처도량의 중요한
면모를 알 수가 있음을 보게 된다. 그러한 점에서 주목할 만한 가치를 가지고 있음이 확인되
는 대목이다.
174) 辛亥年陰至月拾八日: 1971년이고, 지월은 동짓잘이니 11월달이다. 십팔일에 필사가
마쳐진 것으로 이해된다.
175) 山川經: 비슷한 용례가 관용적으로 다양하게 되어 있다. 산천굿, 산천경, 산천거리,
산천도량 등이 그것이다. 굿거리의 명칭에 여러 가지가 얽혀 있어서 자못 흥미롭다. 산천굿
이므로 무당의 굿거리에 해당한다. 이와 달리 산천도량은 불교적인 의례를 뜻하니 무불습

[47]

가실 적에 상도로다176) 오실 적에 대처로다 지대천은 여내로다 오건
만은 어-황천을 비러나야 극락세계을 가시오리177) 이리 가면 언제 오
나 저리 가면 다시 오나 집 앞에는 선 〃 애기 이웃 적에 도라오라 오날
오신 금일 망영 이제 가면 언제올가 황천을 비러나야 극락세계을 가오
리다 하누님178)아 제발 제발 역세179) 한장 빌여주소 역세 한장 비트
[48]시면 열시왕에 문을 열고 황천을 비러내야 극락세계을 가오리다 제
중천180)에 하나간에 팔배재181)가 떠 이스니 엇지하는 세배재요 그 배
재을 차저보면 망영님네 배재로다 황천을 비련하야182) 극락세계을 가
오리다 황천사 높은고개183)을 울고 넘어 핫치고개을 마주 넘어 그 고개
을 넘어 갈 적에 삼천동갑이184) 황천을 비러나야 그락세계을[49] 가오

합의 흔적을 가지고 있는 것을 말한다. 산천경은 무경의 작명법이므로 이를 필사한 인물이
한문에 능하므로 이러한 표기를 한 것으로 이해된다.

176) 이하에서 이루어지는 망령은 거의 관용적으로 쓰이는 것인데, 그 이면에 중요한 이치가
있다. 저승의 세계관을 모두 합쳐서 새롭게 구성하고 여기에 망자가 가는 곳의 세계에
입각한 사자와 망령의 일대기가 그려지는 것을 볼 수 있다. 그러한 점에서 이 내용은 주목할
만한 가치가 있으며, 교술적인 내용의 서사적 일대기도 매우 관형화된 형태로 등장하는
것을 볼 수 있다. 그렇기 때문에 이러한 내용의 이면에 불교적 세계관이기는 하지만 오히려
무속과 불교가 습합된 지점을 보여주는 점에서 중요한 구실을 하는 것이다.

177) 황천을 비러나야 극락세계을 가시오리: 황천을 빌어내어 극락세계를 가시오리의 뜻이
다. 황천은 죽은 사람이 가는 곳으로 도교적인 내용이고, 이와 달리 극락은 죽은 사람
가운데 선망자들이 가는 곳이므로 주의를 요하는 구분법이다.

178) 하누님: 하느님으로 부정칭적으로 절대적인 존귀한 이치를 가진 곳의 의미를 구현하는
것을 볼 수 있다.

179) 역세: 소중한 것이기는 한데 의미가 불분명하다. 장차 보완하고자 한다.

180) 제중천: 모든 허공 중천을 말하는지 불분명하다.

181) 팔배재: 무슨 말인지 불분명하다.

182) 비련하야: 빌어내여.

183) 황천사 높은고개: 황철산 높은 고개, 하치산 하치고개 불치산 불치고개 등으로 함경도
무가에 등장하는 것을 볼 수 있다. 일종의 관용구이고 저승의 황천을 갈 적에 만나는 산이라
고 할 수 있다.

리다 황천강 대동수을 울고 넘어 임진강 모래원을 건너서 그 다리를 건
너갈 적에[185] 황천을 비러나야

망영 차지는 불근선배 기밀차지는 영산각시[186] 갈 적에는 감노왕사
자[187] 올 적에는 임노왕사자 오옵소서 감노왕 사자 황천을 비런하야 극
락세계을 가옵소서 망영 한분은 골차진 사자 망영 한 분은 외뇌진 사자
오옵소서 세네진[50] 사자들은 극락세계을 가옵소서 망영 한분은 홍백
에 사자 망영 한 분은 즘생에 사자 부디 〃 〃 오옵소서 지방에는 홍백
사자 오옵소서 망영 한 분은 초중의 사자 부디 〃 〃 오옵소서 삼십오척
삼중의 사자 황천을 비런하야 극락세계을 가옵소서

어허 열시왕[188]이 오실 줄을 알어스면 마중이나 나가실 것이 업슨
사자님네 설몽도[189] 업슨니 마중이나 갈가 [51] 황천을 비런하야 극락
세계을 가옵소서 도술 넘어 우리류 공자님네 상술 넘어 우리류 문장님
네 오옵소서 우리류 선생님네 황천을 비런나야 극락세계을 가옵소서 열
삼배을 다시 잡수시오 천사 만사 못면하고 기민 정장 세워나야 황천을
비런하야 극락세계을 가옵소서[190]

---

184) 삼천동갑이: 동갑젭기나 동갑풀이 등에서 동갑의 긴요한 점을 이르는 것이다.

185) 황천강 대동수을 울고 넘어 임진강 모래원을 건너서 그 다리를 건너갈 적에: 이 대목이
    가장 이상한 설정이다. 아마도 짐작하건대는 무속의 조종이 개성 덕물산의 최영 장군이므
    로 그러한 영향으로 이와 같은 설정이 이루어진 것으로 볼 수 있을 것이다. 함경도 망묵굿이
    배경이니 마땅히 그곳의 것이 되어야 하는데 사설에서는 그렇게 되어 있지 않다.

186) 망영 차지는 불근선배 기밀차지는 영산각시: 망령을 차지하는 신은 붉은선배이고, 기밀
    을 차지하는 신은 영산각시로 관념하는 것을 분명하게 한다. 신격을 명시한 것은 주목할
    만한 현상이라고 하겠다.

187) 사자 또는 사재의 내력을 서술하고 있는 점이 확인된다. 그러한 점에서 가장 주목할
    만한 나열이 있으며 사자의 분화와 기능이 강조된 것이 주목할 만한 특징이라고 할 수 있다.

188) 열시왕: 열시왕이 동적인 면모로 구현되고 사자와 함께 연동하는 것을 보여준다.

189) 설몽도: 현몽도. 현몽은 기밀을 알려주는 것인데 이면적으로 본다면 무엇이 무엇으로
    예시되는 점을 말하고 있다.

190) 극락의 융합적 성격을 보여주는 대표적인 구절이다. 무속 고유의 것이라고 보기 어렵고

어하난니 발원이오 발원소리 한 마디을 천독 만독 외우시면 오늘 오신 망영님들[52] 또한 죄상 면하오리 원할 원자 즐길 락자 도라갈 귀자 글 세 자을 새겨낸니 원발원이오 성불도 아미타불 극낙을 가자 발원이오 생진 병자는 자근 사장에 매화한니 역빈 산녹에 신선노래 일천 팔오계 심사열리라 팔제자 팔노계왕이 서기중천에 당굴도라 시왕당 강임은 몸 도량으로 내리시고 발원한니 사오방중에 불으시면

동으는 갑을 삼팔목이오[191] 이화산[53]들어 가시면 동방국에 서재시라 지국시 천황님아 오류사자 알으시오 남방원을 불으시면 남은 병정이칠화 한니 태금산에 남방국에 서재시라 김장시 천황님아 올으사자 알으시오 서발원을 불으시면 세에는 경신사구금이오 금득산에 들어서면 천황님의 오르사자 알으시오 북발원을 들으시며 북방은 임계일육수 한 * 비재문에 도라들어[54] 갑술산에 들어서면 북방국에 서재시라 당목시 천황님네 올으사자 알으시오 중앙 발원을 불으시면 중앙은 무기진술 오

여러 가지 혼합되고 배합되면서 생긴 결과이다.

191) 하도의 천간에 맞추어서 이를 음양의 법으로 배합한 것에 입각하여 동서남북중앙의 관계를 십간, 오행, 하도수를 통해서 음양의 수를 배합한 것을 말한다. 낙서의 그것과 차이가 있으며, 하도의 원리를 배합하여 생수의 생성과 극복의 관계를 배합한다. 그러한 것을 저승의 신들과 함께 연결하면서 이들의 신격이 나타나는 것을 보여준다.

방위	십간·오행	산	나라	신격
동	갑을삼팔목 (甲乙三八木)	이화산	동방국	(동발원을 불으시면)……동방국에 서재시라 지국시 천황님아 오류사자 알으시오
남	병정이칠화 (丙丁二七火)	태금산	남방국	남방원을 불으시면……남방국에 서재시라 김장시 천황님아 올으사자 알으시오
서	경신사구금 (庚申四九金)	금득산		서발원을 불으시면……금득산에 들어서면 천황님의 오르사자 알으시오
북	임계일육수 (壬癸一六水)	갑술산	비재문	북발원을 들으시며……북방국에 서재시라 당목시 천황님네 올으사자 알으시오
중앙	무기오십토 (戊己五十土)			오십도라

십도라 저대 황천에 도라가면 황천이사 보탬이 되고 천하 발원을 붙으시면 천장은 구말 리오 지활은 삼천계라 동서는 일월문이오 남북은 홍안노라 지하발원을 드르시며 두우여허위실벽 규류위승필자참[55]정귀유성장익진[192] 이십팔숙으로 지중에 잠겨 있는 강등 용왕이 용굴천자 지부왕이 알으시오 일발 천을 불으시면 인간 땅을 차지하신 태성녹에 한이 수판보살이 알으시오 명복발원을 불으시면 저대 안자 되옵시면 우리 인간 사람이 명자 종백이 된 줄만 알으시오

또 다시 명복 발원을 불으시면 열시왕이 알으시오 하눌 기도에 발원을 불으시되[56] 정든 동갑에 각심선악에 일월 명춘 지하에 알으시오 불상하신 망영들은 사오 발원을 올여슨니 그 문초법[193]이 었더한가 동방에 그림을 도라본니 푸른 산을 넘어들어 모감초라 그렸구나 남방그림을 도라본니 사련초라 그렸구나 서방 그림을 도라본니 힌 산을 넘어들어 백목초라 그렸있소 북방 그림을 도라본니 검은 산을 그렸구나 중앙 그림을 도라본니 누른산[57]을 넘어들어 화초 영산이라 그려있소

불상하신 망영들은 사오방에 문초법도 다―올였소 남선부주 해도 내려 일만죽 이오국을 내려조선국이오[194] 〃 〃 〃 〃 사을 거러 성명 삼자

---

192) 도교의 28수 관념으로 온전하게 되어 있지 않으나 이를 특별하게 배열한 것을 보이면 다음과 같다.

방위	동물	일곱 별
동	창룡(蒼龍)	角亢氐房心尾箕(각항저방심미기)
남	주작(朱雀)	井鬼柳星張翼軫(정귀류성장익진)
서	백호(白虎)	奎婁胃昴畢觜參(규루위묘필자삼)
북	현무(玄武)	斗牛女虛危室壁(두우여허위실벽)

193) 문초법; 무늬를 그리는 법인지 확실하지 않다.
194) 사자가 와서 잡아가는 방법을 이른다. 여기에 인정을 쓰고 인정돈을 바치는 것을 핵심으로 한다.

불으시오 저도 에서 이도을 원한 님이 이도에서 저도을 원한님이 금세
상에 탄생 하실 적에 금전은전195) 열단양을196) 저대 병사관에 세종님
계 명갑197)을 받치고 아부님에 뼈을 비러 어머님계[58] 살을 비러 제석
님계 복을 비러 칠성님계 명을 비러198) 석가여래 제도 하에 삼조석에
탄생한니 십삭만에 업든 일리 두렸하계 나섯구나 초한 살에 어이 없대
부모은공 갑흘소야 초두 살도 어이없소 사오 세을 당진한니 큰대감 저
근대감 소별상대감 대별상 대감 오신 손님을 고이 접대하여 보내시
고199) 이칠은 십사가 지나가고 삼오는 십오세가 당도 한니 홀노 놀지
몯하여서 남에 아들[59] 남에 딸을 청실홍실 삼신 배궁을 무실 적에 말
으너며 중신어미 마르이족에 중신아비 초말 붓처 허사로다 두 번 찻어
허락을 바다가지고 동백연200)에 연꼿 속에 그늘업시 무허나서 나가실
제 품고 누워 처권201)이오 도라누어 자손이라 살고 살아 가시다가 열두
입혜 알을 쓸궈놋고202) 어제 오늘 성튼 몽에203) 저역 나절 반나절에

195) 금전은전: 돈전풀이에서 나오는 것을 이른다.

196) 열단 양을: 열닷 냥을.

197) 명갑: 명값을 이른다.

198) 아부님에 뼈을 비러 어머님계[58] 살을 비러 제석님계 복을 비러 칠성님계 명을 비러:
이하의 대목은 망령의 일생을 교술적으로 풀어가는 것인데 이러한 내용이 〈회심곡〉 〈달구
소리〉 〈혜심곡〉 등에서 드러나는 것과 일치하는 점을 보이고 있다. 일생의 내력을 푸는
것이므로 다른 본풀이와 다르지만 망령의 일대인 점에서 〈타성풀이〉와도 깊은 연관성을
가지고 있다.

199) 큰대감 저근대감 소별상대감 대별상 대감 오신 손님을 고이 접대하여 보내시고: 마마
천연두를 비롯하여 여러 가지 질병을 앓고 이를 극복하는 과정을 보이고 있는 점에서 주목
할 만한 가치를 지니고 있는 신앙의 흔적을 만날 수가 있다.

200) 동백연: 전통 혼례에서, 신랑과 신부가 교배를 마친 후 서로 술잔을 나누는 잔치.

201) 처권: 처자 권속을 이른다.

202) 열두 입혜 알을 쓸궈놋고: 선후 맥락이 분명하지 않으나 아마도 자손번창을 시킨 것으로
이해된다. 뒤에 걸린다면 갑자기 병이 생긴 내력을 말한 것과 일치한다.

203) 몽에: 몸에.

실날 같은 이 내 몸에 태산*갓흔 병이 들어 광창에[60]는 달발근듯 구름
속에 잠기는듯 더부락 시그락 달우신니204) 의사 불너 약을 쓴들 약덕이
나 입을소야 무녀 불너 굿슬 한들 굿덕이나 입을소야205) 삼신산에 불노
초로 불을 때고 퇴성벽토로 구들을 놋고 인삼 녹용을 다러 먹은들206)
이 내 병이 나슬 소야 헐 수 업고 헐 수 업다 부르난니 어먼니오 찾는
겄은 냉수로다 흐르난니 눈물이오 짓고난니 한숨이오 원수 갓은 해을
만내[61] 원수 갖은 날을 맞나 아침 밥을 고이 먹고 점심 밥을 젓차 놋고
이 세상에 종철연을 하직하고 저대 황천에 도라갈 적에 백년 처권을 모
아 놋고 이래서도 못하리라 아차 불상명종한니 초혼 불너 혼백 맷고 삼
일만에 출도한니 자든 방을 비워 놋고 입든 이복을 젓처놋고 먹든 피을
언저 두고 성명 삼자을 베여내여 초록상에 밧처놋고 노든 마전207)을
들첫놋고[62] 북만산에 가실 적에 사일만에 성예한니 불상하다 저 망영
들 초보름에 성튼 물목208)이 자심한들 하옵시고 성장매도 두렵구나 백
년 처권209) 어런 소자210) 이래서도 안필이라 입던 이복211)을 차자놋고
신든 신발 차자 놋고 먹던 피을 차자놋고 저 당굴212)에 선대신에 대한

---

204) 광창에는 달발근 듯 구름 속에 잠기는 듯 더부락 시그락 달우신니: 아주 특별한 표현법
   이라고 할 수 있다. 사자가 와서 병든 자를 데리고 가는 내력을 이렇게 표현한 것으로
   보인다. 인간의 몸을 다루는 과정을 이렇게 말하면서 특별하게 자연의 의미를 환기하면서
   병자를 다루는 모습이 서정적 표현이 높게 구현되었다.
205) 의사 불너 약을 쓴들 약덕이나 입을소야 무녀 불너 굿슬 한들 굿덕이나 입을소야: 의학
   적 처방이 별무한 점을 이렇게 표현한다.
206) 삼신산에 불노초로 불을 때고 퇴성벽토로 구들을 놋고 인삼 녹용을 다러 먹은들: 민간적
   인 치성이 효과도 없음을 강조하고 있다.
207) 마전: 생피륙을 말한다.
208) 물목: 물품의 목록.
209) 처권: 처자권속.
210) 어런 소자: 어린 효자인 듯. 이와 달리 어린 자식의 의미도 해석이 가능할 듯하다.
211) 이복: 의복.
212) 당굴: 단골을 말하는 것으로 단골 무당이나 단골 고객의 무집단의 신앙하는 사람들을

말명213) 불너들어 금도랑과 대도랑에 헌도랑과 놋도랑에 열두도랑 못
되여도 육도랑이나 지어놋고214) 조태집품215) 제장216) 상[63]시광 대
감217) 길거리 대감 사자 삼분을 모서놋고 만조상에 나슬 지어 놋고218)
말명 선생님들 모서놋고 오귀문219)을 열어 놋고 이 연석220)에 불근선
배와 영산각시을 불너 내여 팔도강산에 길을 닥가 극락세계을 인도하고
환도 인간을 하옵소서

　　망영굿도 열였구나

　　辛亥年陰至月拾八日　　　　終著

　　[64] 천개지벽하실 적에221) 하날은 자월 자시에 자방으로 생하시고
땅은 축월 축시에 축방으로 생하시고 사람은 인월 인시에 인방으로 생

이르는 말이다.

213) 말명: 무당들이 이르는 죽은 조상의 넋을 말한다.

214) 금도랑과 대도랑에 헌도랑과 놋도랑에 열두도랑 못되여도 육도랑이나 지어놋고: 함경
　　도 망묵굿에서 가장 중요한 제차 가운데 하나가 바로 도량축원이다. 열두 도랑을 모두
　　먹일 수 있으나 모자라게 되면 이러한 절차를 생략하는 것을 보게 된다. 그렇게 해서 굿의
　　거리가 줄어드는 것이 확인된다. 굿석의 규모나 굿의 비용이 적은 것을 이르면서 이렇게
　　말하는 것을 이르게 된다.

215) 조태집품: 미상이다.

216) 제장: 전쟁이나 난리통에 죽은 넋을 이르는데 맞는지 명확하지 않다.

217) 상시광 대감: 대감의 종류를 말한다.

218) 나슬 지어 놋고: 낯을 지어놓고의 뜻. 결국 조상 망령을 찾아서 후손으로서 낯을 세우는
　　것을 이르는 말이라고 할 수 있다. 체면을 세웠다고 하는 것이 요점이다.

219) 오귀문: 망령들이 죽어서 저승에 가는 문을 말한다.

220) 연석: 연석은 굿거리나 차린 굿의 석수를 말하는 것으로 여겨진다.

221) 천개지벽하실 적에……수차공양을 하옵소서: 이것은 중국의 신화적 언술로 이른 바
　　〈오운역기〉와 같은 것에서도 역대의 문헌에 흔히 등장하는 것으로 전형적인 중국의 신화적
　　진실을 말하는 것이다. 이와 같은 것을 가지고 와서 우리의 치국잡가나 창세신화의 흔적을
　　가리는데 써서 무당들이 자신들의 주도권을 배타적으로 옹호하는 것으로 사용한 점을 우리
　　는 새삼스럽게 인식해야 할 것으로 보인다.

하시고[222] 해와 달은 묘우러 묘시에 묘방으로 생하시고 성신은 진월 진시에 진방으로 생하시고 천지가 개벽 하신 후에 유인이 최귀라 각항 저방심미기는 두우여허위실벽 규류위승필자참 정귀위성장익진[223] 이 십 팔숙으로 사방을 직히[65]시고 북두 칠성으로 천지 좌우에 살기 되고 삼팔목은 동방을 직히고 이칠화는 남방을 직히고 사구름[224]으로 서방을 직히고 일육수는 북방을 직히옵고 건삼연은 서북을 직히고 곤삼절은 서남을 직히옵고[225] 간상연으로 동북을 직히고 손하절노 동남을 직히고 오십토로 중앙을 직히신니[226] 옥황상제가 그우에 계시니 춘하추동 사시 풍우 왕상강을 고제하고[66] 삼태로 인간선악을 살피시고 태양과 태음으로 주야을 분별 하여 귀신은 음으로 붓치시고 사람은 양으로 붓치신니 사람과 귀신은 서로 석거 살지 못하느니라

　　태극이 조판하야 음양을 분별 하신니 오행이 상생하야 선유 이기에 인물지 생이 임 〃 총 〃 하시던니 어시에 선인이 수출하사 태고 삼황 오

---

222) 天開於子 地闢於丑 人生於寅 하늘이 자시에 열리고 땅이 축시에 열리고 사람은 인시에 생한다고 하는 삼재의 원리를 말한다.
223) 각항저방심미기는 두우여허위실벽 규류위승필자참 정귀위성장익진: 이십팔수의 근거를 말한다. 앞의 주석에서 출현한 바 있으나 이를 다시 활용한다.

방위	동물	일곱 별
동	창룡(蒼龍)	角亢氐房心尾箕(각항저방심미기)
남	적룡(赤龍)	井鬼柳星張翼軫(정귀류성장익진)
서	백호(白虎)	奎婁胃昴畢觜參(규루위묘필자삼)
북	현무(玄武)	斗牛女虛危室壁(두우여허위실벽)

224) 사구름: 사구금(四九金)의 오기일 수 있다.
225) 삼팔목……사구금으로: 하도의 원리에 있어서 그 방위와 십간의 의미를 오행으로 정리한 것임을 앞에서 말한 바 있다.
226) 건삼련……직히시니: 건삼련(乾三連), 곤삼절(坤三絶), 간상련(艮上連), 손하절(巽下絶) 등의 관계를 말하는 것으로 서로 깊은 연관성이 있으나 선천팔괘의 원리에 입각하여 방위를 정하는 것과 관련된다. 이와 같은 것들을 총괄적으로 정리하면 다음과 같다.

제로다 천황씨 지황씨 인황씨 유소씨 순인씨 한니 시위태고로다[227]
[67] 태호 복히씨 염제신농씨 황제 헌원씨 한니 삼황이라 소호 금천씨
제요 도당씨제순 유우씨 한니 시위 오제로다 천황씨는이 목덕으로 왕하
야 무위이화하야 형제십인니 각 〃 일만팔천 세을 살으시고[228] 지황씨
는 이화덕우로 왕하야 형제 십일인이 역가일만팔천세을 살으시고[229]
인황씨는 형제구인이 분장구주하야 범일백오십세한니[68] 합하여 오천
육백년이로다[230]

　　인황씨 이후에 유왈 유소씨가 집을 지어 풍우을 면한니[231] 고인들리
내신 법이라 그 때 그 시절에 나무을 버어서 봇탑을 메워서 삼월 춘풍에

괘명	괘상	상징	성정	관계	선천	후천
건乾	☰	하늘(天)	굳셈(健)	아버지	남	서북
곤坤	☷	땅(地)	순함(順)	어머니	북	서남
진震	☳	우레(雷)	움직임(動)	장남	동북	동
손巽	☴	바람(風)	듦(入)	장녀	서남	동남
감坎	☵	물(水)	빠짐(陷)	중남	서	북
이離	☲	불(火)	고움(麗)	중녀	동	남
간艮	☶	산(山)	그침(止)	소남	서북	동북
태兌	☱	연못(澤)	기쁨(悅)	소녀	동남	서

괘명	동물	신체	기관	오행	2^n
건乾	말	머리	뇌	쇠	111
곤坤	소	배	비장	흙	000
진震	용	발	심장	나무	100
손巽	닭	넓적다리	간	나무	011
감坎	돼지	귀	콩팥	물	010
이離	꿩	눈	쓸개	불	101
간艮	개	손	위	흙	001
태兌	양	입	허파	쇠	110

227) 蓋自太極肇判 陰陽始分 五行相生 先有理氣 人物之生 林林總總 於是 聖人首出 繼天
　　立極 天皇氏地皇氏人皇氏有巢氏燧人氏 是爲太古 在書契以前 不可考《十八史略》
228) 天皇氏 以木德王 歲起攝提 無爲而化 兄弟十二人 各一萬八千歲《十八史略》
229) 地皇氏 以火德王 兄弟十一人 易各一萬八千歲《十八史略》
230) 人皇氏 兄弟九人 分掌九州 凡一百五十歲 合四萬五千六百年《十八史略》
231) 有巢氏 木爲巢 食木實 始鑽燧 敎人火食 在書契以前엔年代國都 不可攷《十八史略》

땅을 갈라 검은 땅을 히계 하옵고 힌 땅을 검계한니[232] 씨종 지을였는
법을 내옵시고[233] 그 적에 사람이 먹는 법이 나무 열매을 먹고 사옵더
라[234] 그 적에 호인들리 사는 법은 농을 매자 정세을 하고 가죽을[69]
벗겨서 호인들리 예장을 하옵더라[235]

　그 적에 대해 바다에 배을 띄워서 돗대을 세우고 돗을 달아 *(낚)시을
던저서 고기을 잡으시고 사옵드니[236] 거북의 등에다 하도 낙서에 주역
팔괘을 니고 나와서 음양을 주별하고 신에 조화을 마련한니[237] 그때붓
터 날받는 법과 굿하는 법이 되옵시고 건남곤북에 이동감서을 마련한니
선천 후천을 분별 하야 천지 조[70]화을 알겨 하여슨니 천지 신명을 이
명당에 모세 놋고 축원 소리 자〃한니 제〃강임 하옵시고 수차공양을
하옵소서[238]　　　終

　산지 조종은 골윤산이오[239] 수지조종은 황하수라 함경도라 생길 적

---

232) 삼월 춘풍에 땅을 갈라 검은 땅을 히계 하옵고 힌 땅을 검계한니: 이는 우리나라의
　　관점에서 독자적으로 만드는 일종의 문화적 창조를 말하는 것이라고 할 수 있다.

233) [炎帝神農氏] 斲木爲耜 揉木爲耒 始敎畊 作蜡祭《十八史略》

234) [有巢氏] 構木爲巢 食木實《十八史略》

235) [太昊伏羲氏] 風姓 代燧人氏而王 制嫁娶 以儷皮爲禮 結網罟敎佃漁 養犧牲以庖廚
　　《十八史略》

236) 結網罟 以敎佃漁 故曰宓羲氏《十八史略》

237) 蛇身人首 畫八卦 造書契 以代結繩之政《十八史略》

238) 그때붓터 날받는 법과 굿하는 법이 되옵시고……수차공양을 하옵소서: 굿하는 방법에
　　대한 새로운 창조이므로 주목되고 동시에 수찰공양법을 만들었으니 불교적인 것과의 서로
　　융합되는 면모를 보이고 있어서 더욱 주목된다.

239) 산지 조종은 골윤산이오……그려슨니: 이것은 일련의 치국잡기로 고사반이나 지두서,
　　단련주 등의 고사소리에 있는 전형적인 대목이다. 이들의 내력을 중심으로 고사소리가
　　짜이는 것을 보여주는 구체적인 예증이 된다. 산은 생성하고 강은 배합하는 것으로 나타난
　　다. 그것이 각별한 의미를 가지는 것으로 보인다. 팔도명산의 살령을 차지하는 것과 다르며
　　이러한 상황이 생긴 것은 치국잡기의 문건과 산천도량의 문건이 다르기 때문에 생긴 현상
　　으로 보아야 할지 고민이 되는 부분이 적지 않음을 알 수가 있다. 위에서 언급한 것을
　　정리하면 다음과 같다.

에 백두산이 생하시고 칠봉산이 생하시고 발용산이 생하시고 치마전 알
에 독수당을 차려놋고 두망[71]강240)과 성천강이 배합되고 평안도라
생할 적에 묘향산과 양임산은 알록강241)과 대동강이 배합하고 황해도
을 차저본니 구월산과 수양산은 내성강과 제령강이 배합되고 강원도을
그릴 적에 금강산을 도라본니 내금강은 팔만사천 구암자라 외금강은 명
사십리 해당화라 구룡폭포 흐르는데 오대산이 배합되고 경기도을 차저
본니 삼각산은 호류잔 〃 한강수에[72] 임진강이 배합되고 경상도을 차
저본니 태백산과 소백산이 낙도강242)에 배합되고 충청도을 차저간니
곡라산 추풍*이금강에다 배합되고 전라도을 차저본니 무등산과 지리산
은 영산강과 동산강에 배합하야 팔도 명산을 그려슨니 놀이 노든 산영
님243)네 드러계신 이공남에 서기 강임하옵소서 終

[73]

極樂世界 寶池中244)

조선팔도	산 생성	강 배합
함경도	백두산 칠봉산 발용산 치마전 아래 독수당	두만강 성천강
평안도	묘향산 양임산	압록강 대동강
황해도	구월산 수양산	내성강 재령강
강원도	금강산 내금강 팔만사천 구암자 외금강 오대산	명사십리 해당화 구룡폭포
경기도	삼각산	한강수 임진강
경상도	태백산 소백산	낙동강
충청도	곡라산 추풍령	금강
전라도	무등산 지리산	영산강 동산강

240) 두망강: 두만강.
241) 알록강: 압록강을 이른다.
242) 낙도강: 낙동강.
243) 산영님: 산의 영혼이 있는 것이니 산신령과 같은 인격화된 형태가 아니고 그 자체로
각별한 의미를 가지는 것으로 일정한 자연산의 신격화된 형태이므로 주목된다.

九品蓮華 如車輪[245]

千江流水千江月
萬里無雲萬里天
天地造化一掌中
吉凶禍福都冊中[246]

---

244) 極樂世界 寶池中: 극락세계가 보배로운 연못에 있다.

245) 九品蓮華 如車輪: 구품의 연화대가 수레바퀴를 굴리는 것과 같다.

246) 千江流水千江月 萬里無雲萬里天 天地造化一掌中 吉凶禍福都冊中 천강에 흐르는
물에 천 개의 달이 비치고, 만리에 구름이 없으니 만리의 하늘이 있다. 천지조화는 하나의
손바닥 가운데 있으며, 길흉화복이 모두 이 책자 안에 있도다.

이찬엽 연행 〈산천굿〉(2016년 12월 11-12일)

01:06

갈 적에 보면 상도로다 올 적에 보며는 대체로다
상도가 저 대체라 여내 돌아서 오게 마나
어와~ 어와나~ 황천 간 금일 망령은 세왕을 가오

이래로 저래 가면은 언제나 오나 저래로 이래 가면은 다시나 오나
집 앞으 선 새냉기가 이 오실 적에 돌아오라
어와~ 어와나~ 황천을 빌어나야 세왕을 가오~

이없은 하누임아 제발 제발(촛불을 켜야 돼! 촛불 키고 향불 키고! 초
키고 향 키고! 어디까지 했냐) 제발 제발 내게를 열쇠 한 장을 빌래시오~
그 열쇠 한 장으르다 다 빌래 주시믄은 열시왕 치군문을다 개문을
하오~
어와~ 어와나~ 황천 간 금일 망령은 세왕을 가오

저 중천 하나 간으다 팔배재 떴소 게 어째 허시자드나 새배잰가
그 배재 한 쌍으르다 살펴도 보시니야 그 어정쩡 X씨로 두 양주가
잽혔새라
어와~ 어와나~ 황천을 빌앴나야 세왕을 가오

황처사 된고개르다 울고나 냉게 지달령 화추나고개도 아주나 냉겨
황처사 된고개르다 냉겨도 가실 직에나 그 고개 도바주던 삼척으 동자
어와~ 어와나~ 황천 간 금일 망령아 세왕을 가오

황천 간 대동수르다 울고나 건네 임진강 모래원으다 마주서겐네
황천 간으 대동수르다 건내도 가실 적에 그 다리 도바르주던 월천으
갑장
어와~ 어와나~ 황천을 빌어나야 세왕을 가오

차재야 모세 나와소 도랑으 선배(아니다야)
차재야 모세와서 불그나선배 또하나 모세와서 성청으 각새
노대이 없소사 불그나 선배 어와~ 어와~ 세왕을 가오

갈적 보면은 감노왕사재 올적 보면은 인노왕사재
노대이 없소사 감노왕사재 어와~ 어와~ 세왕을 가오

기미 차지는 불그나선배 홍이 차지는 청정으각새
노대이 업소사 불그니양주 어와~ 어와 세왕을 가오

(아이 안 하지 오르갔다 내려갔다 한다 오르갔다 내려갔다해)
금일 망령은 골차진사재 현고학상은 살차진사재
노대이 업소사 몸차진사재 어와~ 어와 세왕을 가오

X씨 양주는 대도랑사재 두 양주는 댄도랑사재
노대이 업소사 소도랑사재 어와~ 어와 세왕을 가오

금일 망령은 소도랑사재 현고학생은 은도랑사재

노대이 업소사 놋도랑사재 어와~ 어와 세왕을 가오

금일 망령은 한도랑사재 현고학상은 두도랑사재
노대이 업소사 삼도랑사재 어와~ 어와 세왕을 가오

금일 망령은 초막혼사재 현고학상은 이막혼사재
노대이 업소사 삼막혼사재 어와~ 어와 세왕을 가오

서른 대자는 초중이사재 마흔 대자는 이중이사재
신 대자는 도방 빌어 삼중이사재 어와~ 어와 세왕을 가오

열두시왕이 오시는 질은 오실 줄 알면 마주 나가오
어와 사재님아 살문 없이 하망 없이 나 떠나서오
어와~ 어와 세왕을 가오

열두 폭으나 높으나 채일 여들 폭으나 넓으나 팽풍
어와~ 시왕귀졸이 좌정을 하오
어와~ 어와 좌정을 하오

시왕도상이 전작을 하오 잡으신 잔에 세주나 잡소
홍세주는 청세주는 황세주를 다
어와~ 어와 세주나 잡소

높은 잔차는 열두나 잔차 낮은 잔차 오부진상
열두진상 만반진식에 일배주하오
어와~ 어와 세왕을 가오

시왕도상이 나서지마오 시왕귀졸이 서립을 마오
천사만사 다물래라 기밀전장에 시왕이 세오
어와~ 어와 시왕이 서오

말명 따라 우리루 선상 도술 넘어 우리루 공자
노대이 업소사 도청문선상
어와~ 어와

(말)
발원이오 발원이오(불 때고 와라)
발원하시는 뜻이외다
그 애찌사 그게 어쩌자는 뜻입니까
원할 원(願)자 내 생(生)자요 지 도(道)자 글 삼제를 새겨내니
원앙상도 발원이요 생진병작은 사장매환이요 여지빈산록은 신선로라
팔로귀왕은 해소개라 팔마제장으는 삼관암이오
이십삼대는 사관암이라 삼십오대는 팔관암이라
구품 돈전 지오애미타불

(노래)
나무를 타다 중원이요

(말)
에~ 지오왕도 강당님으는 서기중천에 단구돌아
사후발원을 부르시니 사후에도 통발원입니다
통으는 갑으르 삼팔목이오 저 동방에 청룡황이라는 뜻이외다
각색만물이 저 동방에서 생하오시니
지국씨 천황님아 (장단) 오르사재를 알으소상

(말)

에~ 남발원을 부르시니 저 남방으는 병정은 이칠화요 이화산에 불
이라는 뜻이외다

자연만물이 저 남바에 서서 생하오시니 김장씨 천황님아 오르사재
알으시고 서발원 불으시니 서방은 경신은 사구금이오 태금산에 수
래이라는 뜻이외다

축생만물이 저 서방에서 생을 하오시니 광목씨 천황님아 오르사재
알으시고

북발원 부르시니 인계는 일륙수라 감술산에 살모로다 두렵다 비새
문 연에 돌아 망령이 가시는 길이로다 다문씨 천황님아 (장단) 오르
사재 알으소사

(말)

에~ 중발원을 부르시니 중앙 무기 오십토라

우리 인수 인간으는 흙에서 나서 천상질을 났더스면 흙으로 대비 돌
아가는 법이외다

증장씨 천황님아 오르사재 알으시고

천자는 구만리요 동서는 일월문이라 남북은 허활루라 각항저방 신
미기는 두우여혀 위실벽이요

규류일수묘필자참은 정규위성은 장익전이라 스물에 여덟자를 새겨
나니

하날으는 다 세밀으 삼척이오 서른셋 하날이 되옵시고

이 따임으는 스물여덟땅이 되옵시니 천지창지 문안천지 세밀삼천
휘어올라

나무풍덩 정주간이라 대세전아 선금불 부처님아 태상녹이 황애여래
수판보살이

(장단) 알으소사

(말)

에~ 지하발원 부르시니 이 따임은 이십팔수 스물에 여드래땅이오

지주에 잼겨차는 성음인데 동해 강등용왕 동구천자가 알으시고

임발원 부르시니 인간 땅 차재하던 당태조 세민황제 돌궐천자가 알
으시오

황천발원 부르시니 (장단) 황천지부가 알으시오

(말)

에~ 명부발원 부르시니 저대 명부에 열시왕이 알으시고

시왕발원을 부르시니 가셨다 금일 망령이 알으시고

오 사후에 발원에 다 올렸습니다

정든 등각은 각심서라 일월명춘은 지하에 황해여래가 알으시고 사
후에 문초법을 올리시니

동방으는 푸른 산에 청모초에

남방으는 붉은 산에 홍모초라

서방은 백사에 백모초요

북방으는 흑사에 흑모초라

중아 그림 바라보니 누른산에다 (장단) 화초영산

(말)

에~ 사후에 문초법이외다~

일방 이방 열두방에 문초법을 다 올리시고

금일 망령으는 사불복삭을 시기실 적에

원죄원귀는 줄이왕은 태상명월에 청강유월이오 천하지중은 무상타가

무사망월은 상사재라 미진고양 연주고양 합지고양 재미고양 **고양

촛불고양 실과고양이요

연고양은 대고양이요 다른 고양이도 대고양이고 실기고양도 받으

시고

오늘 다 채수고양도 받으시고~ 육고기고양도 받으시~고 이 고양

저 고양 다 올리시니

공심은 처자로당 해동 내려 조선국이오 건에 올라 육정채 곤에 올라

팔정이라

대 내려 석가대요 미륵님전은~ 공중대라

칠성님전은 일월대요 제석님은 채마전이오

대가님전은 마랑전이라 나라임전 승진땅이오

만백성으는 축진땅이라 높이 놀아 (장단) 충청남도 천안시던가 서북

구라

(말)

에~ 선정동이오 선영은 10길인데 X-XX번지는 XX빌라 X층이 되옵

시니

가중으는 X씨요 X씨로 가중이오 궁전으로는 (장단) X씨 궁령~

(말)

에~ 오늘 다 금일으 정성으는 망령으 실상의 놀입니다

망령 놀이를 올리실 적에 망령은 잔채도 한 번 못 하고

그래 가시니 망령의 잔채하로다 이 잔차 저 잔차 망령의 잔차를 올

리실 적에

망령으는 X씨로 두 양주가 (장단) 분명하구나 정배하오

(말)

에~ 웃장귀는 천하를 울리시고 중천에 번지는 제금의 소리 제개비

띠는 소리 허공 중천에 염불소리 창천하고 말명들으 성악소리가 이

십팔수에 쟁겨찬 성음이오

다름에 원정이 아니고 이 정성 금일 망령이 가실 적에 X씨 두 양주
가 다 잽혀서
정남정백 요지숙녀로다
나무애미타불 (장단) _*************

(말)
에~ 천지천지 분한천지 금세상에 X씨 두 양주 탄생을 시기실 적에
당남하사 일흔남자 삼천하니 호골군자가 되옵시고
X로 요지숙녀다 정절부인이 나실 적에 이 따임에 산천에서 묵힌 사
람 나오시라 하며
어머님전 살을 빌고 아버님전 **뼈**를 빌어 금세상에 탄생을 시길 적에
어머님 태중에서 두 양주가 한두달에 해를 들에 사마석달에 혈수를
모다내고
풀잎으 이슬처럼 혈수를 맺어내아 넉달에 사승을 치고 다섯달에 반
짐을 걸고
여섯달에 그 밑천가 일곱달에는 이하족이 생기시고 여덟달에 옴포
가 돋아나니
머리 우에 골짜기도 없고 온 몸 이신전신이 다 생겼소
아홉달에는 푸성을 걸고 열달 십삭이 되옵시니 그 아이 전신이신이
아름아름 매감조감 매감조감 하옵더라
그 저기 금생이 탁기시기(나 물 좀 줘) 그 적에(물 좀 줘라 물 좀) 그
적에(야 이 꼬깔이가 왜 이리 덥지? 땀이 나 죽겠네 응?)
그 적에 금상의 탄생을 시길, 잘 먹고 잘 사는 양반들 탄생을 시길
적에는 인간 구실 잘 할 사람들은 선선하게도 시기(귀신이 *** 왜 누
가 온 것 같지? 왔다 갔다 왔다 갔다 한다)
탄생을 시켜노니 금상의 탄생에서 골으는 창골이오 낙으는 창낙이
고 사대일신 수족이가

편치 못 하고 정신정신이 온전치 못 한 사람으는 일만칼로 쏠으시오
(장단) 억만칼로다 거애시다

(말)

에~ 억만칼로 거애시고 억만창으로 거애시고 일만침으로 찌르시니
일생에 태어나서 못 살 사는, 못 살 사람들은 그러는 법이오
금상에 X씨로 두 양주 산천아이 호걸군자 요절숙녀 정절부인 금상
에 탄생을 시켜내니
금부석으로 받아내야 은부석으로 눅혀놓고 젖은 옷을 던져놓고 마
른 옷을 갈아입혀
그 아이 곱게 곱게 양정을 시킬 적에
어머님으는야 그 아이를 기를 적에 이것저것 이것저것 아무께나 다
잡수시고 가슴에 지름을 **빼어서** 그 아기를 멕이시니
아기는 그 적에 부들부들 영글어지고 일신이 부들부들 양정을 시켜
내니
그 적에 어머이는 다 일신이 삭아지오
사대 일신이 삭아나지오 (장단) 일신전신이 사석어지오

(말)

에~ 그 아이 그 적에 초한살이 되옵시니 초한살이 되옵시니
부모은공을 알을손가 초두살이 되옵시니 에~ 부모은공을 다 알손가
초 다섯이 되옵시니 저 강남서 나오시던 큰 손님 적은 손님 혼디닫
두 열 손님
고이 가꿔 별상으 대감님 소별상으 대감님 대별상으 대감님이다
오늘 다 연지 딱 분지 딱 연꽃분꽃, 연꽃이오 분꽃이오 고이 가꿔
보내시고
여들살이 되옵시니 독시당을 꾸며놓고 동몽은 선습이오 천자는 이

합이오 논어 맹자 선신 대신에 팔만대장경에 사적초권을 다 떼시니
X씨로 호걸군자요 X 요지숙녀로다 천지능통을 다 (장단) 일만능통
을 하옵데다

(말)

에~ 그런 저런 세월을 지내노는 삼사는 십이는 열두살이 되옵시니
삼오는 십오요 열다섯이 되옵시고 열여들살이 되옵시니
정남정녀는 법이로다 독수공방에 무릎 안고 혼자 늙으라 상홍제앙
이 없지않소
어진 가문에다 호연답장을 올리실 적에 마루 이짝에 매패어무님이
오 마루 저짝에 매패아부님 계시오 호인답장을 올리시니 초연초말
은 허사가 되고 이연말은 반허락이고 사분말은 참허락이 지어내니
참허락을 받으신 후에 사지답장이 오가고
서생연 금생연이래요 천생연 동백연의 연꽃으 속에 서삼패기는 숭
얼숭얼 웅얼웅얼 아름아름 끝이 없이 피어 무어들어
천년배필 백년이연 지으실 적에 금수이불에 원앙금침에 베필을 청
실홍실 맞잡아 묶어나양
거드는 두 양주 이남 땅으 부산에서 이연지속 필연지속 (장단) 천년
배필을 가지었소

(말)

에~ 엄중한 세월을 만나서 제 고향 남을 주고 남으 고향 내 집 삼아서
앉아누워 자손들을 서립하고 일독 앉아서 세간을 서립하고 들어누
워 채권 내 채권을 서립하고
구비고상 갖은고상을 다 겪어가며 살아가루 가옵적에
확시로 두 양주 어떤 고상이든 아니하겠소
사십오남(아니 오남이지 오남매가 아니라?) 육남매 육남매를 나서라

살아를 가올적에 어떤 고상을 아이했소 어떤 고비를 안 겪었겠소
그르게 모진으 강풍을 마나 모진으 풍파를 만나고
신의 풍파를 만나 조상으 풍파를 만나 육남매 설립을 다 못 하고
그래 사셨어도 금상에 태어나서 (장단) 곳 같이 잎 같이도 나부 같이
도 살았소다

(말)
에~ 두 양주 그적에 X씨 대주는 나이가 그만인지 운맹이 그만인지
횡사에 걸렸는지
청급바에 급살을 맞았는지 황천지부에서 백채가 내렸는지 앉았다
섰다 그 길을 못 대가고
심장이 나빠서 그 자리서 운맹을 하시고
그적에 X는 요지숙녀는 육남매 서립을 하시다가 금생으 백년에 다
못 살고 금생 천년에 다 못 살고
나부 같이 새 같이도 구름 같이도 떠나셨소

(말)
에~ 그적에 시왕백채가 내리더내만 열시왕에 시왕기다 분부를 내리
시니
황천사자야 철관사자야 우두사자야 좌두사자야 금도랑 놋도랑 은도
랑 사재야 대도랑 중도랑 초마혼사재 이마혼사자 아 열두사자가 뜻
을 몰라
아 그저 내씻기시니
열두사자 뜻을 몰라 어쩌가겠소 성을 몰라 어쩌가오 (장단) 명자를
몰라 어째가오

(말)

에~ X씨 두 양주 잡을라하니 성을 모르고 뜻을 몰라 못 가자니

타국땅에서 살던 사람이 조선국에서 어찌 운명을 하셨다고 조선국
사재가 어찌 잡겠소

그 길을 못 따라 가오시니 황천지부에서 행필부 동동이다 죄목부 동
동이다 죄상부 동토이다

아 열두 동동이 죄목죄상을 다 풀어놓고

금상에 글재는 흰 조이에다 검은 필목이오 누른 전상으 글자는 누른
지에 붉은재 혈묵인데

그 혈묵으 자리다 뜻을 풀고 성을 풀고 명자 풀어서

성명 삼자요 성명으 일곱째를 뚜렷히 도 (장단) 풀어놔나서 열두열
자를 다 풀었소

(말)

에~ 열두사재 삼사재가 성명삼재 품에 푸였고

누 영이라고 지채하겠소 뉘 분부라 거역하겠소 헐 수 없는 사정이오
갈 수 없는 사연이라

오늘다 사재가 산으 다섯 고개 다섯 영을 다섯 골을 다섯 말을 다섯
고개 다섯이다

아 굽이 타서서 열에 열다섯이오 스물다섯에 다는 것을 금일 망령에
세영산천에 단곡하야

한 산천으는 중국의 산천이오 또 한 산천은 일본 산천에 당진하야
물을 건내 땅을 타서 백깃발을 디려놨소 홍깃발을 꼽아났소 청깃발
로 찍어놓고

백망사다를 찔러놓고 X씨 두 양주 잡으라고 한 사재는 배재들고 한
사재는 쇠뭉치를 똘똘말아 쥐어놓고 한 사재는 오랑사슬을 빗겨차
고 활등같이 굽은 길로 쇳등같이 너른 길로 살대같이 달려들어 원주

시 X씨 문중 마당전에다 (장단) 당진을 하오

(말)

에~ X씨네 뒤에 당진을 하니 수문장은 서인인가 수문장 대감님이
수문장 각시가 막아서고 나뗬으며 하는 말이
여기에 우리야 치정마전에 어째 색다른 행객이요 어째 색다른 행객
이 본다른 행객 빛다른 행객이 어인 일로 온단 말이오
이래야 날벼락같이 엄명을 치고 호령을 하니 사재가 하는 말이
X씨 두 양주 황천지부에서 전상백채가 내렸으니 시왕거둥이 내렸소
다 (장단) 명부 거둥이 내랬소다

(말)

에~ 그래야 아랫시고 알겠으니 수문장 서인님 막아서고 수문장 대
감님 막아서고 대문각시가 막아서니 사재가 연세미 수세미 아비를
그 대문 밖에서 고양 서서 앉지지도 못 하고 서지 못 하고 이리저리
빙글빙글 도옵시다
그 아홉에 이튿날에 하루아침이다 남자에 문병꾼이 문턱을 들어갈
적에 헛기침 소리 세 매디 울리고 문을 열고 들어갈 적에 검은 옥술
로다 도복자락에 이리저리 세메들어 문지방을 넘소이다 (장단) 대문
전으다 넘소이다

(말)

에~ 오방동뜰이다 대청이다 아 들어서서 동뜰에서 대영막을 들여놓
고 백깃발을 내려놓고 청깃발을 내려놓고 홍깃발을 치실잡아 돌려
놓고 황깃발을 줄줄이도 꼽아놓고
마당전에다 횡틀행장을 목 맥시도 채리를 놓니
그적에 한도랑 사재 첫도랑 사재는 토공대를 몽채다가 몽채몽채 들

어다가 토주전에 던지시니 토주가 우는 소리가 자지래져서 울음우
는 소리가 구만장천에 상천을 하오

토신이 난동이 되고 지신을 발동시개 놓니 방문전에 드장하니 호롱
장군님이 잡아서고 방문전에 들어서니 조왕각시가 막아서고 대청전
에 드자하니 성주대감이라 성주판관이라

울음을 울고 난리를 치니 우리야 지정에 무슨 일이오 어떠한 행객이
오 숯 다른 행객이오 색다른 행객 본다른 행객이오

너의 집에 그적에 너의 집에 인간 하나 낙점시킬라고 아홉해를 두고
수해변해를 드랬더니 그 어찌 몰랐더냐 성주판관에 성주각시가 나
떠세매 하는 소리가

우리야 가중에 그 험한 말이 웬 말이오 무섭단 말이 웬 말이오

울음을 주고 소래소래 질러놓니 그적에 사재가 하는 말이

너의 집에는 인간 하나를 낙점시키자고 한해두해를 두고 수해변해
를 드렸는데 그리도 몰랐더냐

호주가 가자하면은 대청 용마귀가 울어뵈는 법이고 가모가 가자면
은 가매등이 울어서 이렁이렁하는 법이고 일가제족 문중이 안 잊어
버릴라면은 오방동뜰에 닭의 짐승이오 축의 짐승들이가 이리저리
난동을 부리는 법이고

그 어찌 몰랐더냐 사재가 엄명을 하고 (장단) 엄명치면서 소래치나

(말)

에~ 문을 내오 질을 내오 어서 배삐 질을 내라하니 성주판관이 이
질을 못 내는 질이외다 성주각시가 이 질도 못 내는 질이로다 대성
령에 울음 울으니

그적에 초중이사재하는 말이 여봐라 인간 낙점 시기자는 천상명부
에 시왕에 엄명이 떨어졌는데 너희 어찌 그 말을 아이 들을소냐 어
서 바삐 질을 내라 하니 성주판관이 질을 내니

초중이사재 이중이사재 삼중이사재는 병석에 들어서니 침석을 살펴
보니 어두침침 빈 방 안이요 광창에 밝은 달에 월명사창에 떼구름이
새긴 듯이 아이 보이기 시작하고 머리맡에 떠논 냉수는 침석에 살펴
보니 (아이고 힘들어) 살펴보니 시글락 달락 달락 시글락하니
내 자손들이 출입이 잦고 망령이 하는 소리 (장단) 부르나니 어머니
요 냉겨노니나 냉수로다

(말)

에~ 사재 삼분이 이짝저짝 저짝이짝에 삼발락에 갈라 앉아 초중이
사재는 머리 전에 앉아서 혈맥을 거둬서 오낭에 놓시고 이중이사재
는 허리 전에서 오장육부의 혈맥을 거둬서 오낭에 넣시고 삼중이사
재는 바지 전에 다리 전에 혈맥을 모아서 오낭에 넣으시고 이리저리
혈맥을 다 거둬서 오낭에 모두시니
망령으는 금상총기가 (장단) 잦아나지오 천상종기가 밝아진다

(말)

에~ 금일 망령에 태성력이 울음을 울면서 천상종기가 밝아오니 사
재가 엄명치며 하는 말이
여봐라 전상질을 들자면은 이 질을 가자면은 금 세상에 목숨이 떨어
지고 숨이 다 떨어졌으니 너여 어째 빨리빨리 나서거라
그적에 쇠뭉치로 한 번 잡아 내려치고 두 번 두 번 잡아 내려치고
세 번 잡아 내려치고 오랑사슬로 똘똘말고 사슬을 끌어서 망령으는
천상 몸이 되어가고 황천객이 되어가니
금일 망령으는 사재를 붙들고 애걸복걸 애걸복걸 우는구나
사재님아 사재님아 날 데리다 무엇하오 날 잡아다 무섭다오
어~ 쪽박에 밤 줘 담듯이 자세히 이리저리 살래놓고 조막손에 쌀
쥐어서 해체놓듯이

저 새끼들 다 해체놓고 어데를 간단 말이오 내 백년 내 체자를 누한
테 맽기고 이 질을 나선단 말이 웬 말이요 죽는단 말이 웬 말이요
사재님이 하는 말이가 여봐라 금 망령 너 들어라 나라임이래도 내
손에 잽히면은 할 수 없는 사정이고 할 수 없는 사연이다 한 식경도
지체마라 두 식경도 지체마라 세 식경도 지체마라 늦장말고 금상에
더 지체하면은 (장단) 죄목죄상만 늘어진다

(말)

에~ 사재임이다 등을 밀고 손을 끌고 이리 끌고 저리 끌고 사면제촉
을 해서 날래 가자 배삐 가자 죄목죄상만 늘어진다 하옵시니
망령은 천상 몸이 되고보니 내 새끼들 다 그립던 내 자손들 다 어데
다 두고 가겠어
그적에 울음을 울며불며 끌래가니 신체장체는 웃방에다 모시고 동
에는 머리 놓고 서에는 발을 놓고 천그물을 들여 덮고 지그물을 깔
아 놓고 흔다임 세매끼 선다임은 네매끼라 일곱매끼를 묶어놔야 하
명석을 들여 놓고 사이사이 늘어놔서 칠성판이 널판이요
맨모는 악수에 손톱끊어 노다놓고 머리끝이 꺼다 노다놓고 숨구멍
을 틀어막고
신체장체를 올레놓니 초장례를 씨기실 적에 뱅풍으로 둘러치고 행
로행합을 갖춰놓고 입던 저고리 벗어내여
치부 추여 끝에 올라가서 첫 매디를 부르시니 하느님이 알으시고 두
매디 부르시니 이 따임이 아르시고 세 매디를 부르시니 복호복호 삼
복호야 금일 망령 오빠나가시라고 (장단) 황천지부가 알으시나

(말)

에~ 망령 부른 소리가 구만장천에 장천을 하고 그 이튿날에 입관례
를 다 씨게놓고 바른 낯짝에 쇠회칠을 씨게놓고 입에는 찰밥 세 바

리를 접시밥이요 넣어라놓고

상당비 상주들이 다 맏상주으는 짓을 잡아서 입혀놓고 여상주들으는 말기 잡아 둘레놓고 오늘 다 금테를 씨케놓고 상당 막대를 집혜놓고

아부님 대는 대낭기대요 어무님 대는 아~ 버드낭구대를 다 갖촤놓고 망령 입관례를 갖춰노니

우리나라 금주님의 관으는 오동낭기 칠관이 되옵시다 만백성의 관으는 선소냉기 외통집에 당신 일신 모셔놓니

옛날옛적에는 사흘만에 운기 운구를 시기실적에 소낭기 대처에 피낭기 운각이요 피낭기 대처에 소낭기 운각이다 이 운각에 저 운각에 열두나대를 들여놓고 앞에는 붉으나 명정이요 뒤에는 백망사대를 둘르시고 공포 만장을 앞으로 뒤로 따라서 열두당군이 차산중 들어가건만은

그적에 어저는 이제 금 세상으는 개화가 되고 보니 영구차에 사흘만에 운구를 시기시고 산천을 들어가서 옛날 옛적에는 천년 횟집을 디레놓고 백년 석집을 디뤘지만 지금은 세맨이다 공고리다 백돌로다가 이래저래 이짝저짝 사방 외칸을 막아노니

그적에 뫼등을 올려놓고 등지에 상석을 디레놓고 비석을 세워놓고 행로석을 디레놓고 촛대석을 세워놓고 망령은 삼혼 칠혼 전에 둒아놔야

한 혼전으는 뫼등에다 놓고 한 혼전으는 천상을 가고 한 혼전으는 상청을 지키고 칠혼전 주에 는 내 혼전으는 하나는 짐승되어 날아가고 또 하나는 축이 되어 날아가고 또 하나는 새가 되어 날아가고 또 하나는 벌기되어 날아가고 한 혼전으는 전상질을 (장단) 나떠나서 금상질로다 받드서오

(말)

에~ 이 질 저 질 가실 적에 망령으는 앞에는 신지개요 뒤에는 도지개요 대절목에 대칼을 씌우시고 말방새를 씌우시고 수갑새를 들여놓고 오라 사슬을 비켜놓고 사재를 따라서 X씨로 두 양주 전상질로다 (장단) 들어가오

51:40

(말)

에~ 전상질로다 들어를 가니 이 차지 저 차지 대차지요 열두나차지입니다
금번 차지는 불그나선배 차지요 기메차지는 영산각시가 (장단) 차재로다

(말)

에~ 불그나 불그니오 영하다 영산으니
이 평생 부부연분 갖촤서 산다고 하십네다
불근선배 근본이느나 어디매 근본이오 선간낙춘이 분명을 하오
선간 옥황님전에 맏재자 계시다가 하룻날에는 베릿돌을 나르시다가
베릿돌을 지하국에 떨궜더니 사 동각이 났더라
그 죄로다 지하국으로 귀순정배를 내리실 적에
영산주 고개 밑에 화덕장군에 후생으로다 (장단) 탄생하오

(말)

에~ (나 더버서 이것 좀 벗고 할께. 봄에 해야지.) 아하~ 탄생을 하옵시니 (나 왜 덥나했다. 목도리를 하고 있어서 더워서 왜 덥나 왜 덥나 왜 이렇게 덥나 꼬깔을 써서 덥나 뭘 해서 덥나 했더니 쎄매갖고)
어허~ 탄생을 하옵시고 오대독자 외아들로 탄생을 하옵시니

영산각시 근본이던 그도 선간낙출이 분명하옵더라
옥황임전에서 아침이면 세싯대요 전나지면 양축이라 저녁이면은 자
리끼를 나리시다가
세싯대를 지하국에 떤지시어 사동각이 났더랍니다
그 죄로 사재님 전 득죄하야 지하국으로 귀순정배로 (장단) 내레왔소

(말)
에~ 불치 고개 밑에 후토부인의 여식으로 탄생을 하시니
불근선배는 초 삼세라 당진하니 저 강남서 나오시던 대별상 소별상
큰 손님 적은 손님 고이 가꿔 보내시고 초 다섯에 되오시니 독서당에
꾸며놓고 큰 선생을 들여놓고 적은 선생은 모셔놓고 글 공부를 시작
을 하니 천자야비요 동몽은 선습이오 대학은 수학이요 논어 맹자 소
학 대학을 다 내여 글공부를 모시던 모신 선배라 (장단) 하옵데다

(말)
에~ 십사세라 당진하니 어여는 후옛날에 혼기가 다 채웁니다
그적에 혼사말을 들리오니 불치고개 밑에 후토부인 여식이 요지숙
녀로 정절부인 감으로 잘 자란다는 말씀을 들으시니
불근선배 아부임부 혼사말을 드립니다 마루 이짝에 매패아부임 마
루 저짝에 매패어머님
불근선배 나이 열네살에 청춘이오 영산각시 나이는 열에 여섯에 열
다섯에 청춘임니
첫말을 들여 붙이시니 막설이요 두말 들여 붙이시니 반허락이 삼하
세번을 들여 붙이시니 (장단) 참허락이 다 떨에졌소

(말)
에~ 불근선배 아버님으는 영산각시 납채 가실 날 불근선배 장가 갈

낼을 고를라고
신랑신부 올랑 오실 날 가실 날을 고느시자고
일원강 이원강 삼원강 세 다리 열다섯 질을 내서 이 고비 저 고비
이 모를 저 모를 다 넘어서
선생님 댁을 찾아가서 재필방에 넘어 안즈며 은돈 금돈을 내어놓고
사주판단을 궁합으르 가려내아 신랑 신부 올 날 갈 날을 고느시고
천기를 고느시고 일저
만세력을 내어놓고 백중력을 들여놓고 천세력을 굽어놓고 무근역세
햇역세를 들쳐놓고
외손금 들이접고 바른손금 내집어서 궁합을 가려내니 임술 계해는
대해수요 갑자 을축은 해진국이라 금가무리 생하시니 사연 좋기가
(장단) 한쟁없소

(말)

월광에는 달을 골라 일광에는 날자 집허 원아 원자를 골나내여 납채
가실 날이는 삼월삼짇날이 분명허고 납포를 갈 날이는 사월초파일
이 분명을 허고 불근선배 장개 갈 날 올 날 영산각시 올 날으는 칠월
칠석날이 청날이 떨어지니
영산각시 시집을 오실 날을 받어가지고 불근선배 아부임으는 한 모
로 두 모로 모로모로 당진을 하여 두 모로 당진을 하서 집당이라 당
진을 하고 당진을 하여
한두달이 되옵시니 납채를 갈 날 납포를 갈 날이 기영기영 당진하니
무얼무얼 갖추실까
해뗬다 일광단이요 달떠서 월광단 물명주 갈명주요 북포 세포는 청
북포라 아 붉으나 홍대단이요 푸르나 청대단이 누르니 황대단이 희
라니 백단인데 경모시 세모시요 이피 저피는 삼만동을 다 삼백동에
다 갖촤서 글함에 글롱이 홍보를 들여싸고 청보를 들여싸서 돈백연

연꽃 속에 요지 답장을 써서 넣고 홍단청단 넣어 글짐을 부리시니
우리의 양반의 예장이 분명을 하고 불근선배는 새벽 조반을 접수시
고 선행차를 나서고
불근선배 아부님은 후행차로 차리시고 하인 부러 그 짐 지어서 얼매
만치 얼매만치 모로모로 이 모로 저 모로 당진을 하니 영산이 댁을
당진을 해서 (장단) 대문전이다 놔더 서서

(말)

에~ 영산이 댁에 당진을 해서 대문 전에 놔더 서니 과연 양반댁이
분명을 하오 열두나 대문이오 열두나 담장이라
그덕에 마루 넘어 방중을 들어가서 여덜푸 평풍에 화초병풍이오 돗
보전을 내려놓고 연등 금등을 켜서 놓고 큰 상을 배설을 시겨놓고
자내쌀을 내어 서되서홉 가차 수서 쌍 촛대에 불을 밝혀 큰 상 배설
을 받은 후에 글짐을 부리울제
청단 그릇이고 홍단은 배차노니 해떴다 일광단 달떠서 월광단이요
물명주 갈명주는 청북포요 북포 세포는 갈포로다 아 옛등포로 붉으
나 홍대단 푸르나 청대단이요 희나니 백단이고 누르나니 황단이라
경모시 세모시 이피 저피는 삼만동을 못 보내시고 삼백동을 다 갖채
서리 불근선배와 불근선배 아버님은 거기서 하직을 하고 집당으로
돌아를 간다 (장단) 집당전으로 날어간다

(말)

에~ 불근선배는 아부임 댁이서 장개 갈 날을 기양기양 당진하니 무
얼무얼 갖추실까
백년화초에 연꽃 속에 긴 정매 짜른 정매 관대 관복이오 목화요 사
모요 이모저모로 어수요 다 갖채서 손에는 홍선이요 속에는 도복이
요 갈매를 무엇하고 마하인은 마상을 채리시고

불근선배는 마상에 오르시니 대문 전에 났더서며 백채소리 들어치며
냉병사는 무인지경에 이모저모 당진을 하니 영산이 댁에 들어서야
과연 양반댁에 문전에 들어서서 대문전에 들어가서 안당을 들어서
니 휘장 천장은 오만장을 펼쳐놓고 대동뜰 여덟폭에 화초는 병풍을
펼쳐놓고 돗보전을 늘여놓고 그 큰상 배설을 하시고 치연을 들일 적
에 청닭이다 홍닭이다 왕밤대추요 청솔가지에다 댓가지에다 청실
묶어 놓고 홍실 묶어 놓고 치연을 동백연인 연꽃 속에 이마만치 갖
춰놓고 치연을 들이시니
영산각시는 칠보단장을 시기시고 녹의홍상을 차래입고 연화여례 신
으시고 활옷을 들여입고 족도리를 머리쓰고 금비녀를 들여찔래서
큰 댕기를 들여놓고
불근선배는 이연주를 드리시다 이 술 석 잔을 드릴 적에 이 술을
마이는 뜻이는 그대가 내 가문에 올 적에는 내가문을 봉송을 하올
적에
첫째는 세영에 봉제사를 잘 올래야 하고 둘째는 부모임전 공경을 잘
올려야되고 셋째는 부부의 영화로다 상남 중남 상녀 중녀 다자손이라
치영법을 올리시니 영산각시는 그 술 석잔을 마이시고 영산각시는
금포주박에다 술 석잔을 부어서 불근선배를 드리우니 불근선배 그
자리에서 그 술 석잔을 받아마이시고 금포주박을 청실홍실로 드려
엮어놓고 단자를
그 단자를 적을 적에 영산각시가 불근선배 단자를 받아보고 그적에
답장을 올리시니 불근선배가 펼쳐를 보오시니 되레 탐복을 하는구나
여자의 몸으로 글솜씨가 나보다 배승하니 나는 소학 대학이오 천자
이합을 다 떼고 팔만대장경을 읽으신 선밴데 어쩨 한낱 여자의 글솜
씨보다가 나같은 정한 선배 글솜씨가 못 하는구나
여자의 글솜씨가 나보다 배승하니 이래서는 못 쓰리라 그 길로다 집
당을 돌아서서 양친 부모임전을 모세놓고 아뢰는 말이가 (이 참 모지

래미야. 보면. 지보다 글 잘 쓴다고 산으로 가는게 어딨니)

영산각시 글솜씨가 나보다 배승하니 이래 어찌면 좋소 내가 글을 하고 학식이 있는 정한 선밴데 이래선 안 되오니 나는 금상절로 올라 가겠다 하니

아부임이 하는 말이가 남아일언천금이 뱉은 말 도로 담지 못 한다 그러니 어찌겠느냐 세운 뜻이고 세운 국이니 너 세운 뜻이고 세운 국을 어찌 다 까무게겠느냐 어찌다 치우겠느냐 글랑 그리하라 선선하게 허락을 하옵시고

그전에 불근선배는 행장을 치어서 청도복을 입고 머르 위에는 백끈을 둘레쓰고 초립을 얹으시고 홍선을 손에 들고 책보를 옆에다 찌고 신사당에다 하직을 하고 부모임전에 편히편히 지우시라 하직으 인사를 올린 뒤에 금상절로 가옵데다 차산중 들어가서 금상절을 당도하여 선생님 전에 인사를 올린 후에 금상절 주지중전에서 글공부를 시작을 하야

참삼년을 글공부를 하였더니 그적에 선생임이 하는 말이가

여봐라 불그나 너 들어라 너가 삼년 석달에 천일 공부를 당하였는데 공부가 그만하면 만족하고 그만하면 됐구나 그러니 선배라 하면은 글공부만 하면 어찌다 쓰겠느냐 천지간 이치도 알아야하는 법이구 천지간에 아무리 좋은 기라도 백말천말을 말로 듣고 글로 본다 해도 다 모르는 법이니 천지에 능통하라 하옵시고 어저는 오늘은 다 옥황님전 선간구경을 가라고 하옵시니

불근선배 대답을 하옵시고 선생님전 글랑 그리 하겠소 하고 하직인사를 올린 뒤에 선간구경을 가는구나 선간구경을 가는구나

1:10:15

(장단) 선간구경을 가는구나 무지개라 나부 타고
창무지개라 금도 타고 신선도로 구경간다 선과도로다 가는구나

일구는 구 아홉성은 하도낙서가 다 여기가 되고 저절로 저절로 가는
구나

이구는 십팔 팔진도는 제갈량에 충해로다 지절로 지절로 가는거야
(디려 쳐라)

삼구 이십삼 칠적에는 서곤 서인이 계절이라고 지절로 지절로 가는
구나

사구나 삼십육 육구구 문장으는 덕수나 충신이나 절개를 하고 지절
로 지절로 둥둥이 가는구나

오게 사십오요 보다서는 동문서인이가 이래저래다 춤을 추고 구절
로 저절로 가는구나

육구나 오십삼은 삼으 서이는 삼산처에서 바둑을 띠고 이리저래다
춤을 추고 지절로 지절로 가는구나

칠구는 육십삼 삼노도이는 하페공전에 제사를 하고 ****로 못 다 보
고 저절로 저절로 가는구나

팔구는 칠십이 이적서이는 제석당에 노름을 하고 야금당금 떼으시
며 풍유소리를 갖차듣고 지절로 절로다 가는구나

구구나 팔십일은 일광에는 월명사찬에 노든 달은 노동길을 차저가
저 얼싸둥둥 가는구나 지절로 지절로 가는구나

한모로 두모로 다 들어서 선간이라 올라를 가니 선간이라 하는 곳은
과연히 좋기도 좋다

고개도 다 수천고개요 영으로다 수만영이라 일광산으로 들어를 가
니 나무들도 유명하다 산천두다 장관이다 녹수조차 장관이고

한 모로 두 모로 세 모로 당진하니 올라가는 옥계수는 내래나소느나
폭포수요 한뽐 돌아서 감로수에다 이 고비 저 고비 다 채간다

일 모로 두 모로 다 넘어가서 낭기 한 주가 서엤더라 아람으는 열두
나름 두레이는 아흔아홉질 ** 구질은 구천질이라 가지는 뻗어서 일
백의 가지 ** 십질으는 다 뻗었소 잎으는 피어서 일만이 잎이고 열

두나 장관은 솟아나있다 (장단)

저 낭게 밑을 바래 호가 질이 모지라도 보지라도다 유맹하다

저 낮에 피는 꽃은 일광화라 두 포기가 이 송이 저 송이 피었는데

그것의 한 포기는 거 선간에 거게두고 한 포기으는 낙점을 시계여

이 속치르다 떼어다가 검고 검은 이 천한 높은 하늘에 어래 둥둥이

띄우시니 이 천하가 다 밝아나있소

월공산으 구경을 가서 수천일을 다 차재를 간다 월공산이라 당진을

하니 꽃이라고도 유명하다 이 꽃으는 무슨 꽃이나 밤에도 피느나 꽃

이로구나 월광화 두 송이가 이 송이 저 송이 피었더니 한 패기느나

거게나 두고 한 패기느나 낙점을 시겨서 떼어다가 이 천하 높은 하늘

에 어둔간데다 띄우시니 정 밤중에 어둔 밤이가 너르게도 밝아있소

그 길로다 다 돌아가서 화덕산이다 찾아간다 이 모로 저 모로 저 모

로 이 모로 열두나무로다 찾으러 가니 화덕산에 무쇠가마에 아홉이

귀 서였는데 그 가매를 채다보니 불리가 펄펄이 나는구나 천불지불

이 타는 곳에 아홉에서 여섯으느나 거기에다 몽땅 두고 세공에는 지

게를 지고 이 천하 너른 벌판에 던져를 노니 인간의 사램으는 화식

하느나 그 법이라

그 질로다 돌아를 가서 수롱산이라 들어를 가니 멀고 먼 먼 길이다

수백명을 다 지내고 수천명으르 다 떨어가서 수말명으다 다 냉겨서

이 모로 저 모로 다 다 당진하니 물도 이도 아홉이라 그 동이를 다

들여보니 그 동에 깊이는 어느 질인지 겉으로 봐서는 통이온데 속으

로 봐서는 그 깊이가 한정없는 길이로다 그 아홉 중에 여섯은 게 두

고 세 동이를 망태기지고 나와 이 천하 너른 벌판에 던져노니 망망

대해 장해바다 넘시르 넘시르 출렁이오

그 질로다가 돌아를 가서 금하산을 찾으러 간다 (장단) 이 모로 저

모로 찾으러 가서 금하산이라 당진을 하니 금이라고 세동이라 거 두

여 세 동이 중에 거 두 동이는 거게 두고 한 동우으는 지고나 나와서

이 천하 너른 뜰 던지시니 산천마다 던지시니 금이라는 그 물괴는
산천에서 나는 법이오

그 길로다 돌아를 가서 은하산을 들어를 가니 한 모로 두 모로 찾어
간다 열두산을 다 넘어서 열두령을 다 넘어서 이 모로 저 모로 찾어
를 가니 은하산이라 다 당진했소 은이가 다 세 동인데 두 동이는 다
거게 두고 한 동으는 머리에다 이고 이 천하 너른 벌판 던지시니 은
이라는 저 물괴는 법은 다 땅에서 나는 뱁이라

그 질로다 다 돌아를 와서 산매산에다 찾어를 간다 (장단) (어디가니?
어디까지 찾아갔어요? 어디까지 찾아갔냐구. 어디까지 찾아갔어요 내
가 지금. 어디 은하산? 은하산) (장단)

상매산을 찾아간다 상매산을 다 찾아를 가니 한 모로 두 모로 당진
을 하니 상매봉에 올라가니 상매가 일급필이다 펄펄뛰어 나댕기니
검정매요 누른매요 흰 매는 백매로다 이 매 저 매 얼룩매다 *를 내다
보니 상매라 세 필을 끌어다가 그 상매를 타고 이 천하를 나와서 이
천하 너른 뜰에 던지시니 상매라는 저 짐생은 인간이 타는 뱁이요

그 질로다 타들어가서 우렁산을 찾으러 가니 이 모로 저 모로 찾으
러 간다 우봉이 당진을 하니 검둥쇠야 흰둥쇠다 달얼룩이 유얼룩이
아홉필이가 있음네다 점잔하는 점잔하는 검둥쇠도 점잔허는 흰둥쇠
다 그 중에서 누른 쇠 세 필을 설히 설설히 끌어다가 이 천하 너른
벌판에 던져다 노니 쇠라는 저 짐생은 보탄 매어 땅을 지고 보탄 매
어 등기 지어 땅을 갈어 농사를 지어 사람으로 곡식을 같이 해서 그
곡식을 먹는 뱁이외다 (장단) (막 쳐라 막 쳐)

어~ 노루산이라 찾어를 간다 노루산이라 찾어를 가니 이 모 저 모
들어 가서 노루봉이라고 다 당진했소 흰점백이 반점백이 다섯필이
뛰댕기니 흰점백이 두 필을 끌어다가 이 천하 너른 벌판 던져노니
노루라는 저 짐생은 산천에서 사는 뱁이나

그 질로다 돌아서 조산이라 들어를 가니 날짐생도 유명하다 큰 새다

째른 새다 뒤쪽으는 온갖 새가 이리로 날르구다 저리로 날아가 장끼
라는 저 짐생은 이리 철철히 붙들어다가 이 천하 너른 벌판에 던져
다 노니 장끼라는 저 짐생은 날아대니는 법입네다

그 질로다 다돌아간다 (에이 모르겠다 그냥) (장단)

소리산을 찾어간다 소리산으르다 찾으러 가서 수리 세 마리가 허공
으 중천에 빙빙 떠서 있군너 산진매야 수진매다 해동청은 밀보래라
내흐라는 저 짐생과 수리 다섯이 다 떴으니 수리 둘과 매라는 짐승
은 이 둘 저 둘을 붙을어다가 이 천하 너른 벌판 던지시니 수리라는
저 짐생은 저 공중에 빙빙떠서 저 중천에 날기 마련이고 갈기른 매
흐라는 저 짐생은 날개기 몇 기를 마래니다

그 질로다 돌아를 간다 고사리산을 들어가니 꼬불꼬불 챘다 폈다 고
사리도 두 포기라 한 패기는 다 거게 두고 한 패기는 다 떼어다가
이 천하 너른 벌판에 던져를시니 고사리라는 저 채수는 챘다 폈다
챘다 폈다 챘다 폈다 하는 뱁이다

그 질로다 돌아와서 모로모로 다 당진을 하니 낭기산도 당진했소 낭
기도 유맹하다 잎이 너른 오동낭기 침재이는 소낭기다 들상이 드 놓
였으니 이까리 서까리 사시래도 우를 창창히 서였소다 낭기 한 쌍은
거게두고 두 쌍으르다 휘여다가 이 천하 널븐 언덕에다 이리저리 던
제노니 낭기라는 저 물건은 산천에서 사는 뱁이다

그 질로 돌아가서 화체산을 들어간다 (장단)

화초라도 유명하다 불그니 홍연화 푸르니 청목단 여러 곳이다 피어
서 이리저리들 숭얼숭얼 웅얼웅얼이도 만발을 하니 화초 한 포기 떼
여다가 이 천하 너른 벌판에 던져를 노니 화초라고 허는 거는 열흘
을 붉기가 마련이다 들락절락을 다 지나가서 옛말에 하시는 말씀이
옛말에 하시는 말씀이 신선놀음 하는 거동 한날 두날 석날이지 도끼
자루 썩는 줄을 잘 모른다 하였으니 불근선배 그 적에 생각을 하니
내가 또 그짝이다 (장단)

1:28:20

(에 죽겠다 담배를 하나 먹고 하자 죽겠다 불을 좀 떼고 하자 불을. 감사
합니다. 불을 좀 떼고 하자 불을. 응? 불 좀 떼자. 야 불을 좀 떼자. 아니
불을 떼자고. 군불 떼라고 군불. 불을 좀 떼고 하자.)

[요 장단은 그냥 자진모리로 하는 거에요?]

(이거 굿거리지 뭐. 모르지 뭐 나야. 몰라요. 아니 그 좀 배웠어야 하는
데 못 배웠다니까. 모질라긴 모질란 놈한테 뭐 물어봐요.)

[아니 그거를 잘 하니까. 꼭 끝에만 그래 징을 두 번 치는데. 징이라
고 그래요? 대양이라고 그래요?]

(쟁개비. 할머니들이 쟁개비 갖고오라 그랬어요. 원래 할머니들이 쟁개
비. 우리 양푼! 이게 양푼이에요 이게. 그냥 양푼이라고. 할머니들의 저
징을 내려다 쓸라 그랬는데 깨질까봐 무서워서.)

[그러니까. 쟁개비라 그래요?]

(응. 깨질까봐 무서워갖고.)

[장기?]

(장기든 쟁, 장기든 뭐 장기든 장구든 장구든 뭐. 장구 치던 장기 치던
장개를 치던 뭔 치든 치기만 하면 되는거지 뭐)

{타승 할 때 쟁개비 울리는데 가고 양지기 소리 나는데도 가고}

[할머니들이 쓰던 양푼은 어딨어요? 어떤 거에요?]

(숨개놨지. 아이 저 있어. 저 있잖아. 고 상 밑에 고. 고 내려봐여. 거
찍었는데 그때.)

{징채만. 징채 새로 만드신 게 이건거죠?}

(이거 이거 이거. 원래 그냥 짝대기로 했는데. 멋을 좀 내봤어요 내가.)

{원래는 짝대기였어요?}

(원래는 맨 짝대기였는데 깨질까봐 무서워서)

(쟁개비 양푼. 양푼 쟁개비 띈다고 그러지. 징 친다 쟁개비 뚜드린다 쟁
개비 띈다 뚜드린다 띈다 뚜드린다 쟁개비 띄드려라 이러지)

{그럼 이건 지금 대나무에 원래 헝겊을 싸는 거?}

(원래 헝겊을 싸놔요. 원래 싸긴 하는데 요거만 멋을 냈다고 내가. 요거만. 요거만 원래 멋을 냈다. 원래는 없었어 할매들. 그 막대기 헝겊만 싸서 어~ 사뜨기. 아니 사뜨기나 사뜨기 아니지. 세발뜨기. 세발뜨기로 막 해놔. 뭐 자수도 했는데 뭐 그까짓거 못 해. 막 떠놨는구만.)

[선관낙출할 때, 선관낙출]

(선관구경, 선관낙출. 선관에서 낙출당했다 이 말이겠지. 낙출 퇴출당했다. 선관퇴출 낙출. 거기는 떨어질 낙(落)자자나요. 낙출. 떨어질 낙(落)자에다가 날 출(出)이니까 뭐 낙출이겠지.)

{자기가 가자고 한 게 아니고 주인이 가라고 했으니까 낙출된거죠?}

(낙출된거지. 아니 옥황님한테 죄를 졌으니 벼루를 깼으니 너 이놈아 가라. 쫓겨나. 이 다 함경도는 다 쫓겨나. 그래놓고 뭐 맨날 죄진게 뭐 그렇게 많아. 다 선관에서 나서 선관에서 내려와서 다 선관 선관에서 어디로 가고 어디로 가고 어디로 가고 다 이렇게 돼갖고 다 쫓겨나. 나 그 맨날 어렸을 때 기억이 '왜 만날 다 쫓겨놔요?' 이러고 물으니까 '그걸 니가, 니가 아니 내가 아니 누가 아니 그렇게 아니 그렇게 한다' 하더라고. '니가 아니, 니가 아니 내가 아니' 그러더라고. '왜 다 쫓겨나요?' 그러니까 '니가 아니 내가 아니 나도 모르겠다 다 쫓겨, 쫓겨난다 쫓겨난다 쫓긴다' 그러더라고.)

(김치국물 좀 줘라. 잠이 와 죽겠다. 배가 불러서. 이 반도 안 갔어 반도. 초합한거야 초합. 이거 뭐 꺼졌는데. 아니구나. 말을 하면 켜지는구나. 말을 쓰고 붙여야돼. 이말저말 두 번 나온 말 한마디만 하고. 중복되는 말 반복되는 말 한마디만 하고. 숨이 안 쉬어진다 숨이 안 쉬어져. 아까 졸아갔구 장구치면서 졸은거야. 이리저리 하다가 졸아 갖구 어디까지 갔는지 모른거야. 잠깐 졸아. 빼먹지 말라고 하니 안 빼먹고 다 할꺼야. 이게 그러니까 늘리면은 이게 보니까 이게 굿이 늘어나기 시작을 하면 닷새를 하고 일곱, 일곱일 하고 열흘한다는 말이 딱 맞는것 같아. 왜냐면 이게 뭐 잠자고 하고 잠자고 뭐 밥먹고 잠자고 뭐 이렇게 놀고 이레

여드레까지도 할 것 같애. 근데 하~ 무서워 이게. 감사합니다. 감사합니다. 제일 좋다. 뭘 먹는 것보다 이게 낫다. 이게 녹음기예요? 제일 큰 선생이. 제일 큰 선생이 여기.)

1:36:50

(말)

그적에 불근선배 과연 그렇구나 하고 하루날은 불현듯이 생각하니 내 백년 영산이 데리고 왔으면 이 좋은 구경을 했으면은 얼마나 좋을까 양친 부모임전을 데배고 와서 이 구경을 했으면은 얼마나 좋을까 우리 절에 선생임을 모시고 와서 이 구경을 하면 얼마나 좋을까 하며

노탄을 하다가 그적에 하늘이 검었다가 희었다 푸르겄다 사마 세 번 듯 변하더라

대동뜰에서 머르 위에 손을 얹고 하늘을 쳐다보니 저 강남 갔던 구제비가 애미제비 앞에 서고 새끼제비 뒤에 서고 이리저리 왔다갔다 삼월에 삼짇날이 되어서 돌아를 오니 지하궁 내려와서 제 새끼 길러서 구월구일날에는 천하궁 올라가신다고 벌기 잡아 맥이시며 구질구질 우질우질 새끼를 얼굴을 보듬고 하는구나

높이 뜨니 희어지고 중체 뜨니 푸러지고 밑이 뜨니 검어지니 하리 세 번씩 삼번을 변하더라

그적에 불근선배 생각을 하니 저 한낱 미물에 짐승이래도 제 새끼를 가서 그 새끼 앞세워서 나오고 그 새끼 뒤세워서 들어가는데 날과 같은 정한 선배가 인간 모시베 사람으로 머리 검었던 탄생을 해서 인간도덕이 있다하면 내 각시 영산이 나를 얼마나 고대할까 하고 그적에 회심하고 수심이 만면허여 이래서는 못 쓰리라 금상절로 돌아를 올라를 가니 선생님이 하시는 말이 선관구경이 어떠하드냐 불근선배 하는 말이 과연 좋은데라 하옵더라

아~ 불근선배 그적에 소생 나간지 몇 날이나 되옵더니까 하시니 네
나간지 반나절이라 하옵더니 그러면 선관은 이틀 반나절으는 인간
에 이연반이라고 선상님이 일러를 주니 불근선배 하던 말이 선상임
나는 양친부모도 보고 싶고 내 백년 영산이 눈에도 삼삼하고 그 목
소리 귀에도 쨍쨍하니 내가 공부를 그만하고 너무 내가 공부 내 공
부 하겠다고 너무도 매정하고 야멸차게도 산천에 들어왔으니 내 백
년도 너무나 보고싶소 그래서 오늘은 집당에 내려가겠다 하니 선생
임이 하는 말이 여봐라 불근선배야 너 들어라 오늘은 일진이 아니
좋고 가실 날이 아니다 너무도 일진을 꼽아보니 오늘은 흉한 흉한
날이니 못 갈 질이 분명하다 다른 날에 내려가라 하니 불근선배가
하는 말이 선생임 내가 정한 선배이고 선생임도 정한 선배라 글을
깨친 선배인데 선배가 무슨 일진이 있고 날재를 집겠소 이길을 집겠
소 거 우습지도 아니하는 말을 하지도 마오 소생은 양친부모도 보개
싶고 내 백년 영산이도 눈에 삼삼하고 귀에 쟁쟁해서 그리워서 내려
간다 하옵더나 (장단) 내려간다고 하옵구나

(말)

에~ 선생임 하시는 말씀이 그러면은 내 오늘 기어코 정녕 간다면은
내 맥패를 시게줄테니 이 말을 맹심하고 너 이 길로 내려갈 적에 동
기역 참머리에 낫더서면 자연히 청청하던 하늘이가 불현간에 흐려
지고 뇌성이 진동하고 바람이 불고 억수비가 퍼부면 비오를 끊지말
고 고양그양 내려가고 그 비를 맡고 뒤도 보지 말고 내려가고 한 모
로 두 모로 당진하여 두 머리에 당진하면 맑고 청청한 하늘이 뇌성
변력이 떨어지고 풍우가 몰아치고 하늘이 좋았다 흐렸다 하고 목이
그적에 말라서 목이 답답하고 입이 마를터인데 그 길 알에 흐르고
탁한 물을 마이고 내려가고 길 우에 정한 물은 다 건들지 말고 내려
가라

그적에 그 질로 돌아서서 멀구 다래 한 송치 두 송치 세 송치라 너무
도 부암스럽게 익어지고 아스러지고 한 것을 보면 먹고싶어도 그것
을 한 송치도 낙점을 시기지 말고 고양고양 지나가라 하고 동기역
꼭대기에 올라서서 십년 묵은 구생통이다 그 뒤에 <u>부산냉기</u> 한 그루
다 아지아지 십만아지로다 지리는 수천지리로다 낭기는 밑에서 젊
은 여인이 온몸 전신이신에 천불지불이 붙어서 앞으로 낫더서서 애
걸복걸 울음을 울고 소래소래 치면서 울음소리 곡성소리가 낭재해
도 그 불을 궁그지 말고 끄지도 말고 뒤도 돌아보지 말고 그양그양
내려가라 하니 불근선배는 선생임전에 하즉인사를 하고 그리 맥패
시긴 것을 꼭 알아두고 내려가겠다 한다는예 (장단)

1:44:25
(말)
에~ 불근선배 행채를 차리는데 청도복을 정히 입고 백끈을 머리에
묶고 초립을 쓰고 홍선을 들고 손이는 책보를 옆에 찌우고 선생임전
편히 편히 게우시라 절을 올리고 집당으로 돌아 내려가니 한 모로
두 모로 세 모로 모로모로 동기역이라 당진하였소
맑고 청정한 청하늘이가 불현간에 흐려지고 뇌성이 진동하고 바람
이 불고 비가 퍼붓기를 시작을 하니 불근선배 그적에 불현듯 선생임
말이 생각이 나서 그 비오를 끊지를 말고 가라 부디부디 당부를 하
였으나
불근선배가 생각하니 내가 맑고 정하고 대학 소학을 배우고 선밴데
내가 어찌 이 비를 맞고 가겠느냐 비오를 끊어서 비를 멈추고 금시
에 일기가 청청하고 맑아나지니
그리고 동기역 청머리에서 내려서 오다가 두머리 당진을 하니 맑은
청하늘이 뇌성변력이 떨어지고 풍우가 몰아치고 하늘이 좋았다 밝
았다 하니 목이 말라 탑탑하고 입이 마르니 이 시작을 한다

아래 길 알에 탁한 말은 흐리우고 길 우에 정한 물이 흘러를 가니
그적에 불근선배 입이 타고 목이 마르고 물이 땡기니 우리 절에 선
생임이 길 아래 흐린 물을 흐리고 탁한 물을 마이라고 하시었는데
가마 내가 정한선배인데 본심이 깨끗하고 마음이 정한데 내가 무삼
일로다 흐리고 마인 물을 마이겠소 길 우에 맑고 정한 물을 마이시
고 그 질로다 돌아를 서보니 멀구 다래라 한 송치 두 송치 세 송치가
보암스럽게도 익어나져서 아스러지고 자스러지고 불근선배가 하는
말이가 우리 절에 선생임이 아무리 먹고싶어도 먹지 말라 하시거늘
그양 지내치자고 생각을 하니 내가 어찌 멀구 다래가 너무도 보암스
러운데 그양 갈 수 있겠나 하고
그양 갈 수 지양 없어 한 송치 두 송치는 낙점을 시켜 그 앉은 자리에
서 고양 먹고 또 한 송치는 낙점시켜 내 백년 영산이를 생각에 영낭
에 싸서 놓고 또 한 송치는 또 한 송치는 부모임 생각에 책보에 싸서
짊어나지고 한 송치는 손에 들고 어디만치 올라를 가니
통기역 꼭대기라 당진해서 십년 묵은 구생통이 있습니다 그 뒤에 부
산냉기 한 그루가 있습니다 아지아지 십만아지요 지리는 구천지리
로다 그 낭기 밑에서 구생통이다 천불지불이 붙은 여인이 젊은 여인
이 손복을 모다 구르고 두 발을 모다 구르고 애걸복걸하며 소래소래
치며 울음을 우니 저기 가는 저 선배야 이 불을 꺼달라 애걸애걸하
고 방울방울 눈물을 짓니
불근선배는 영산이가 내 오는가 하고 마중을 나왔다가 천불지불이
이신에 전신에 붙어서 초매자락에 붙어서 저 덤불 저 불덤 속에 들
었는가 하고 입던 청도복을 벗어 들고 청도복 자락에 물을 묻혀 천
불지불을 끄자하니 천불지불이 낮아지오 청도복 자락에 물을 묻혀
불을 끄자시니 지불이 우거나지니 천불지불을 다 끄니 그 젊은 여
인이 한 번 도지 두 번 도지 삼세번을 도지를 하니 이리 뛰고 저리
뛰더니 일학이라는 짐생이 되옵더라 지리는 열다섯자리요 배통으는

서발인데 새는 두 발이라 반간데는 새는 두 발이라 반간데가 갈라지
오 그러게도 큰 짐승이 주홍입을 아웅자디 다웅자디 하늘 땅에 맞붙
듯 개아가리 벌리듯이 벌리고 하는 말이
여봐라 한낱 미물 머리 검은 이 짐생아 어서 바삐 내 입으로 들어라
병력같이 소래소래 치니 그적에 불근선배가 하는 말이
너를 살굴려고 불을 꺼준 은혜를 어찌자고 나를 잡아먹겠다고 하느
냐(아니다) 너를
불근선배가 하는 말이 너를 살굴려고 불을 꺼준 그 은혜를 다 어찌
나를 잡아먹으려고 하느냐 그적에 일학이가 하는 말이 여봐라 아강머
리 조그마한 대가리 머리 피딱지도 안 진 선배야 너 들어라 너난 본래
나는 본래 옥황의 죄를 짓고 지하국에 내려와서 통기역 꼭대기에서
십년 묵은 구생통이를 지키고 있다가 오늘은 금시에 십년을 다 맡치
고 온몸 전신에 천불지불이 붙어서 전신에 탈을 벗고 선관으로 승천
하야 올라가려고 하는 것을 내 몸이 먼저 맥겠다는 물이로다 멀귀나
다래로다 몽땅 니가 먹고 이신전신에 천불지불이 붙어서 탈을 벗고
올라가는 나를 네가 불을 껐으니 내가 선관질을 못 올라갔으니 내가
너를 잡아먹어야 승천을 하니 불근선배는 뒤탈하고 앙탈을 지고
내가 너를 잡아먹어야 선관질을 간다하니 그적에 불근선배는 뒤탈
지고 앙탈을 지고 울음 울며 하는 말이 내 백년 영산이를 데리다 놓
고 금상절로 공부를 간 지 양삼년 육년이 다 되옵는데 육년 공부 다
마치고 영산이 보고 싶어 양친 부모 보고 싶어서 집당을 내려가는
질인데 내 어찌 이 노릇을 좋을 이 노릇을 어찌면 좋겠단 말이요 대
성령이 울음을 운다 (장단) 대성령이도 울음을 운다

(말)
에~ 불근선배는 연당갈르매 굽은 빗발치듯이 울음을 우니 그적에
불근선배 하는 말이 이왕지사에 내가 잡아먹히는거 이 길로 내려가

서 한 우리에 집당에 한 번은 댕게오리다 조금만 시를 늦춰주기오
일학이라는 저 짐생이 하는 말이가 내 정녕 선배라면 약조를 반닷이
지케오라고 내가 만일 이 약조를 아이 지키면은 내가 너 올 시간에
맞추어 아니 오면 내가 너희 집당으로 내리가서 구족을 망하게 하겠
다 하는구나 그런 줄 알고 글랑 그리 하라 하옵시니 그적에 불근선
배 낯빛이 흐리우고 수심이 만면하옵더라 모로모로 당진해서 집당
을 내려가니

부모양친전에 인사를 올리고 영산이 마주도 아니보고 방중 들어가
이불을 뒤집어쓰고 침석을 돋우비고 도루 누워서 있는구나 영산각
시 진지상을 귀떨어진 상에다 멋들어지게 차래서 진지반을 올리시
니 불근선배가 진지 내심 불편허여 진지를 뜨지 아이 하니 영산각시
하는 말이 어째 찬이 적어 그러시오 (장단) 마땅찮아서 그러시오

(말)

에~ 어째 진지를 뜨 아이 뜨시오 어째 진지를 뜨시오 무슨 일로 불
편하여 진지상을 물리는가 물으시니 무슨 일로 그러시오 내가 맥패
를 시기리라 말을 일러주오 그적에 불근선배 하는 말이
내가 말하기도 남새스럽기도 설하기도 망신스럽지만은 내 백년 내 처
자를 믿어야지 내가 누귀를 믿겠는가 하고 내가 어전 말을 하오리다
내 백년 영산아 너 들어라 내가 너 싫어 진지를 뜨지 아이 한 게 아니
라 금상절 선생임 하는 말이 일기일진이 나쁘다고 가지 말라는 그
질에 양친부모와 내 백년 영산이 그립고도 보고싶어서 내가 억지를
쓰고 떼를 쓰고나 가는 질에 선생임 맥패를 시긴 것을 듣지 아니하
고 동기역 참머리서 억수비가 퍼붓는 거 끊지 말고 비를 맞고 내려
가라는 거를 그 비를 아이 맞고 내가 내려오고 갈 수 없는 사정이라
흐린 물 마이고 말기 (글을 주자니 힘들다)
그 비가 그치고 내려오는 길에 하늘이 맑어지니 흐린 길 알에 흐린

물 말고 가란 거를 길 위에 정한 물을 말고 가고 길 우에 맑고 정한
물을 먹고 돌아서니 멀구 다래가 보암스러워서 한 송치 두 송치 세
송치가 있는 거를 낙점을 시기지 말라는 거를 내가 오는 길에 하도
시장끼도 있고 너무도 보고싶어서 한 송치는 따서 고 자리에서 고양
먹고 또 한 송치는 그대 내 백년 생각에 영낭에다 옇고 또 한 송치는
양친부모임 생각에 책보에 싸서 내리오다
동기역 꼭대기라 당진하니 십년 묵은 구생통이라 부생냉기 아래 어
떤 여인이 일신전신에 천불지불이 붙어서 애걸복걸 소래소래 치면
서 소래를 치고 천불지불이 붙어 있길래 내 백년 영산이가 나를 마
중나오다 십년 묵은 구생통이서 초래자락에 불이 붙어서 천불지불
이 붙었는가 하고 내가 청도복 벗어내서 그 도복에 물을 묻혀 그 불
을 껐더니만은 그 젊은 여인은 한 번 도지 두 번 도지 사마 세 번
도지를 하더니 일학이라는 짐승이 되서
그 짐승이 나를 잡아먹겠다고 주홍입을 아웅자디 다웅자디 입을
벌리고 잡아먹겠다고 입으로 들라 하는거 내가 마주보기도 두렵고
대면하기도 무섭고 내 사정사정해서 시를 받고 나는 금상절서 양삼
년 여섯해를 육년 공부 하시다가 내려오는 선배인데 양친부모 내 백
년 보러가는 길이라 하오 삼일 연기를 맡아주면은 양친부모 어머님
과 내 백년을 꼭 보고와서 되비돌아와서 내 잡아먹히리다 하였으니
어째면 좋겠는가 하고
그적에 일학이라는 그 짐생이 채비를 넘지 말라 하였으니 하루 가고
이틀이 지나고 내 어찌 수심이 없고 근심이 없겠는가 속을 빼놓니
영산이 하는 말이 내 낭군아 내 선배야 그 걱정일랑 여영 말고 걱정
마오 근심을 하지 마오 내 맥패를 시기리라 염려말고 진지상이나 받
으시오
그적에 불근선배 진지상 받으시고 한 날 지내 두 날 지내 삼일이 당
진하니 영산이 새벽 조반을 지어놓고 베틀로 올라앉어 쏙새칼을 꺼

내서 짜든 베 석 자를 아슥자슥이 잘라내야 그 칼을 드는 칼을 드는
듯이 갈고 나는듯이 갈고 푸른 천에다가 똘똘 말아서 품에 품고 짜
든 베 석 자는 초매꼬리 잡아내야 허리끈에 묶어내고 불근선배는 뒤
따르라 하옵시고 영산이 앞을 서서 두 양주 일학이라는 즈 짐승을
참아서 동기역으로 올라를간다 (장단) 동기역으로 찾으간다

(말)

에~ 한 모로 두 모로 세 모로 열두모로 당진해서 올라가니 동기역
초앞에 당진하니 영산각시 하는 말이 오리만침 떨어지오 십리만치
낫떠서오 내가 올라가서 내가 손을 건들건들 허옵고 수건을 건들건
들 흔들고 하거드나 그적에 올라오시라고 말씀을 하옵시고
영산각시가 먼저 올라가니 첫봉을 돌아들고 중봉 중틱에 당진하니
일학이라는 그 큰 짐생이 불근선배를 찾아서 내려를 올적에 흰 치매
다 흰 적삼을 입으시고 한 걸음 두 걸음 열두걸음으로 내려를 오니
길옆으로 내려를 온다 올바른 길로 아이온다 길 옆에 풀 속으로 내
려를 오니 풀잎은 첫잎과 속잎이 착착이도 갈라를 진다 첫잎은 기울
어지고 속잎은 착착 갈라지니 영산각시 올라오다 일학이라는 짐생
과 대면을 하고 마주보니 그적에 일학이라 하는 말이 여보시오 아가
씨오 내가 내 말 잠깐 들어주기오 이 길을 올라오다 이 밑에서 조그
만한 초립을 쓴 초동도 아이고 아강머리 대강머리 피딱지도 안 마르
는 그 조그만 선배같지도 않은 선배놈을 보지 못 하였는가 물으니
그적에 영산각시가 하는 말이 여봐라 이 무도한 짐생아 너 그 선배
를 찾어 무엇할려고 하느냐 그 선배은 내 낭군이다 하시니 일학이라
는 짐생이 저 짐생이 하는 말이 내가 선관으로 올라가는데 그 조그
만 선배가 내 일신전신에 천불지불을 붙은 거를 선관질을 가는 거를
그 불을 꺼서 내가 그 길을 못 가겠으니 내가 그 선배를 잡아먹어야
그 길을 가겠다 하니 어저는 할 수 없소 속절없소 (장단) 내가 내가야

할 수 없오

(말)

그적에 영산각시 짜든 베 석 자를 허리춤이서 풀어서 그 즘생 메각지를 똘똘 말아 쥐고 한 번 말아쥐고 두 번 말아쥐고 삼세번을 말아쥐고 부여잡고 여봐라 이 짐생아 너 들어라 이 조그만한 너 들어라 그 조그만한 선배가 내 낭군인데 이 무도한 짐생아 남으 오대독재 외아들을 어찌자고 잡아먹으려고 하느냐 하고 쏙새칼을 메각지에다 들에밀으니

그 짐생이 눈물을 바울바울 치며 하는 말이 이것 조금만 늦춰주기오 하는구나 그적에 영산각시 한 고를 풀어주며 하는 말이 여봐라 이 짐생아 내 낭군을 잡아 먹을려면 나는 이 평생에 어찌 산단 말이냐 내 낭군이 없이 살자면은 내가 이 평생을 먹고 입고 쓰고 입고 놀고 할 것을 대체를 시기라 하니 대체를 시기고 잡아먹으라 하는구나 그렇지 아니하면 너 이칼로 메각지를 똘똘 따서 죽인다 하옵시니 그적에 그 짐생이 눈물을 바우바우 내리뜨리며 연당갈르패 빗발치듯이 떨어트리며 흘리시며 세 매디 기침을 허드드만은 팔만으 야광주를 다 게우시니 그 짐생 하는 말이 이보기요 아가씨요 이것을 가주가면은 일평생을 먹고 입고 쓰고 놀고 놀고 먹고 쓰고 입고 할 것이요 대체를 되갔으니 이것 좀 풀어주기오 하니 이것을 받으시라 하옵시니 그적에 영산각시 하는 말이

이 짐생아 이 짐생아 당치도 않은 꾀를 쓰지를 말아라 은이 서말이라도 늘여쓰는 법이고 금이 열닷말이라도 불여쓰는 법이고 구슬이 열닷말이라도 꿰서 쓰는 법인데 이것을 쓰는 법을 낫낫치도 날과 같은 여인이오 날과 같은 젊은 새파란 각시가 이걸 어찌 알겠느냐 이것을 씨는 법을 절절이 가르치고 옆옆이도 가르쳐라 모로모로 가르쳐라 하옵시니 그적에 그 짐생 씨는 법을 가르친다

2:07:18

(노래)

첫 옆으로 저누시면

하선이가 명산이 되는

지절로 나느나 엽이외다

두채 옆으로 저누시면

영산이가 다 하산이 되고

지절로 하는 엽이외다

셋째 옆으로 저누시면

없던 천금도 지절로 나고

저절로 생기는 엽이외다

넷채 옆으로다 다져누시니

있는 인간두 지절로 나고

지절로 생기는 엽이외다

다섯채 옆을 저누시면

없드나 집도 저질로 나고

지절로 생기는 엽이외다

여섯채 옆을 저누시면

없던 전답도 지절로 나고

저절로 생기는 엽이외다

일곱채 옆을 저누시면

소원성취 대원성취

지절로 되는 엽이외다

여덟채 옆을 아데오니 여들째(뭐니)

여덟채 옆을 아이 가르친다

그적에 영산각시

영산각시 하느는 말이가

이 짐생아 이 짐생아(너무 높다)
팔만야광주 한다면은
여들 모를 쓰는 법인데
이 엽을 어찌 아이 가르치니
일곱 엽을 다 가르채고
한 엽을 쓰는 법을 게 어째 아니
이리도 아이 가르치냐
어서 날래 가르쳐라
어서 바삐도 가르쳐라
어서 속히 가르쳐라 한다
아니나 쓰고 아니나 하면
내가 이 칼로 니 놈의 맥을 따서
오장육부를 갈갈이 탐해서
이 산천에다 떤지리라 한다
그적에 그 짐생이
눈물을 바우바우 흘리면서
여덟째 엽을 가르친다
여덟째 엽을 가르치니
이 엽을 저누시며
미운 사람이 죽는 모를
(장단)
이 엽으로 저누시며
미분 사람이 지절로 죽는
지절로 죽는 엽이외다
여듧 엽을 다 가르치니
그적에 영산각시
영산각시가 하느는 말이

이 짐생아 이 짐생아
너보다 더 미분 짐생이 어디 있겠나
여듧 엽을 도래재서
여덟 엽을 도리를 짓고
여덟 엽을 저누시니
그 짐생이 죽어나진다
그 짐생이 숨이 잦아지고
그 짐생이 숨 떨어지니
영산각시 통기역 꼭대기에서
올라서서 손을 들어
구른 천을 손에다 쥐고
건들건들 푸르시며
불근선배를 올라오라 하니
손짓을 하옵시고
소래소래 치는구나
(장단)
한 산천도 다 디랬오
이 산천두나 다 디랬오
저 산천도 다 디랬오
여들 산천을다 다 디래서
X씨로 두 양주
극히는 산천도 살령으로
다 풀어서 내려놓고
절로절로 풀었소다
(장단)
그적에 불그니는
불근선배 이 모로 저 모로

그 동기역 꼭대기를 올라를 오니
두 양주 마주서서
그 짐생을 어찌할까
곰곰히두나 생각을 하니
저 큰 짐생을 죽은 거를
어디다가 버리실까
그양 버릴 수 재양없소
영산 차산에 차산중 들어가서
소낭기도 일천지다 밤낭기도 일천지다
가시래요 자적이오
이깔나무 저깔나무
삼천질을 다 비어내어
동기역 꼭대기서 우물정자로 쎄게 내야
그 짐생을 그 위에다 올려놓고
그 밑에다 불을 싸고 시니
살은 타서 재가 되고
빼는 오록조록 검었으니
그 빼야 그적부터
화장법이 나시는 법이외다
재와 뼈를 추려다 놓고
재느느나 아흔아홉봉토요
빼느는 여든여듧봉톤데
이것을 다 어째실까
두 양주가 머릴 맡대고
의논 용도를 하는구나
하도명산 명산대첩
명산처로 보내시니

첫 번으로 함경도 땅에
함경도 땅에다 들여 던져노니
백두나 살령이 춤을 추고
평안도 땅을 던져나노니
모양 살령이 솟아, 솟아나서
** 살령이 춤을 추오
가원도 땅을 던지시니
금강 살령이 솟아나고
이래저래 춤을 추고
황해도 땅을 던지시니
구월 살령이 솟아를 나고
구월 살령이 춤을 추고
경기도 땅을 던제시니
삼각 살령이 솟아나고
이리저리 우뚝으 서오
경상도 땅으다 던지시니
태백으 살령이 솟아나고
이래저래 춤을 추고
충청도 땅을 던지시니
계룡으 산령이 솟아나서
으리 저래 우뚝 서오
전라도 땅을 던제시니
지리 살령이 다 솟아를 나고
이래 저래다 던져노니
천하명산 명산대첩
대살령이 소살령이
이래저래 솟아를 나고

명산대천 차지를 하던
높은 산에 대살령이
낮은 산에는 소살령이
남살령으나 여살령이
외황명산은 대살령이
팔도명산을 다 던지고
그 남으는 재는 모아서
아흔아홉 봉토로다
이것을 모대나야
그 어디매 버리실까
이리저리 궁리해도
버릴 곳이가 재양은 없다
헐 수 없느나 사정이오
청청바다 저 바다에
이리저리 흩채를 노니
그적에 어저구 저 짐생은
물 위에는 뛰는 괴기
물 아래 기는 괴기
그적에 생하시드라
불근선배 두 양주는
한모로 두모로 삼모로다
열두나모로다 당진을 하여
축당으로다 돌아서서
당중으로다 넘앉으며
불근선배 넘앉으니
이신전신이 아파온다
노곤하고도 피곤하고

피곤하고도 노곤하다
전신이 다 아파오니
앞골두가 지근지근하고
뒷골두다 꼭지가 땡기니
사대절골에 이신전신이
이래저래 아파오니
정신이 다 나가고
혼절을 하는구나
(장단)

(안즉 멀었어. 뭐 아직 안 끝났어. 뭐 저렇게 끝났는 줄 알고. 야~ 이
이렇게 잘못하다간 책 펴놓고 하니깐 말을 못 줄이겠는. 야 이 주댕이가
다 살아서 어디까지 했니. 어디까지 갔어요? 혼절?)

2:19:15
여 영산이가
이래도 못 쓰리다
문점이나 하여보자
그길로 돌아서서 천지통심하신 선생임을 찾아가서
선생임 전에 인사를 하신 후에
재피방에 넘앉으며 금돈 은돈을 갖좌내여 놓고
불근선배를 알랜다는 말씀을 전하오시니
선생임 전에 괘체를 내옵시니
어젯괘나 금시괘나 하오실적에
불근선배는 삼천동토를 이르시고
산하리가 덮이우니
산천을 올라가서 냉기는 끊어서 나는 동토가 낫으니

산천을 안정을 못 시겼으니 이를 어찌하겠소
그러니 산하리를 풀어서 안정을 시기라 하옵시니
불근선배가 나사진다 하는구나
그적에 영산각시는 명산대천에 들어가서
산하리를 푸는구나
산천상을 배설하고 초록상을 배설하고
백미도 한섬이오 섬쌀에 말쌀이오
됫쌀에 홉쌀을 지어
소지도 수천권 행도 수천곽이라
산천다리도 여들필이오 홍새주 청새주 황새주 세 병이오
온갖 가즌 채소 가즌 어물에
(야! 명희야. 술 세 병 갖다놔라. 주병, 주병 갖고 와. 산천주병 갖고 와,
주병 갖고 와. 저 안에 주병. 주병 갖고와서 술 거기다 부워놔라. 요 **
방에 놔라. 산천 까먹었다)
황세주도 세 병이오
가즌 채소에 가즌 어물에
열두진상에 만반으 진식을 이리저리 갖추시면
산하리를 풀으노라 하옵시니
불근선배 그적에 병이 저절로 낮아지오
그적에 산하리를 풀 적에
불근선배와 영산각시는 산하리 푸는 법을 내옵시니
옛부터 산천동토다 새영에 맷등이다
하리를 푸는 법입니다
에~ (이거 빨리 하나 더 달라. 아까 나 천근했어요? 안 했죠?)
(장단)

천지가 하느실적에 하날은 자년자월자일자시자방으로 생하시고

이 따임으는 축년축월축시축방으로 생을 하고

우리 인수인간 사람으는 인년인월인일인시인방으로 생을 하옵시고

일광월광 해와 달은 묘년묘일묘방 묘시묘방으로 생하시고

생진으는 진년진월진일진시진방으로 생하시고

천지가 하신 후에 유인이 최귀라

각항저방 심미기는 두우여허 위실벽이라

규류위승 필자참은 정귀위성은 장익전이라고 여홍 여듧자를 새겨

나니

이십 팔숙으로 사방을 직히고

천지일월은 해와 달은 천지가 좌우에 살기시고

동으는 사성이오 남으는 육성이고 서으는 오성이고 북두는 칠성

(사천상 앞에 놔. 여기다) 칠성이고

앵두러지옵시니 저 동방으는 삼팔목이 지키시고

저 남방으는 이칠화가 지키고 저 서방으는 사구금이 지키고

저 북방으는 일육수가 저 중앙은 오십토가

건삼연은 서북이오 곤삼절은 서남방이오

간상연은 동북이오 손하절은 동남이오

동방은 청륭이 세개로다 저 남방으는 홍륭이 세 개로다

저 서방 백륭이 세개 저 북방은 흑륭이 세개

저 중앙은 황륭이 세개

그우에 옥황님이 계시사

춘하추동 사시절은 사시 풍우 왕상강을 고제하고

삼태로 인수인간 선악을 살피시니

하날은 양으로 부치고 이 따임으는 음으로 부채실 적에

태양과 태음으로 주야분별을 하오실 적에

인간 사람은 양에 부치시고 귀신은 음에 부채

인간과 사람으는 귀신과

인간 사램으느는 귀신과 섞어 살지 못 하는 법이오
태극이 조판하야 음양분별 하신 하신 후에
오행이 상생하야 선유이기에 인물지생 임임총총 하시더니
어시에 성인이 수출을 하옵시니 태고 삼황 오제로다 그때 그시절에
천황문이 열리시고
동방문이 열리셨소 남방문이 열리셨소 서방문이 열리셨소 북방문이
열리시고
주앙문이 열리시니
천황씨도 왕이로다 지황씨도 왕이로다 인황씨도 왕이로다 유소씨도
왕이로다
수인씨도 왕이로다 시위는 오제로다
태호 복희씨로다 염제는 신농씨로다 황제는 헌원씨
소호 금천씨도 도당 도당씨 제순이 유우씨하니 시위는 오제로다
천황씨느는 이 목덕을 왕을 하야 무위하고 분장무주하여
형제 십이는 역각 일만팔천세를 살으시고
지황씨는 석이석지하고 분장무주하고
형제 우인은 범 일천오백세라
또 한문으로 구천육백세를 살으셨소
인황씨는 무위하고 석이석지하니
형제 우인을 다 오천육백세를 살으시고
유소씨 내신 법이더라 병지에 풍우에 집을 짓고 풍우 면하시니
고인들이 내시던 법이외다
그때야 그시절에는 염제 신농씨는 낭기 베어 봇탑을 메워서다
삼월 춘풍 검은땅을 갈라서 검은땅을 희,
흰땅을 희게 하고 검은땅을 검게 갈아
씨종제를 내어 삼백초를 내옵시고
그적에 인간으는 낭기 열매 따먹고 씨거 째게 먹고 살더라

태호 복희씨는 사나는 양에 부치시고 기집으는 음에 부치시니
음양이치 갖차놓고 호연법을 들이시고
황제 헌원씨는 억만고금을 내어
그적에 대해바다에 배띄워서 고기 잡아먹고 살더라

그적에 거북이라는 저 짐생으는 하도낙서 주역팔괘
등에다 밀고 나와 천지음양을 구별하여 신에 조화법을 마련하니
그때 그시절에 천세력과 만세력과
일상생기 이중천의 사마절책 사중유혼
오상화해 육중복덕 칠하절명 팔중귀혼
남생기는 여복덕에 여생기는 남복덕에
굿하는 법과 날 받는 법을 마련하고
건남은 곤북이오 이동은 감서로다
선천 후천을 분별하야 천지조화를 알겼으니
천지 신명은 이 명당에 모세 놓고
웃장귀요 번제금에 말명들여 상악이요
천지에 장천하니 빌 축(祝)자 원할 원(願)자 축원으로 받으시고
오늘 다 X씨로 두 양주
가신 산천이오 1대 가신 산천이오 2대 가신 산천이오 3대 가신 산천
이오
4대 가신 산천이오 5대 가신 산천이오 6대 가신 산천이라
중국 땅에 산천이오 일본 땅에 산천이오
두 양주 조상 산천이오 새영 산천이오
오늘 다 산천을 산천이** 수차고양 하옵시고 제제강임 하옵소사

(뭐라 하지 마세요. 힘들어서.)

2:28:42

이 돌을 빌어 저 돌을 가오
저 돌 빌어 이 돌 가오
이집 저집 나떠지말고
정시로 두 양주가
거든 손목 마주 잡고
이질 저질 나지말고
가양동태 너른 길에
선관질내어 가옵소사
영산대청 살령님아
함경도라 백두살령
평안도라 묘향살령
황해도라 구월살령
강원도라 금강살령
경기도라 삼각살령
충청도라 계룡살령
경상도라 태백살령
전라도라 지리살령
팔도명산으 대살령이
대살령이 하강하고
너도나 진상 만반진신
아니 흠향 하옵시고
팔도명산 부르실적
대산소산 살령임이
대학소학 살령임이
대축소축 살령임이
미산재처 살령임이

이십육정 외악명산
사해피발 명당토산
금귀대덕 청용백호
현무주작 동서남북
원산근산 상방하방
흉산길산 명산대첩
팔도명산 서여본산
살령임이 받으시고
이 산천에 살령임아
저 산천에 산천임아
일대 이대 삼대 사대
사대 오대 육대 칠대
구대 열대 팔십에 열대
금당대로 살령임아
금일 망령 가신 살령
가신 산천 살령임아
내장산천 명산대천
공공마다 살령임아
산산마다 산살임아
영영마다 살령임이
모두 진상 받으시고
(장단)
갑자 병자 무자 경자
임자 다서 살령임아
을축 정축 귀축 신축
계축 다섯 살령임아
경인 무인 임인 갑인

병인 다섯 살령임아
정묘 귀묘 신묘 계묘
인묘 다섯 살령임아
무진 경진 임진 갑진
병진 다섯 살령임아
살령임이 받으시고
동방으는 청률이 세개
청사도랑 되옵시고
청룡대사 불밝혀라
청률이 세개 모십시다
삼방으는 청률이 지지
접사도랑 되옵시고
청용대사 불밝혀라
** 세개 되옵소사
서방으는 백율이 지지
백사도랑 되옵시고
백룡대사 불밝혀라
백*세계 모십시다
저 북방은 흑률이 지지
불사도랑 되옵시고
흑룡대사 불밝혀라
**세계 모십시다
저 중앙은 황률이 지지
감사도랑 되옵시고
황룡대사 불밝혀라
황률이 세계 모십시다
이도저도 가지말고

각이라 타고 승천하니
선관낙출 되어가고
신선이 되고 도사가 되고
처인이 되어 가오소사
나무일심목경

이찬엽 연행 국악방송 녹음 〈산천굿〉
(2019년 10월 17일)

에~ 불그나 불그니오 영하다 영산으니

일펭생 부부연분 가차 산다느이

불근선배 근본이느나 어디매 근본이오

선간낙춘이 분명으르 하오

선간 옥황님전으 맏제자로 계시다가

하룻날으는 베릿돌으르 나르시다가

베릿돌으르 지하국으 떨궜더니 사동각이 났더라

그 죄로 지하국으로 귀순정배르 내리실 적에

영산주 고개 밑에 화덕장군으 후생으로다 탄생하오

에~ 탄생으르 하옵시니

오대독자 외아들로 탄생으르 하옵시니

영산각시 근본이던 그도 선간낙출이 분명하옵더라

옥황임전이서 아침이면 세싯대요

정낮이면 양추기라 지낙이믄으 자리끼르 나리시다가

세싯대르 지하국에 떤지시어 사동각이 났더랍니다

그 죄로 상제임 전 득죄하야

지하국으로 귀순정배르 내레왔소

에~ 불치고개 밑에 후토부인의 여식으로 탄생으르 하시이
영산각시는 초삼세라 당진하이
저 강남서 나오시던 대별상대감 소별상대감
큰 손님 적은 손님 고이 가꿔 보내시고
초 다섯이 되오시니 독서당으 뀌미노코
큰 선생으르 들여놓고 적은 선생은 모셔놓고
글공부르 시작으르 하이
천자이합요 동몽은 선습이오 대학은 소학이요
논어 맹자 소학 대학으 다 내여
글공부르 모시던 모신 선배라 하옵데다

에~ 십사세라 당진하이 혼기가 닥체옵니다
그적에 혼사말으 들리오니
불치고개 밑에 후토부인 여식이
요지숙녀로 정절부인 감으로
잘 자란다는 말씀으르 들으시니
불근선배 아부임으는 호연말으 드립니다
마루 이짝에 매패아부임 마루 저짝에 매패어머님
불근선배 나이 열네살에 청춘이오
영산각시 나이는 열다섯에 청춘이니
첫말으 디레 붓치시니 막설이요
두말 들여 붓치시니 반허락이
삼하 세번으 들여 붙이시니 참허락이 다 떨에졌소

에~ 불근선배 아버님으는 영산각시
납채 가실 날 불근선배 장가 갈 날으 고르라고
신랑신부 오실 날 가실 날으 꼬느시자고

일원강 이원강 삼원강 세 다리 열다섯 질으 내서
이 구비 저 구비 이 모루 저 모루르 다 넘어서
선생님 댁으르 찾어가서
재필방에 넘안즈며 은돈 금돈으 내어놓고
사주판단이다 궁합으르 가려내아
신랑 신부 올 날 갈 날으 꼬느시고 천기르 꼬느시고
만세력으 내어놓고 백중력으 들여놓고
천세력으 굽어놓고 무근역세 햇역세르 들쳐놓고
왼손금 들이접고 바른손금 내집어서 궁합으 가려내니
임술 계해는 대해수요 갑자 을축은 해중금이라
금과 물이 생하시이 자연 좋기가 한쟁없소

월광에는 달으 골라 일광에는 날자 집허
원할 원자르 골나내여
납채 가실 날이는 삼월삼진날이 분명허고
납포르 갈 날이는 사월초파일이 분명으 허고
붉근선배 장개 갈 날 영산각시
올 날으는 칠월칠석날이 정날이 떨어지니
영산각시 시집으 오실 날으 받어가지고
붉근선배 아부임으는
한 모로 두 모로 모로모로 당진으 하여 열두 모로 당진으 해서
집당이라 당진으 하고
한두달이 되옵시니

납채르 갈 날 납포르 갈 날이 기영기영 당진하이
무얼무얼 갖추실까
해떴다 일광단이요 달떠서 월광단

물명주 갈명주요 부포 세포는 청부포라
붉으나 홍대단이요 푸르나 청대단이 누르니
황대단이 희나니 백단인데 경모시 세모시오
이피 저피는 삼만동으 다 삼백동으 다 갖차서
글함이다 글농이다 홍보르 드레싸고 청보르 드레싸서
동백연 연곳 속에 요지 답장으 써서 넣고
홍단청단 넣어 글짐으 부리시니
우리의 양반의 예장이 분명으 하고

불근선배는 새벽 조반으 접수시고 선행차르 나서고
불근선배 아부님은 후행차로 차리시고
하인 불러 그 짐 지어서
얼매만치 얼매만치 모로모로 이 모로 저 모로 당진으 하이
영산이 댁으 당진으 해서 대문전이다 나떠섰소

에~ 영산이 댁에 당진으 해서 대문 전에 나떠서니 과연 양반댁이
불명으 하오
열두나 대문이오 열두나 담장이라
그덕에 마루 넘어 방중으르 들어가서
여덜폭 펭풍에 화초병풍이오
독보전으 늘여놓고 연등 금등으 케서 놓고
큰 상으르 배설으 시겨놓고
자내쌀으 내어 서되서홉 가차 수서
쌍 촛대에 불으 밝혀
큰 상 배설으 받은 후에 글짐으르 부리울제

청단 그릇이고

홍단은 배차노니 해떴다 일광단 달떠서 월광단이요
물명주 갈명주는 청북포요 부포 세포는 갈포로다
일등포로 붉으나 홍대단 푸르나 청대단이요
희나니 백단이고 누르니 황단이라
경모시 세모시 이피 저피는 삼만동으 못 보내시고
삼백동으르 다 갖채서리
불근선배와 불근선배 아버님은 거기서 하직으르 하고
집당으로 돌아르 간다 집당전으로 날어간다

에~ 불근선배는 아부임 댁이서
장개 갈 날으 기양기양 당진하이
무얼무얼 갖추실까 백년화초에 연곳 속에
긴 정매 짜른 정매 관대 관복이오
목화요 사모요 이모저모로 어수요 다 갖채서
손에는 홍선이요 속에는 도복이요
갈매르 무엇하고 마하인은 마상으 채리시고
불근선배는 마상에 오르시니 대문 전에 났더서며
백채소리 들어치며 냄병사는 무인지경으
이모저모 당진으 하이 영산이 댁으 들어서야

과연 양반댁이 불명으하오 그문전으 들어서서
대문전으 들어가서 안당으르 들어서니
휘장 천장은 오만장으르 펼처놓고
너르나 대동뜰 여들폭에 화초병풍으 펼처놓고
독보전으 늘여놓고 그 큰상 배설으 하이
치연으르 들일 적이 청닭이다 홍닭이다 왕밤대추요
청솔가지에다 댓가지에다

청실홍실으 맞잡아 묶어나야
서생연 동백연 일월연으 연곳 속에 이마만치 갖춰놓고
치연으르 들이시니
영산각시는 칠보단장으 시기시고 녹의홍상으 채레입고
연화혜 신기시고 활웃으 들체입고
족도리르 머리이다 쓰고 금비녀르 디레 찔래서
큰 댕기르 디레놓고
불근선배는 이연주르 드리십니다
이 술 석 잔으 드릴 적이
이 술으 마이는 뜻이는 그대가 내 가문이 올 적이는
내가문으 봉송으 하올 적이
첫째는 세영으 봉제사르 잘 올래야 되고
둘째는 부모임전 공경으 잘 올려야 되고
셋째는 부부의 영화로다 상남 중남 상녀 중녀 다자손이라

치연벱으 올리시니 영산각시는 그 술 석잔으 마이시고
영산각시는 금포주박이다 술 석잔으 부어서 불근선배르 드리우니
불근선배 그 자리서 그 술 석잔으 받아마이시고
금포주박으 청실홍실로 드려 엮어놓고
글 단자르 적으 적에
영산각시가 불근선배 단자르 받아보고
그적이 답장으 올리시니 불근선배가 페체르 보이
디레 탐복으 하는구나
여자의 몸으로 글솜씨가 나보다 배승하이
나는 소학 대학이오 천자이합으르 다 떼고
팔만대장경으 읽으신 선밴데
어째 한낱 여자의 필청 보다

날같은 정한 선배 필청이 못하이
여자의 글솜씨가 나보다 배승하이 이래서는 못 쓰리라

그 길로다 집당으르 돌아서서
양친 부모임전으 모세놓고 아뢰는 말이가
영산각시 글솜씨가 날보담 배승하이 이르 어찌면 좋소
내가 글으 하고 학식이 있는 정한 선밴데 이래선 안 되오니
나는 금상절로 올라가갔다 하이
아부임이 하는 말이가 남아일언천금이 뱉은 말 도로 담지 못한다
그러니 어찌겠느냐 세운 뜻이고 세운 국이니 어찌 다 까뭉기겠느냐
어찌다 치우겠느냐 글랑 그리하라 선선하게 허락으르 하옵시고

그적에 불근선배는 행장으 치어 청도복으 입고
머리 위에는 백끈으 둘레쓰고 초립으 얹으시고
홍선으 손에 들고 책보르 옆에다 찌고
신사당에다 하직으 하고
부모임전에 편히편히 지우시라
하직으 인사르 올린 뒤에 금상절로 가옵데다

차산중 들어가서 금상절으 당도하여
선생님 전에 인사르 올린 후에
금상절 주지중전에서 글공부르 시작으 하야

참삼년으 글공부르 하드이 그적이 선생임이 하는 말이가
여봐라 불그나 너 들어라
너가 삼년 석달에 천일 공부르 당하였는데
공부가 그만하면 만족하고 그만하면 됐구나.

그러니 선배라 하면은 글공부만 하면 어찌다 쓰겠느냐,
천지간 이치도 알아야하는 뱁이구
천지간에 아무리 좋은 기라도
백말천말으 말로 듣고 글로 본다 해도
다 모르는 뱁이니 천지에 능통하라." 하옵시고
어저는 오늘은 다 옥황님전 선간구경으 가라."고 하옵시니
불근선배 대답으 하옵시고
선생님전 글랑 그리 하겠소 하고
하직인사르 올린 뒤에 선간구경으 가는구나

선간구경으 가는구나
무지개라 나부 타고
쌍무지개라 금등으 타고
신선도로 구경간다
성인도가 어째됐오
선간도로 가는구나
일구는 구 아홉성은
하도낙서가 여가 되고
지절루 지절루 가는구나
이구는 십팔 팔진도는
제갈량으 충효로다
지절로 지절로 가는구나
삼구 이십칠 칠조게는
성문서인이 괴제르 하고
지절로 지절로 가는구나
사구나 삼십육 육국문장으
복수나 충신으나 절개르 하고

지절로 지절로 둥둥이 가는구나
오구 사십오요 오자서는
동문서인이가 이래저래다
춤으 추고 구절로 지절루 가는구나
육구나 오십삼은 삼온성이는
상산 처에서 바둑으 띠고
이리 저래다 춤으 추고
지절로 지절로 가는구나
칠구는 육십삼 삼노동이는
한패공전에 채사르 하고
일루절로 못 다 보고
지절루 지절루 가는구나
팔구는 칠십이 이적선으
채석강에 노름으 하고
양금당금 떼으시며
풍류소리르 갖차듣고
지절로 절로다 가는구나
구구나 팔십일은 일광에는
월명사창에 노든 달은
요동필으 찾어가서
얼싸둥둥 가는구나
지절로 지절로 가는구나
십으느 십 일백이느
백학이느 백학이라 등에타고
나래짓으 홀렁후렁 나래가매
선간질으 가는구나
얼싸둥둥 가는구나

지절로 지절로 가는구나

(장단)

한모로 두모로 다 들어서 선간이라 올라르 가이

선간이라 하는 곳은 과연히 좋기도 좋다

고개도 다 수천고개요 영으로다 수만 영이라

일광산으라 들어르 가이 나무들도 유명하다

산천두다 장관이다 녹수조차 장관이고

한 모로 두 모로 세 모로 당진하이

올라가는 옥계수는

내래나소느나 폭포수요

뺑뺑 돌아서 감로수에다

이 구비 저 구비 다 채간다

일 모로 두 모로 다 넝거가서

낭기 한 주가 서옜더라

아람으르는 열두나 아람

두레이는 아흔아홉질

그 낭기 질은 구천질이라

가지는 뻗어서 일백으 가지

그 열두 질으는 다 뻗었소

잎으는 피어서 일만 잎이 피고

열두나 장관은 솟아나있다

저 낭게 밑으 바래보니

곳이라도다 유몡하다

정 낮에 피는 곳은 일광화라 두 포기가

이 송이 저 송이 피었는데

그곳으 한 포기는 그 선간에 거게두고

한 포기는으 낙점으 시게

이 송치르다 가재다가
검고 검은 이 천한 높은 하늘에
어래 둥둥이 띄우시니
이 천하가 다 밝아나있소
월공산으 구경으 가서
수천 질으 다 찾애르 간다
월공산이라 당진으 하이
곳이라고도 유명하다
이 곳으는 무슨 곳이나
밤에도 피느나 곳이로구나
월광화 두 송이가
이 송이 저 송이 피었더니
한 패기느나 거게나 두고
한 패기느나 낙점으 시겨서
이 천하 높은 하늘에
어둔 간데다 띄우시니
정 밤중에 어둔 밤이가
너르게도 밝아있소
그 길로다 다 되비가서
화덕산이다 찾어간다
이 모로 저 모로 저 모로 이 모로
열두나 모로다 찾으르 가이
화덕산에 무쇠가마에 아홉이 서였는데
그 가매르 채다보니
불이가 펄펄이 나는구나
천불지불이 타는 곳에
아홉에서 여섯으느나

거기다 몽땅 두고
세동애는 지게르 지고
이 천하 너른 벌판에 던져르 노니
인간의 사램으는 화식하느나 그 벱이라
그 질로다 돌아르 가서
수용산이라 들어르 가이
멀고 먼 길이다
수백 령으 다 지내고
수천 령으르 다 떨어가서
수만 령으다 다 넝거서
금시 금시 가는구나
이 모로 저 모로 다 다 당진하이
물동이도 아홉이라
그 동이르 다 디레보니
그 동에 짚이는 멫질인지
겉으로 봐서는 동이온데
속으로 봐서는 그 깊이가
한정없는 길이로다
그 아홉 중에 여섯은 게 두고
세 동이르 망태기지고 나와
이 천하 너른 벌판에 던져노니
망망대해 창해바다
넘시르 넘시르 출렁이오
그 질로다가 돌아르 가서
금하산으 찾으러 간다
이 모로 저 모로 찾으러 가서
금하산이라 당진으 하이

금이라고 세동이라
그 금이라 세 동이 중에
두 동애는 거게 두고
한 동애으는 지고나 나와서
이 천하 너른뜰 산천마다 던지시니
금이라는 그 물겐은 산천에서 나는 벱이오
그 길로다 되비 가서
은하산으 들어르 가이
한 모로 두 모로 찾어간다
열두산으 다 넘어서
열두령으 다 넘어서
금시 금시 가는구나
이 모로 저 모로 찾어르 가이
은하산이라 다 당진했소
은이가 다 세 동인데
두 동이는 다 거게 두고
한 동으는 머리에다 이고
이 천하 너른 벌판 던지시니
은이라는 저 물겐은
검은 땅에서 나는 뱁이라
그 질로다 다 돌아르 와서
상매산에다 찾어르 간다
(장단)
상매산으 다 찾아르 가이
한 모로 두 모로 당진으 하이
상매봉에 올라가이
상매가 일급필이다

펄펄뛰어 나댕기니
검정매요 누른매요
흰 매는 백매로다
이 매 저 매 얼룩매다
그 매르 디레보니
상매라 세 필으 끌어다가
그 상매르 타고 이 천하르 나와서
이 천하 너른 뜰에 떤지시니
상매라는 저 짐생은
인간이 질으 디레 타는 뱁이요
그 질로다 다 들어가서

우렁산으 찾으러 가이 이 모로 저 모로 찾으러 간다
우봉이 당진으 하이
검둥쇠야 흰둥쇠다 달얼룩이 유얼룩이
아홉필이가 있음네다
점잔하는 검둥쇠도 점잔허는 흰둥쇠다
그 중에서 누른쇠 세 필으 설히 설설히 끌어다가
이 천하 너른 벌판에 던져다 노니
쇠라는 저 짐생은 보탑 메워 쟁기 지워
땅으 갈어 농사르 지어 사람으르 곡식으 다 재서
그 곡식으 먹는 뱁이외다

노루산이라 찾어르 간다 노루산이라 찾어르 가이
이 모 저 모 드레가서 노루봉이라고 다 당진했소
흰점백이 반점백이 다섯필이 뛰댕기니
흰점백이 두 필으 끌어다가 이 천하 너른 벌판 던져노니

노루라는 저 짐생은 산천에서 사는 뱁이나
그 질로다 돌아서 조산이라 드레르 가이
날짐생도 유명하다
큰 새다 째른 새다 빛좋으는 온갖 새가
이리로 날르구다 저리로 날아가
장끼라는 저 짐생은 이리 철철히 붙드레다가
이 천하 너른 벌판에 떠져다 노니
장끼라는 저 짐생은 날아대니는 뱁입네다
그 질로다 다 돌아간다

수리산으 찾어간다 수리산으르다 찾어러 가서
수리 세 마리가 허공으 중천에 빙빙 떠서 있더이다
산진매야 수진매다 해동청은 밀보래라
매흐라는 저 짐생과 수리 다섯이 다 떴으니
수리 둘과 매라는 짐승은 이 둘 저 둘으 붙드레다가
이 천하 너른 벌판 던지시니
수리라는 저 짐생은
저 공중에 빙빙떠서 저 중천에 날기 마련이고
매흐라는 저 짐생은 날개기 먹기르 마련이다

그 질로다 돌아르 간다 개비산으 드레가이
꼬불꼬불 챘다 폈다 고사리도 두 포기라
한 패기는 다 거게 두고 한 패기는 다 떼어다가
이 천하 너른 벌판에 던져르시니
고사리라는 저 채수는
챘다 폈다 챘다 폈다 챘다 폈다 하는 뱁이다

그 질로다 돌아와서 모로모로 다 당진으 하이
낭기산도 당진했소 낭기도 유맹하다
잎이 너른 오동낭기 침재이는 소낭기다
두 쌍이 놓였으니 이까리 서까리 사시래도
울울창창히 서였소다
낭기 한 쌍은 거게두고 두 쌍으르다 휘여다가
이 천하 넓은 언덕에다 이리저리 던제노니
낭기라는 저 물건은 산천에서 사는 뱁이다
그 질로 돌아가서 화초산으르 드레간다

화초라도 유명하다 불그니 홍연화 푸르니 청목단
여러 곳이다 피어서
이리저리들 숭얼숭얼 웅얼웅얼이도 만발으 하이
화초 한 포기 떼여다가 이 천하 너른 벌판에 떤져르 노니
화초라고 허는 거는 열흘으 붉기가 마련이라
글락절락으 다 지나가서 옛말에 하시는 말씀이
신선놀음 하는 거동 한날 두날 석날이지
도끼자루 썩는 줄으 제 모른다 하였으니
불근선배 그 적에 생각으 하이
내가 또 그짝이다

그적에 불근선배 과연 그렇구나 하고
하루날은 불현듯이 생각하이
내 백년 영산이 데리고 왔으면
이 좋은 구경으 했으면은 얼마나 좋으까
양친 부모임전으 데빌구 와서
이 구경으 했으면은 얼마나 좋으까

우리 절에 선생임으 모시고 와서
이 구경으 하면 얼마나 좋으까 하며 노탄으 하다가
그적에 하늘이 검었다가 희었다 푸르졌다
사마 세 번 더 변하더라
대동뜰 너른 벌에서 머르 위에
손으 얹고 하늘으 쳐다보니
저 강남 갔던 구제비가 애미제비 앞에 서고
새끼제비 뒤에 서고 이리저리 왔다갔다
삼월에 삼짇날이 되어서 돌아르 오니
지하궁 내려와서 제 새끼 길러서
구월구일날에는 천하궁 올라가신다고
벌기 잡아 멕이시며 구질구질 우질우질
새끼르 얼굴으 보듬고 하는구나
높이 뜨니 희어지고 중천에 뜨니
푸러지고 밑이 뜨니 검어지니
하리 세 번씩 삼번으 변하더라

그적에 불근선배 생각으 하이
저 한낱 미물에 짐승이래도 제 새끼르 까서
그 새끼 앞세워서 나오고 그 새끼 뒤세워서 드레가는데
날과 같은 정한 선배가 인간으 모십에 사람으로
머리 검었던 탄생으 해서 인간도덕이 있다하면
내 각시 영산이 나르 얼마나 고대할까 하고
그적에 회심하고 수심이 만면허여
이래서는 못 쓰리라 금상절로 돌아르 올라르 가이
선생님이 하시는 말이 선관구경이 어떠하드냐
불근선배 하는 말이 과연 좋은데라 하옵더라

불근선배 그적에 소생 나간지

몇 날이나 되옵더니까 하시이

네 나간지 반나절이라 하옵더니

그러면 선관은 이틀 반나절으는

인간에 이연반이라고 선상님이 일러르 주이

불근선배 하던 말이

선상임요 선상임요 나는 양친부모도 보기 싫고

내 백년 영산이 눈에도 삼삼하고

그 목소리 귀에도 쨍쨍하이

내가 공부르 그만하고 너무 내가 내 공부 하겠다고

너무도 매정하고 야멸차게도 산천에 드레왔으이

내 백년도 너무나 보기싫소."

그래서 오늘은 집당에 내려가겠다 하이

선생임이 하는 말이

"여봐라 불근선배야 너 드레라

오늘은 일진이 아니 좋고 가실 날이 아이다.

너무도 일진으 꼽아보니

오늘은 흉한날이니 못 갈 질이 분명하다.

다른 날에 내려가라."하이

불근선배가 하는 말이

"선생임 내가 정한 선배이고

선생임도 정한 선배라 글으 깨친 선배인데

선배가 무슨 일진이 있고 날재르 집겠소.

일기르 집겠소 거 우습지도 아니하는 말으 하지도 마오. 소생은 양
친부모도 보개싶고 내 백년 영산이도 눈에 삼삼하고 귀에 쟁쟁해서
그리워서 내려간다." 하옵더라.

내려간다고 하옵구나

에~ 선생임 하시는 말씀이

"그러면은 내 오늘 기어코 정녕 간다면은 내 매패르 시게줄테니 이 말으르 맹심하고,

너 이 길로 내려갈 적에 동기역 참머리에 나떠서면

자연히 청청하던 하늘이 불현간에 흐려지고 뇌성이 진동하고 바람이 불고 억수비가 퍼부면 비오르 끊지말고

그양 내려가고 그 비르 맡고 뒤도 보지 말고 내려가고,

한 모로 두 모로 당진하여 두 머리에 당진하면 맑고 청청한 하늘이 뇌성변력이 떨어지고 풍우가 몰아치고 하늘이 좋았다 흐렸다 하고

목이 그적에 말라서 목이 답답하고 입이 마르터인데 그 길 아래 흐르고 탁한 물으 마이고 내려가고 길 우에 정한 물은 다 건들지 말고 내려가라.

그적에 그 질로 돌아서서 멀구 다래 한 송치 두 송치 세 송치라 너무도 부암스럽게 익어지고 아스러지고 한 것으 보면 먹기싶어도 그것으 한 송치도 낙점으 시기지 말고 고양고양 지나가라 하고,

동기역 꼭대기에 올라서서 십년묵은 구생통이다. 그 뒤에 구상냉기 한 그루다 아지아지 십만아지로다 질이는 수천지리로다 낭기는 밑에서 젊은 여인이 온몸 전신일신에 천불지불이 붙어서 앞으로 나떠서서 애걸복걸 울음으 울고 소래소래 치면서 울음소리 곡성소리가 낭재해도

그 불으 궁그지 말고 끄지도 말고 뒤도 돌아보지 말고 그양그양 내려가라." 하이

불근선배는 선생임전에 하즉인사르 하고 그리 매패시긴 것으 꼭 알아두고 내려가겠다 한다드니

에~ 불근선배 행채르 차리는데

청도복으 정히 입고 백끈으 머리에 묶고 초립으 쓰고 홍선으 들고

손이는 책보르 옆에 찌우고
선생임전 펜히 펜히 게우시라
절으 올리고 집당으로 돌아 내려가이
한 모로 두 모로 세 모로 모로모로 동기역이라 당진하였소

맑고 청정한 청하늘이가 불현간에 흐려지고
뇌성이 진동하고 바람이 불고
비가 퍼붓기르 시작으 하이
불근선배 그적에 불현듯 선생임 말이 생각이 나서
그 비오르 끈치지르 말고 가라
부디부디 당부르 하였으나
불근선배가 생각하이 내가 맑고 정하고
대학 소학으 배우고 선밴데
내가 어찌 이 비르 맞고 가겠느냐
비오르 끊어서 비르 멈추고
금시에 일기가 청청하고 맑아나지니

그러고 동기역 첫머리에서 내려서
오다가 두머리 당진으 하이
맑은 청하늘이 뇌성벽력이 떨어지고
풍우가 몰아치고 하늘이 좋았다 밝았다 하이
목이 말라 탑탑하고 입이 말르기 시작으 한다
아래 길 알에 탁한 물은 흐리우고
길 우에 정한 물이 흘러르 가이
그적에 불근선배 입이 타고 목이 마르고 물이 땡기우니
우리 절에 선생임이 길 아래 흐린 물으 흐리고
탁한 물으 마이라고 하시었는데

내가 정한선배인데 본심이 깨끗하고 마음이 정한데
내가 무삼 일로다 흐리고 탁한 물으 마이겠소
길 우에 맑고 정한 물으 마이시고

그 질로다 돌아르 서보니 멀구 다래라
한 송치 두 송치 세 송치가 보암스럽게도 익어나져서
아스러지고 자스러지고 무지우고 우지지이
불근선배가 하는 말이가
우리 절에 선생님이 아무리 먹기싶어도
먹지 말라 하시거늘 그양 지내치자고 생각으 하이
내가 어찌 멀구 다래가 너무도 보암스러운데
그양 갈 수 있겠나 하고
지양 없어 한 송치 두 송치는 낙점으 시켜
그 앉은 자리에서 고양 먹고
또 한 송치는 낙점시켜 내 백년
영산이르 생각에 엽낭에 싸서 놓고
또 한 송치는 또 한 송치는 부모임 생각에
책보에 싸서 짊어나지고
한 송치는 손에 들고 어디만치 올라르 가이

동기역 꼭대기라 당진해서 십년 묵은 구생통이 있습니다 그 뒤에 구
상냉기 한 그루가 있습니다
아지아지 십만아지요 지리는 구천지리로다
그 낭기 밑에서 구생통이다 천불지불이
붙은 젊은 여인이 손목으 모다 구르고
두 발으 모다 구르고 애걸복걸하며
소래소래 치며 울음으 우니

저기 가는 저 선배야 이 불으 꺼달라 애걸애걸하고
방울방울 눈물으 짓니
불근선배는 영산이가 내 오는가 하고 마중으 나왔다가
천불지불이 일신에 전신에 붙어서 초매자락에 붙어서
저 불덤 속에 들었는가 하고
입던 청도복으 벗어 들고 청도복 자락에
물으 묻혀 천불지불으 끄자하이 천불지불이 낮아지오
청도복 자락에 물으 묻혀 불으 끄자시니
지불이 우거나지니 천불지불으 다 끄시니
그 젊은 여인이 한 번 도지 두 번 도지
삼세번으 도지르 하이
이리 뛰고 저리 뛰더니 일학이라는 짐생이 되옵더라
질이는 열다섯발이요 배통으는 서발인데
세는 두 발이라 반간데가 갈라지오
그러게도 큰 짐승이 주홍입으 아웅자즈 다웅자즈
하늘 땅에 맞붙듯 개아가리 벌리듯이 벌리고 하는 말이
여봐라 한낱 미물 머리 검은 이 짐생아
어서 바삐 내 입으로 드레라
벽락같이 소래소래 치니 그적에 불근선배가 하는 말이
너르 살굴려고 불으 꺼준 그 은혜르 다
어찌 나르 잡아먹갓다 하느냐."
그적에 일학이가 하는 말이
여봐라 아강머리 조그마한 대가리 머리 마빡이 피딱도 이아이 때진
이선배야 너 드레라.
나는 본래 옥황의 죄르 짓고 지하국에 내려와서
동기역 꼭대기에서 십년묵은 구생통이르 지키고 있다가
오늘은 금시에 십년으 다 마치고

온몸 전신에 천불지불이 붙어서 전신에 탈으 벗고
선관으로 승천하야 올라가려고 하는 거즐
내 몸이 먼저 맥겠다는 물이로다
멀귀나 다래로다 몽땅 니가 먹고
일신전신에 천불지불이 붙어서 탈으 벗고
올라가는 나르 니가 불으 껐으니
내가 선관질으로 못 올라갔으니
내가 너르 잡아먹어야 승천으 한다."하이
불근선배는 뒤탈하고 앙탈으 지고 울음 울며 하는 말이
내 백년 영산이르 데리다 놓고
금상절로 공부르 간 지 양삼년 육년이 다 되옵는데
육년 공부 다 마치고 영산이 보기 싶어
양친 부모 보기 싶어서 집당으르 내려가는 질인데
내 어찌 이 노릇으 어찌면 좋겠단 말이요."
대성령이 울음으 운다

에~ 불근선배는 연당 갈늪에 굵은 빗발치듯이 울음으 우니
그적에 불근선배 하는 말이
이왕지사에 내가 잡아먹히는거
이 질로 내려가서 한 우리에 집당에 한 번은 댕게오리다. 조금만 시
르 늦춰주기오."
일학이라는 저 짐생이 하는 말이가
네 정녕 선배라면 약조르 반다시 지케오라.
네가 만일 이 약조르 아이 지키면은
내가 너 올 시간에 맞추어 아니 오면
내가 너희 집당으로 내리가서 구족으르 망하게 하겠다." 하는구나.
그런 줄 알고 '글랑 그리 하라' 하옵시니

그적에 불근선배 낯빛이 흐리우고 수심이 만면하옵더라
모로모로 당진해서 집당으르 내려가이
부모양친전에 인사르 올리고 영산이 마주도 아니보고
방중 드레가 이불으르 뒤집어쓰고 침석으르 돋우비고
도루 누워서 있는구나.
영산각시 진지상으 귀떨어진 상에다 멋떨어지게 채래서
진지반으르 올리시니 불근선배가 진지 내심 불편하여
진지르 뜨지 아이 하이
영산각시 하는 말이
"어째 찬이 적어 그러시오 마땅찮아서 그러시오."

에~ "어째 진지르 아이 뜨시오.
무슨 일로 불편하여 진지상으 물리는가."
물으시니 무슨일로 그러시오 내가 매패르 시기리라
말으 일러주오.'
그적에 불근선배 하는 말이
내가 말하기도 남새스럽기도 설하기도 망신스럽지만은
내 백년 내 처자르 믿어야지, 내가 누귀르 믿겠는가."
하고
내가 어저느 말으 하오리다. 내 백년 영산아 너 드레라.
내가 너 싫어 진지르 뜨지 아이 한 게 아니라,
금상절 내선생임 하는 말이
일기일진이 나쁘다고 가지 말라는
그 질에 양친부모와 내 백년 영산이 그립고도 보기싫어서 내가 억지
르 쓰고 떼르 쓰고나 가는 질에,
선생임 매패르 시긴 것으 듣지 아니하고 동기역 참머리서 억수비가
퍼붓는 거 끊지 말고 비르 맞고 내려가라는 거르 그 비르 아이 맞고

내가 내려오고,

그 비가 그치고 내려오는 길에 하늘이 맑어지니 흐린 길 알에 흐린 물 말고 가란 거르 길 위에 정한 물으 말고 가고 길 우에 맑고 정한 물으 먹기 돌아서니

멀구 다래가 보암스러워서 한 송치 두 송치 세 송치가 있는 거르 낙점으 시기지 말라는 거르 내가 오는 길에 하도 시장끼도 있고 너무도 보기 싫어서 한 송치는 따서 고 자리에서 고양 먹기 또 한 송치는 그대 내 백년 생각에 엽낭에다 옇고 또 한 송치는 양친부모임 생각에 책보에 싸서 내리오다

동기역 꼭대기라 당진하이 십년묵은 구생통이라 구생냉기 아래 어떤 여인이 일신전신에 천불지불이 붙어서 애걸복걸 소래소래 치면서 소래르 치고 천불지불이 붙어 있길래

내 백년 영산이가 나르 마중나오다 십년 묵은 구생통이서 초매자락에 불이 붙어서 천불지불이 붙었는가 하고 내가 청도복 벗어내서 그 도복에 물으 묻혀 그 불을 껐더니만은

그 젊은 여인은 한 번 도지 두 번 도지 사마 세 번 도지르 하더니 일학이라는 짐승이 돼서

그 짐승이가 나르 잡아먹겠다고 주홍입으 아웅자디 다웅자디 입으 벌리고 잡아먹겠다고 입으로 들라 하는 거,

내가 마주보기도 두렵고 대면하기도 무섭고 내 사정사정해서 시르받고

나는 금상절서 양삼년 여섯해르 육년 공부 하시다가 내려오는 선배인데 양친부모 내 백년 보러가는 길이라 하고,

삼일 연기르 맡아주면은 양친부모 어머님과 내 백년으 꼭 보고와서 되비 돌아와서 내 잡아먹히리다 하였으니 어쩌면 좋겠는가." 하고

"그적에 일학이라는 그 짐생이 채비르 넘지 말라 하였으니 하루 가고 이틀이 지나고 내 어찌 수심이 없고 근심이 없겠는가."

속으 빼놓니 영산이 하는 말이

"내 낭군아 내 선배야 그 걱정일랑 여영 말고 걱정마오, 근심으 하지 마오. 내 매패르 시기리라 염려말고 진지상이나 받으시오."

그적에 불근선배 진지상 받으시고,

한 날 지내 두 날 지내 삼일이 당진하이

영산이 새벽 조반으 지어놓고

베틀로 올라앉어 쏙새칼으 꺼내서 짜든 베 석 자르 아슥자슥이 잘라내야

그 칼으 드는 칼으 드는듯이 갈고 나는듯이 갈고

푸른 천에다가 똘똘 말아서 품에 품고

짜든 베 석 자는 초매꼬리 잡아내야 허리끈에 묶어내고

불근선배는 뒤따르라 하옵시고 영산이 앞으 서서

두 양주 일학이라는 저 짐승 찾어서 동기역으로 올라르간다

동기역으로 찾어간다

에~ 한 모로 두 모로 세 모로 열두모로 당진해서 올라가이 동기역 초앞에 당진하이

영산각시 하는 말이

"오리만침 떨어지오 십리만치 낫떠서오.

내가 올라가서 내가 손으 건들건들 허옵고

수건으 건들건들 흔들고 하거드나

그적에 올라오시라."고 말씀으 하옵시고

영산각시가 먼저 올라가이

첫봉으 돌아들고 중봉 중턱에 당진하이

일학이라는 그 큰 짐생이 불근선배르 찾어서

내려르 올 적에

흰 치매다 흰 적삼으 입으시고
한 걸음 두 걸음 열두걸음으로 내려르 오니
길옆으로 내려르 온다 올바른 길로 아이온다
길 옆에 풀 속으로 내려르 오니
풀잎은 첫잎과 속잎이 착착이도 갈라르 진다
첫잎은 이울어지고 속잎은 착착 갈라지니
영산각시 올라오다
일학이라는 짐생과 대면으 하고 마주보니
그적에 일학이라 하는 말이
"이보기오 새파란각시요 내가 내 말 잠깐 드레주기오.
이 길으 올라오다 이 밑에서 조그만한
초립으 쓴 초동도 아이고 아강머리 대강머리
피딱지도 안 마르는 그 조그만 선배같지도 않은
선배놈으 보지 못 하였는가." 물으이
그적에 영산각시가 하는 말이
"여봐라 이 무도한 짐생아
너 그 선배르 찾어 무엇할려고 하느냐.
그 선배은 내 낭군이다." 하시이
일학이라는 짐생이 저 짐생이 하는 말이
"내가 선관으로 올라가는데,
그 조그만 선배가 내가 선간질으 가려고
일신전신에 천불지불으 붙은 거르
그 불으 꺼서 내가 그 길으 못 가겠으니,
내가 그 선배르 잡아먹어야 그 길으 가겠다." 하이
어저는 할 수 없소 속절없소, 내가 내가야 할 수 없오

그적에 영산각시 짜든 베 석 자르 허리춤이서 풀어서

그 즘생 메각지르 똘똘 말아 쥐고 한 번 말아쥐고
두 번 말아쥐고 삼세번으 말아쥐고 부여잡고
"여봐라 이 짐생아 너 드레라.
그 조그만한 선배가 내 낭군인데,
이 무도한 짐생아 남으 오대독재 외아들으 어찌자고
잡아먹으려고 하느냐." 하고
쏙새칼으 메각지에다 들에밀으니
그 짐생이 눈물으 바울방울 치며 하는 말이가
"이것 조금만 늦춰주기오." 하는구나
그적에 영산각시 한 고르 풀어주며 하는 말이
"여봐라 이 짐생아 내 낭군으 잡아 먹으려면
나는 이 펭생에 어찌 산단 말이냐.
내 낭군이 없이 살자면은 내가
이 펭생으 먹기 입고 쓰고 입고 놀고 할 것으
대체르 시기고 잡아먹으라." 하는구나
"그렇지 아니하면 너 이칼로
메각지르 똘똘 따서 죽인다." 하옵시니
그적에 그 짐생이 눈물으 바우바우 내리뜨리며
연당 갈늪에 빗발치듯이 떨어트리며
세 매디 기침으 허드니만은
팔만으 야광주르 다 게우시니 그 짐생 하는 말이
"이보기요 새파란각시요, 이것으 가주가믄은
일펭생으 먹기 입고 쓰고
놀고 놀고 먹기 쓰고 입고 할 것이요.
대체르 되갔으니 이것 좀 풀어주기요." 하이
'이것으 받으시라' 하옵시니
그적에 영산각시 하는 말이

"이 짐생아 이 짐생아 당치도 않은 꾀르 쓰지르 말아라. 은이 서말이
라도 늘여쓰는 벱이고
금이 열닷말이라도 붙여쓰는 벱이고
구슬이 열닷말이라도 꿰서 쓰는 벱인데,
날과 같은 여인이오 날과 같은
젊은 새파란 각시가 이걸 어찌 알겠느냐.
이것으 씨는 벱으 절절이 가르치고 엽엽이도 가르쳐라.
모로모로 가르쳐라." 하옵시니
그적에 그 짐생 씨는 벱으 가르친다.

(노래)
첫 엽으로 저누시믄
하선이가 명산이 되는
지절로 나느나 엽이외다
두채 엽으로 저누시믄
영산이가 다 하산이 되고
지절로 하는 엽이외다
셋째 엽으로 저누시믄
없던 천금도 지절로 나고
지절루 생기는 엽이외다
넷채 엽으로다 다져누시니
있는 인간두 지절로 나고
지절로 생기는 엽이외다
다섯째 엽으 저누시믄
없드나 집도 저질로 나고
지절로 생기는 엽이외다
여섯채 엽으 저누시믄

없던 전답도 지절로 나고
지절루 생기는 엽이외다
일곱째 엽으 저누시믄
소원성취 대원성취
지절로 되는 엽이외다
여덟째 엽으 아이 가르친다
그적에 영산각시
영산각시 하느는 말이가
이 짐생아 이 짐생아
팔만야광주 한다믄은
여들 모르 쓰는 뱁인데
이 엽으 어찌 아이 가르치니
일곱 엽으 다 가르채고
한 엽 쓰는 뱁으 게 어째 아니
이리도 아이 가르치냐
어서 날래 가르쳐라
어서 바삐도 가르쳐라
어서 속히 가르쳐라 한다
아니나 쓰고 아니나 하믄
내가 이 칼로 니 놈의 맥으 따서
오장육부르 갈갈이 탐해서
이 산천에다 떤지리다 한다
그적에 그 짐생이
눈물으 바우바우 흘리믄서
여덟째 엽으 가르친다
여덟째 엽으 가르치니
이 엽으르 저누시믄

미분 사람이 지절로 죽는

지절로 죽는 엽이외다

여듧 엽으 다 가르치니

그적에 영산각시

영산각시가 하느는 말이

이 짐생아 이 짐생아

너보다 더 미분 짐생이 어디 있겠나

여듧 엽으 도래재서

여덟 엽으 도리르 짓고

여덟 엽으 저누시니

그 짐생이 죽어나진다

그 짐생이 숨이 잦아지고

그 짐생이 숨 떨어지니

영산각시 동기역 꼭대기에서

올라서서 손으 드레

푸른천으 손에다 쥐고

건들건들 푸르시며

불근선배르 올라오라 하이

손짓으 하옵시고

소래소래 치는구나

한 산천도 다 디렜소

이 산천두나 다 디렜소

저 산천도 다 디렜소

여들 산천으다 다 디레서

이씨로 두 양주

묵히는 산천도 살령으느

다 풀어서 내려놓고

절로절로 풀었소다

(장단)

(132:30)

그적에 불그니는

이 모로 저 모로

그 동기역 꼭대기르 올라르 오니

두 양주 마주서서

그 짐생으 어찌할까

곰곰히두나 생각으 하이

저 큰 짐생으 죽은 거르

어디다가 버리실까

그양 데레 떤지기 제양없소

영산 차산에 차산중 드레가서

소낭기도 일천지다

밤낭기도 일천지다

사시래요 자적이오

이깔나무 저깔나무

삼천질으 다 비어내어

동기역 꼭대기서

우물정자로 쎄게 내야

그 짐생으 그 위에다 올려놓고

그 밑에다 불으 쌀구시니

살은 타서 재가 되고

뼈는 오록조록 검었으니

그 때야 그적부터

화장벱이 나시는 벱이외다

재와 빼르 추려다 놓고
재느나 아흔아홉봉토요
빼느는 여든여듧봉톤데
이것으 다 어쩨실까
두 양주가 머릴 맡대고
의논 용논으 하는구나
팔도명산 명산대천
명산처로 보내시니
첫 번으로 함경도 땅에
함경도 땅에다 디레 던져노니
백두나 살령이 춤으 추이
장중하다 저산천으
대국설모 안자있소
평안도 땅으 던져나노니
묘향살령이 솟아나서
늠실늠실 춤으 추이
곧곧마다 장관이오
가원도 땅으 던지시니
금강 살령이 솟아나고
이래저래 춤으 추이
동개골 푸악산 이름조차 유멩이라
황해도 땅으 던제시니
구월 살령이 솟아르 나고
구월 살령이 춤으 추고
경기도 땅으 던제시니
삼각 살령이 솟아나고
이리저리 우뚝으 서오

경상도 땅으다 던지시니
태백으 살령이 솟아나고
이래저래 춤으 추고
충청도 땅으 던지시니
계룡으 산령이 솟아나서
이리 저래 우뚝 서오
전라도 땅으 던제시니
지리 살령이 다 솟아르 나고
이래 저래다 던져노니
천하명산 명산대천
대살령이 소살령이
이래저래 솟아르 나고
명산대천 차지르 하던
높은 산에 대살령이
낮은 산에는 소살령이
남살령으나 여살령이
외악명산은 대살령이
팔도명산으 다 던지고
그 남으는 재는 모아서
아흔아홉 봉토로다
이것으 모대나야
그 어디매 버리실까
이리저리 궁리해도
버릴 곳이가 제양 없소
헐 수 없느나 사정이오
청청바다 저 바다으
이리저리 흩채르 노니

그적에 어족으 저 짐생은
물 위에는 뛰는 괴기
물 아래 기는 괴기
그적에 생하시드라
불근선배 두 양주는
한모로 두모로 삼모로다
열두나모로다 당진으 하여
집당으로다 들어서서
방중으로다 넘앉으며
불근선배 넘앉으니
일신전신이 아파온다
노곤하고도 피곤하고
피곤하고도 노곤하다
전신이 다 아파오니
앞골두가 지근지근하고
뒷골두다 뒤꼭지 땡기우이
사대절골에 일신전신이
이래저래 아파오니
정신이 다 나가고
혼절으 하는구나

영산이가 이래도 못 쓰리다
문점이나 하여보자
그길로 돌아서서 천지통심하신 선생임으 찾아가서
선생임 전에 인사르 하신 후에
재피방에 넘앉으며 금돈 은돈으 가차내여 놓고
불근선배르 알른다는 말씀으 전하오시니

선생임 전에 괘체르 내옵시니
어젯괘나 금시괘나 하오실적에
불근선배는 삼천동토 나고
산하리가 덮이우니
산천으 올라가서 냉기는 끊어서 나는 동토가 낫으니
산천으 안정으 못 시겼으니 이르 어찌하오
그러니 산하리르 풀어서 안정으 시기라 하옵시니
불근선배가 나사진다 하이
그적에 영산각시는
명산대천에 드레가서 산하리르 푸는구나
산천상으 배설하고 초록상으 배설하고
백미도 한섬이오
홉쌀으 지어 뒷쌀 메오
말쌀지어 섬쌀으 메오
소지도 수천권 행도 수천곽이라
산천다리도 여들필이오 홍세주 청세주 황세주 세 병이오
온갖 가즌 채소 가즌 어물에
황세주도 세 병이오
가즌 채소에 가즌 어물에
열두진상에 만반으 진식으 이리저리 가차시라
산하리르 풀으시니
불근선배 그적에 병이 지절루 나사지오
그적에 산하리르 풀 적에
불근선배와 영산각시는 산하리 푸는 벱으 내옵시니
옛부터 산천동토다 새영에 맷등이다 탈이나믄 산하리르 푸는 벱입
니다

(장단)

(천근) 청배장기

천지가 개벽하실적에 하날은

자년 자월 자일 자시 자방으로 생으시고

이 따임으는 축년 축월 축일 축시 축방으로 생으하고

우리 인수인간 사람으는 인년 인월 인일 인시 인방으로 생으하고

일광월광 해와 달은 묘년 묘일 묘방 묘시 묘방으로 생하시고

성신으는 진년 진월 진일 진시 진방으로 생하시고

천지가 개벽하신 후에 유인이 최귀라

각항저방 심미기는 두우여허 위실벽이라

규류위승 필자참은 정귀위성은 장익전이라고

스물 여듧자르 새겨내니

이십 팔숙으로 사방으 직히고

천지일월은 천지 좌우 양편으 살기우고

동으는 사성이오 남으는 육성이고

서으는 오성이고 북두는 칠성이고

앵두러지옵시니 저 동방으는 삼팔목이 지키시고

저 남방으는 이칠화가 지키고 저 서방으는 사구금이 지키고

저 북방으는 일육수가 저 중앙은 오십토가

건삼연은 서북이오 곤삼절은 서남이오

간상연은 동북이오 손하절은 동남이오

동방은 청유리 세계 로다 저 남방으는 홍유리 세계

저 서방 백유리 세계 저 북방은 흑유리 세계

저 중앙은 황유리 세계

그우에 옥황님이 계시사

춘하추동 사시절은 사시 풍우 왕상강으 고제하고

삼태로 인수인간 선악으 살피시니

하날은 양으로 부치고 이 따임으는 음으로 부체실 적에
태양과 태음으로 주야분별으 하오시니
인간 사램 양에 부치시고 귀신은 음에 부체
인간 사램으느 귀신과 섞어 살지 못 하는 뱁이오
태극이 조판하야 음양분별 하신 하신 후에
오행이 상생하야 선유이기에 인물지생 임임총총 하시더니
어시에 성인이 수출으 하옵시니
태고 삼황 오제로다
그때 그시절에 천황문이 열리시고
동방문이 열리셨소 남방문이 열리셨소
서방문이 열리셨소 북방문이 열리시고
중앙문이 열리시니
천왕씨도 왕이로다 지왕씨도 왕이로다
인왕씨도 왕이로다 유소씨도 왕이로다
수인씨도 왕이로다

시위는 오제로다
태호 복희씨로다 염제는 신농씨로다
황제는 헌원씨 소호 금천씨도
도당 도당씨 제순 유우씨하이
시위는 오제로다
천황씨느는 이 목덕으 왕으 하야 무위이화 하고 분장무주하여
형제 십이인으 도합문으로 역각 일만팔천세르 살으시고
지황씨는 석이석지하고 분장무주하고
형제구인은 범 일천오백세라
도합문으로 구천육백세르 살으셨소
인황씨는 무위하고 석이석지하이

형제 오인으다 오천육백세르 살으시고
유소씨 내신 벱이더라 펭지에 풍우에 집으 짓고 풍우 면하시이
고인들이 내시던 벱이외다
그때야 그시절에는 염제 신농씨는 낭기 베어 보탑으 메와서다
삼월 춘풍 검은땅으 갈라서 검은땅으 희게갈고
흰땅으 희게 하고 검은땅으 검게 갈아
씨종제르 내어 삼백초르 내옵시고
그적에 인간으는 낭기 열매 따먹고 실과 째게먹고 살드라
태호 복희씨는 사나는 양에 부치시고 기집으는 음에 부치시니
음양이치 갖차놓고 호연벱으 들이시고
황제 헌원씨는 억만고 그물 내어
그적에 대해바다에 배띄워서 고기 잡아먹기 살더라
그적에 거북이라는 저 짐생으는 하도낙서 주역팔괘
등에다 미고 나와 천지음양으 구별하여 신에 조화벱으 마련하이
그때 그시절에 천세력과 만세력과
일상생기 이중천의 삼하절체 사중유혼
오상화해 육중복덕 칠하절명 팔중귀혼
남생기는 여복덕에 여생기는 남복덕에
굿하는 벱과 날 받는 벱으 마련하고
건남은 곤북이오 이동은 감서로다
선천 후천으 분별하야 천지조화르 알겼으니
천지 신명은 이 명당에 모세 놓고
울장귀요 번제금에 말명들이 성악이요
천지에 창천하이 빌 축자 원할 원자 축원으로 받으시고
오늘 다 이씨로 두 양주 가신 산천이오
일대 가신 산천이오
이대 가신 산천이오 삼대 가신 산천이오

사대 가신 산천이오 오대 가신 산천이오
육대 가신 산천이라 두 양주 조상 산천이오 세영 산천이오
오늘 다 산천임으느 수차고양 하옵시고 제제강임 하옵소사

갈 적에 보면 상도로다 올 적에 보며는 대체로다
상도가 저 대체라 여내 돌아서 오게 마나
어와~ 어와나~ 황천 간 금일 망령은 세왕으 가오

이래로 저래 가면은 언제나 오나
저래로 이래 가면은 다시나 오나
집 앞으 선 새냉기가 이 오실 적에 돌아오라
어와~ 어와나~ 황천으 빌어나야 세왕으 가오~

이없은 하누임아 제발 제발
내게르 열쇠 한 장으 빌래시오~
그 열쇠 한 장으르다 다 빌래 주시믄은
열시왕 지옥문으다 개문으 하오~
어와~ 어와나~ 황천 간 금일 망령은 세왕으 가오

저 중천 하나 간으다 팔배재 떴소
게 어쩨 허시자드나 새배잰가
그 배재 한 쌍으르다 살펴도 보시니야
그 어저느 이씨로 두 양주가 잽했새라
어와~ 어와나~ 황천으 빌앴나야 세왕으 가오

황철사 된고개르다 울고나 넹게
지달령 화추나고개도 아주나 넹겨

황처사 된고개르다 냉겨도 가실 직에나
그 고개 도바주던 삼척동갑
어와~ 어와나~ 황천 간 금일 망령아 세왕으 가오

황천 간 대동수르다 울고나 건네
임진강 모래원으다 마주서겠네
황천 간으 대동수르다 건내도 가실 적에
그 다리 도바르주던 월천으 갑장
어와~ 어와나~ 황천으 빌어나야 세왕으 가오

차재야 모세와서 불근선배 또하나 모세와서 영산각새
노대이 없소사 불그나 선배 어와~ 어와~ 세왕으 가오

갈적 보면은 감노왕사재 올적 보면은 인노왕사재
노대이 없소사 감노왕사재 어와~ 어와~ 감노왕사재

망령차지는 불그니선배 기밀차지는 영산으각시
노대이 업소사 불그니양주 어와~ 어와 불그니양주

금일 망령은 골차진사재 현고학상은 살차진사재
노대이 업소사 몸차진사재 어와~ 어와 몸차진사재

이씨 두양주는 대도랑사재 두 양주는 대도랑사재
노대이 업소사 소도랑사재 어와~ 어와 소도랑사재

금일 망령은 소도랑사재 현고학생은 은도랑사재
노대이 업소사 놋도랑사재 어와~ 어와 놋도랑사재

금일 망령은 한도랑사재 현고학상은 두도랑사재
노대이 업소사 삼도랑사재 어와~ 어와 삼도랑사재

금일 망령은 초막혼사재 현고학상은 이막혼사재
노대이 업소사 삼막혼사재 어와~ 어와 삼막혼사재

금일 망령은 산천으사재 현고학상은 살령으사재
노대이 업소사 산천으사재 어와~ 어와 산천으사재

서른 대자는 초중이사재 마흔 대자는 이중이사재
쉰대자는 도반필으 삼중이사재 어와~ 어와 삼중이사재

열두시왕이 오시는 질은 오실 줄 알면 마주 나가오
어와 사재님아 성문 없이 하망 없이 나 떠나서오
어와~ 어와 나 떠나서오

열두 폭으나 높으나 채일 여들 폭으나 넓으나 팽풍
어와~ 시왕귀졸이 좌정으 하오
어와~ 어와 좌정으 하오

시왕도상이 전작으 하오 잡으신 잔에 세주나 잡소
홍세주는 청세주는 황세주루다 어와~ 어와 세주나 잡소

높은 잔차는 열두나 잔차 낮은 잔차 높으나진상
열두진상 만반진식에 일배주하오
어와~ 어와 세왕으 가오

시왕도상이 나서지마오 시왕귀졸이 서립으 마오
천사만사 다물래라 기밀전장에 시왕이 세오
어와~ 어와 시왕이 서오
말명 따라 우리루 선상 도술 넘어 우리루 공자
노대이 업소사 도청문선상 어와~ 어와

(말)
발원이오 발원이오 발원하시는 뜻이외다
그 애찌사 그게 어쩌자는 뜻입니까
원할 원자 낼 생자요 질 도자 글 삼제르 새겨내니
원앙상도 발원이요

생진병작은 사장매환이요 여빈산록은 신선로라
팔로귀왕은 해소개라 팔마제장으는 삼관암이오
이십삼대는 사관암이라 삼십오대는 팔관암이라
구품 돈전 지오애미타불 나무르 가자 발원이요

에~ 지오왕도 강당님으는 서기중천에 당굴돌아
사후발원으 부르시니 사후에도 동발원입니다
통으는 갑으르 삼팔목이오
저 동방에 청룡황이라는 뜻이외다
각색만물이 저 동방에서 생하오시니
지국씨 천황님아 오르사재르 알으소사

(말)
에~ 남발원으 부르시니
저 남방으는 병정은 이칠화요 이화산에 불이라는 뜻이외다

자연만물이 저 남방에서 생하오시니
김장씨 천황님아 오르사재 알으시고
서발원 불으시니 서방은 경신은 사구금이오
태금산에 래이라는 뜻이외다
축생만물이 저 서방에서 생으 하오시니
광목씨 천황님아 오르사재 알으시고
북발원 부르시니 인계는 일륙수라 감술산에 설모로다
두렵다 비새문 연에 돌아 망령이 가시는 길이로다
다문씨 천황님아 (장단) 오르사재 알으소사

(말)
에~ 중발원으 부르시니 중앙 무기 오십토라
우리 인수 인간으는 흙에서 나서 전상질으 났더스믄 흙으로 되비 돌아가는 벱이외다
증장씨 천황님아 오르사재 알으시고
천자는 구만리요 동서는 일월문이라
남북은 허활루라 각항저방 신미기는 두우여혀 위실벽이요
규류위성필자삼은 정규위성은 장익전이라 스물에 여덟자르 새겨내니
하날으는 다 세밀으 삼척이오 서른셋 하날이 되옵시고
이 따임으는 스물여덟땅이 되옵시니 천지창지 문안천지 세밀삼천
휘어올라
나무풍덩 정주간이라 대세전아 선금불 부처님아 태상녹이 황애여래
수판보살이
(장단) 알으소사

(말)
에~ 지하발원 부르시니 이 따임은 이십팔수 스물에 여드래땅이오

지주에 잼겨차는 성음인데 동해 강등용왕 동굴천자가 알으시고
임발원 부르시니 인간 땅 차재하던 당태조 세민황제 돌궐천자가 알
으시오
황천발원 부르시니 (장단) 황천지부가 알으시오

(말)

에~ 명부발원 부르시니 저대 명부에 열시왕이 알으시고
시왕발원으 부르시니 가셨다 금일 망령이 알으시고
오 사후에 발원에 다 올렸습니다
정든 등각은 각심서라 일월명춘은 지하에 황해여래가 알으시고 사
후에 문초뱁으 올리시니
동방으는 푸른 산에 청모초에
남방으는 붉은 산에 홍모초라
서방은 백사에 백모초요
북방으는 흑사에 흑모초라
중앙 그림 바라보니 누른산에다 (장단) 화초영산

(말)

에~ 사후에 문초뱁이외다~
일방 이방 열두방에 문초뱁으 다 올리시고
금일 망령으는 사불복삭으 시기실 적에
절이 환희원중 응기대성
월인천강유명계내
치죄열왕 성라십전
장금석중 침윤이물탄
관옥유판 선악이무사
서원난사 위령가외

범욕투거래 지업망
월생사지 미진 합진 귀의 건진고양 미진고양
연주고양 합지고양 재미고양 행불고양 촛불고양
실과고양이요
연고양은 대고양이요 바른 고양도 대고양이고
실기고양도 받으시고 채수고양도 받으시고
육고기고양도 받으시고 이 고양 저 고양 다 올리시니
공심은 저자로당 사바세계 남섬부주 해동 내려 조선국이오
건에 올라 육정채 곤에 올라 팔정이라
대으내려 석가대요 미륵님전 공중대라
칠성님전은 일월대요 제석님은 채마전이오
대감님전은 마당전이라 나라임전 승진땅이오
만백성으는 축진땅이라 높이 놀아 강원도
낮추놀아 속초시가 되옵시니
가중으는 이씨로 가중이오 궁전으로는 홍씨 궁전~

에~ 오늘 다 금일으 정성으는 망령으 실상의 놀입니다
망령 놀이르 올리실 적에 망령은 일펭생으 살다가두
잔채도 한 번 못 하고 그래 가시니 망령의 잔채로다
이 잔차 저 잔차 망령의 잔차르 올리실 적에
망령으는 이씨로 두 양주가 (장단) 분명하구나 정배하오

(말)
에~ 울장귀는 천하르 울리시고
중천에 번지는 제금의 소리 제개비 띠는 소리
허공 중천에 염불소리 창천하고
말명들으 성악소리가 이십팔수에 쟁겨찬 성음이오

다름에 원정이 아니고 이 정성 금일 망령이 가실 적에
이씨 두 양주가 다 잽혀서 정남정백 요지숙녀로다
나무애미타불 (장단) 팔대장막으 당굴도라

(말)

에~ 천지천지 분한천지 금세상에
이씨 두 양주 탄생으 시기실 적에
당남하사 일흔남자 삼천하이 호골군자가 되옵시고
로 요지숙녀다 정절부인이 나실 적에
이 따임에 산천에서 묵힌 사람 나오시라 하며
어머님전 살으 빌고 아버님전 뼈르 빌어
금세상에 탄생으 시기실 적이
어머님 태중에서 두 양주가
한두달에 해르 들에 사마석달에 혈수르 모다내고
풀잎으 이슬처럼 혈수르 맺어내아
넉달에 사승으 치고 다섯달에 반짐으 걸고
여슷달에 그 밑천가 일곱달에는 이하족이 생기시고
여덟달에 옴포가 돋아나니
머리 우에 골적이 도다나고 온 몸 일신전신이 다 생겼소
아홉달에는 구성으 걸고 열달 십삭이 되옵시니
그 아이 전신일신이 아름아름 매감조감 매감조감 하옵더라
그 아이 금생이 탄생으 시기시니
그 적에 잘 먹기 잘 사는 양반들 탄생으 시길 적에는
인간 구실 잘 할 사람들은 선선하게도 시기시고
탄생으 시켜노이 금상의 탄생에서 골으는 잠골이오
낙으는 창낙이고 사대일신 수족이가
편치 못 하고 정신정신이 온전치 못 한 사람으는

일만칼로 쏠으시오 (장단) 억만칼로다 거애시다

(말)
에~ 억만칼로 거애시고 억만창으로 거애시고 일만침으로 찌르시니
일생에 태어나서 못 살 사람들은 그리는 벱이오
금상에 이씨로 두 양주 산천아이 호걸군자
요절숙녀 정절부인 금상에 탄생으 시켜내니
금부석으로 받아내야 은부석으로 눅혀놓고
젖은 옷으 던져놓고 마른 옷으 갈아입혀
그 아이 곱게 곱게 양정으 시킬 적에
어머님으는야 그 아이르 기르 적에
이것저것 이것저것 아무께나 다 잡수시고
가슴에 지름으 빼어서 그 아기르 멕이시니
아기는 그 적에 부들부들 영글어지고
일신이 부들부들 양정으 시켜내니
그 적에 어머이는 다 일신이 삭아지오
사대 일신이 삭아나지오 (장단) 일신전신이 다썩어르지오

(말)
에~ 그 아이 그 적에 초한살이 되옵시니
부모은공으 알으손가 초두살이 되옵시니
부모은공으 못다갭아
초 다섯이 되옵시니 저 강남서 나오시던 큰 손님 적은 손님 혼디달
두 열 손님
고이 가꿔 별상으 대감님 소별상으 대감님 대별상으 대감님이다
오늘 다 연지 딱 분지 딱 연꼽분꼽, 연꼽이오 분꼽이오 고이 가꿔
보내시고

여들살이 되옵시니 독시당으 꾸며놓고 동몽은 선습이오 천자는 이
합이오 논어 맹자 선신 대신에 팔만대장경에 사적초권으 다 떼시니
이씨로 호걸군자요 홍씨루 요지숙녀로다 천지능통으 다 (장단) 일만
능통으 하옵데다

(말)
에~ 그런 저런 세월으 지내노는
삼사는 십이는 열두살이 되옵시니
삼오는 십오요 열다섯이 되옵시고 열여들살이 되옵시니
정남정녀는 벱이로다 독수공방에 무릎 안고
혼자 늙으라 사옹 제양이 없지않소
어진 가문에다 호연답장으 올리실 적에
마루 이짝에 매패어무님이오
마루 저짝에 매패아부님 계시오 호인답장으 올리시니
초연초말은 허사가 되고 이연말은 반허락이고
사분말은 참허락이 지어내니
참허락으 받으신 후에 사지답장이 오가고
서생연 금생연이래요 천생연 동백연의 연곳으 속으
서삼패기는 숭얼숭얼 웅얼웅얼 아름아름 끝이 없이 피어 무어드레
천년배필 백년이연 지으실 적에
금수이불에 원앙금침에 베필으 청실홍실 맞잡아 묶어나양
거드는 두 양주 이남 땅으 이연지오 필연지소 (장단) 천년배필으 다
지었소

(말)
에~ 엄중한 세월으 만나서 제 고향 남으 주고
남으 고향 내 집 삼아서

앉아누워 자손들으 서립하고 일독 앉아서
세간으 서립하고 들어누워 채권 내 채권으 서립하고
구비고상 갖은고상으 다 겪어가며 살아가루 가옵적에
이씨로 두 양주 어떤 고상이든 아니하겠소
사남매르 나아 서립하고
살아르 가올적에 어떤 고상으 아이했소
어뜨마든 세월으 고비르 안 젂었겠소
그적이 모진으 풍파르 만나고
신의 풍파르 만나 조상으 풍파르 만나
사남매 설립으 다 못 하고
곶같은 자슥 들으 먼지 앞이세와
고향산천으다 제새끼르 못다묻고
부모가 돌아르 가시므는 산천이다 석집으 디레서
뫼르쓰구 삼년상을 모시느 벱이지마느
자슥이 먼지가믄 펭토이다 거적쌈으 디레서
돌무데기 독무지르 디레서 뫼르 쓰는 벱이외다
금시느 화장벱으 디레나야 저산천에 흩날레노코
두양주 가심에 꼭꼭이두 무제노코
두양주 그래 살다갔어도 금상에 태어나서 (장단) 곳 같이 잎 같이도
나부 같이도 살았소다

(말)
에~ 두 양주 그적에 이씨 대주는 나 그만인지
운맹이 그만인지 횡사에 걸렸는지
천급방에 급살으 맞았는지
황천지부에서 백채가 내렸는지
앉았다 섰다 그 길으 못 대가고

자는잠이 그 자리서 운멩으르 하시고
요지숙녀는 한해두 못넹기구 멧달으 더살구
외손하나 서립으 못하시구
두양주 의가좋아서 한해이 앞이가구 뒤가구 한데갔소
금생으 백년에 다 못 살고 금생 천년에 다 못 살고
나부 같이 새 같이도 구름 같이도 떠나섰소

에~ 그적에 시왕벡채가 내리더내만
열시왕에 시왕기다 분부르 내리시니
황천사자야 철관사자야 우두사자야 좌두사자야
금도랑 놋도랑 은도랑 사재야 대도랑 중도랑
초막혼사재 이막혼사자 삼막혼사재야
열두사자가 뜻으 몰라 아 그저 내씻기시니
열두사자 뜻으 몰라 어쩌가겠소 성으 몰라 어쩌가오 (장단) 명자르
몰라 어쩌가오

(말)
에~ 이씨 두 양주 잡으라하이 성으 모르고 뜻으 몰라 못 가자니
타국땅에서 살던 사람이 조선국에서 어찌 운명으 하셨다고 조선국
사재가 어찌 잡겠소
그 길으 못 따라 가오시니 황천지부에서 행필부 동동이다 죄목부 동
동이다 죄상부 동토이다
아 열두 동동이 죄목죄상으 다 풀어놓고
금상에 글재는 흰 조이다 검은 필묵이오
누른 전상으 글자는 누른지에 붉은재 혈묵인데
그 혈묵으 자리다 뜻으 풀고 성으 풀고 명자 풀어서
성명 삼자요 성명으 일곱째르 뚜렷히도 (장단) 풀어놔나서 열두열자

르 다 풀었소

(말)

에~ 열두사재 삼사재가 성명삼재 품에 푸였고

누 영이라고 지채하겠소 뉘 분부라 거역하겠소

헐 수 없는 사정이오 갈 수 없는 사연이라

오늘다 사재가 산으 다섯 고개 다섯 영으 다섯 골으 다섯 말으 다섯

고개 다섯이다

아 굽이 타서서 열에 열다섯이오 스물다섯에 다는 것으 금일 망령에

세영산천에 단곡하야

한 산천에 당진하야

물으 건내 땅으 타서 백깃발으 디려놨소

홍깃발으 꼽아놨소 청깃발로 찍어놓고

백망사대르 찔러놓고 이씨 두 양주 잡으라고

한 사재는 배재들고

한 사재는 쇠뭉치르 똘똘말아 쥐어놓고

한 사재는 오랑사슬으 빗겨차고

활등같이 굽은 길로 쇳등같이

너른 길로 살대같이 달려드레

속초시 이씨 문중 마당전에다 (장단) 당진으 하오

(말)

에~ 이씨네 뒤에 당진으 하이 수문장은 서인인가 수문장 대감님이

수문장 각시가 막아서고 나뗬으며 하는 말이

여기에 우리야 지정마전에 어째 색다른 행객이요

어째 색다른 행객이 본다른 행객

빛다른 행객이 어인 일로 온단 말이오

이래야 날벼락같이 엄명으 치고 호령으 하이
사재가 하는 말이
이씨 두 양주 황천지부에서 전상백채가 내렸으니
시왕거둥이 내렸소다 (장단) 명부 거둥이 내랬소다

(말)

에~ 그래야 아랫시고 알겠으니
수문장 서인님 막아서고 수문장 대감님 막아서고
대문각시가 막아서니 사재가 연샘일 수샘일으 아비르
그 대문 밖에서 고양 서서 앉지지도 못 하고 서지 못 하고 이리저리
빙글빙글 도옵시다
그 아홉에 이튿날에 하루아침이다
남자에 문병꾼이 문턱으 드레갈 적에
헛기침 소리 세 매디 울리고 문으 열고
들어갈 적에 거무녹술로다 도복자락에 이리저리
쩨메드오 문지방으 넘소이다 (장단) 대문전으다 넘소이다

(말)

에~ 오방동뜰이다 들어서서
동뜰에서 대영막으 들여놓고 백깃발으 내려놓고
청깃발으 내려놓고 홍깃발으 짓을잡아 돌려놓고
황깃발으 줄줄이도 꼽아놓고
마당전에다 횡틀행장으 목 맥시도 채리르 놓니
그적에 한도랑 사재 첫도랑 사재는 토공대르 몽채다가
몽채몽채 들어다가 토주전에 던지시니
토주가 우는 소리가 자지래져서 울음우는 소리가
구만장천에 상천으 하오

토신이 난동이 되고 지신으 발동시게 노이
방문전에 드자하이 호롱장군님이 잡아서고
방문전에 들어서니 조왕각시가 막아서고
대청전에 드자하이 성주대감이라 성주판관이라
울음으 울고 난리르 치니 우리야 지정에 무슨 일이오
어떠한 행객이오 숯 다른 행객이오
색다른 행객 본다른 행객이오
너의 집에 그적에 너의 집에 인간 하나 낙점시킬라고 아홉해르 두고
수해변해르 드랬더니 그 어찌 몰랐더냐 성주판관에 성주각시가 나
떠세매 하는 소리가
우리야 가중에 그 험한 말이 웬 말이오 무섭단 말이 웬 말이오
울음으 주고 소래소래 질러놓니 그적에 사재가 하는 말이
너의 집에는 인간 하나르 낙점시키자고 한해두해르 두고 수해변해
르 드렸는데 그리도 몰랐더냐
호주가 가자하면은 대청 용말기가 울어뵈는 뱁이고
가모가 가자면은 가매등이 울어서 일렁일렁하는 뱁이고
일가제족 문중이 안 잊어버릴라면은 오방동뜰에 닭의 짐승이오 축
의 짐승들이가 이리저리 난동으 부리는 뱁이고
그 어찌 몰랐더냐 사재가 엄명으 하고 (장단) 엄명치면서 소래치나

(말)
에~ 문으 내오 질으 내오 어서 배삐 질으 내라하이 성주판관이 이
질으 못 내는 질이외다 성주각시가 이 질도 못 내는 질이로다 대성
령에 울음 울으니
그적에 초중이사재하는 말이 여봐라 인간 낙점 시기자는 전상명부
에 시왕에 엄명이 떨어졌는데 너희 어찌 그 말으 아이 들으소냐 어
서 바삐 질으 내라 하이 성주판관이 질으 내니

초중이사재 이중이사재 삼중이사재는 병석에 들어서니 침석으 살펴
보니 어두침침 빈 방 안이요 광창에 밝은 달에 월명사창에 떼구름이
새긴 듯이 아이 보이기 시작하고 머리맡에 떠논 냉수는 침석에 살펴
보니 (아이고 힘들어) 살펴보니 시글락 달락 달락 시글락하이
내 자손들이 출입이 잦고 망령이 하는 소리 (장단) 부르나니 어머니
요 냉겨노나나 냉수로다

(말)

에~ 사재 삼분이 이짝저짝 저짝이짝에 삼발락에 갈라 앉아 초중이
사재는 머리 전에 앉아서 혈맥으 거둬서 오낭에 놓시고 이중이사재
는 허리 전에서 오장육부의 혈맥으 거둬서 오낭에 넣시고 삼중이사
재는 바지 전에 다리 전에 혈맥으 모아서 오낭에 넣으시고 이리저리
혈맥으 다 거둬서 오낭에 모두시니
망령으는 금상총기가 (장단) 잦아나지오 전상종기가 밝아진다

(말)

에~ 금일 망령에 태성력이 울음으 울면서 전상종기가 밝아오니 사
재가 엄명치며 하는 말이
여봐라 전상질으 들자면은 이 질으 가자면은 금 세상에 목숨이 떨어
지고 숨이 다 떨어졌으니 너여 어째 빨리빨리 나서거라
그적에 쇠뭉치로 한 번 잡아 내려치고 두 번 두 번 잡아 내려치고
세 번 잡아 내려치고 오랑사슬로 똘똘말고 사슬으 끌어서 망령으는
전상 몸이 되어가고 황천객이 되어가이
금일 망령으는 사재르 붙들고 애걸복걸 애걸복걸 우는구나
사재님아 사재님아 날 데리다 무엇하오 날 잡다다 무섭다오
어~ 쪽박에 밤 줘 담듯이 자세히 이리저리 살래놓고 조막손에 쌀
쥐어서 해체놓듯이

저 새끼들 다 해체놓고 어데르 간단 말이오 내 백년 내 체자르 누한
테 맽기고 이 질으 나선단 말이 웬 말이요 죽는단 말이 웬 말이요
사재님이 하는 말이가 여봐라 금 망령 너 들어라 나라임이래도 내
손에 잽히면은 할 수 없는 사정이고 할 수 없는 사연이다 한 식경도
지체마라 두 식경도 지체마라 세 식경도 지체마라 늦장말고 금상에
더 지체하면은 (장단) 죄목죄상만 늘어진다

(말)
에~ 사재임이다 등으 밀고 손으 끌고 이리 끌고 저리 끌고 사면제촉
으 해서 날래 가자 배삐 가자 죄목죄상만 늘어진다 하옵시니
망령은 전상 몸이 되고보니 내 새끼들 다 그립던 내 자손들 다 어데
다 두고 가겠소
그적에 울음으 울며불며 끌래가이
신체장체는 웃방에다 모시고
동에는 머리 놓고 서에는 발으 놓고
천그물으 들여 덮고 지그물으 깔아 놓고
흔다임 세매끼 선다임은 네매끼라
일곱매끼르 묶어놔야 하명석으 들여 놓고
사이사이 늘어놔서 칠성판이 널판이요
맨모는 악수에 손톱끊어 너다놓고
머리끌이 꺼다 노다놓고 숨구멍으 틀어막고
신체장체르 올레놓니 초장례르 씨기실 적에
벵풍으로 둘러치고 행로행합으 갖춰놓고
입던 저고리 벗어내여
추여 끝에 올라가서 첫 매디르 부르시니
하느님이 알으시고 두 매디 부르시니
이 따임이 아르시고 세 매디르 부르시니 복

호복호 삼복호야 금일 망령 옷 바다 가시라고
(장단) 황천지부가 알으시나

(말)
에~ 망령 부른 소리가 구만장천에 장천으 하고 그 이튿날에 입관례
르 다 씨게놓고 바른 낮짝에 쇠회칠으 씨게놓고 입에는 찰밥 세 바
리르 접시밥이요 넣어라놓고

상당비 상주들이 다 맏상주으는 짓으 잡아서 입혀놓고 여상주들으
는 말기 잡아 둘레놓고 오늘 다 금테르 씨케놓고 상당 막대르 집헤
놓고

아부님 대는 대낭기대요 어무님 대는 아~ 버드낭구대르 다 갖촤놓
고 망령 입관례르 갖춰노니

우리나라 금주님의 관으는 오동낭기 칠관이 되옵시다 만백성의 관
으는 선소냉기 외통집에 당신 일신 모셔놓니

옛날옛적에는 사흘만에 운기 운구르 시기실적에 소낭기 대처에 피
낭기 운각이요 피낭기 대처에 소낭기 운각이다 이 운각에 저 운각에
열두나대르 들여놓고 앞에는 붉으나 명정이요 뒤에는 백망사대르
둘르시고 공포 만장으 앞으로 뒤로 따라서 열두당군이 차산중 들어
가건만은

그적에 어저는 이제 금 세상으는 개화가 되고 보니 영구차에 사흘만
에 운구르 시기시고 산천으 들어가서 옛날 옛적에는 천년 횟집으 디
레놓고 백년 석집으 디렜지만 지금은 세맨이다 공고리다 백돌로다
가 이래저래 이짝저짝 사방 외칸으 막아노니

그적에 뫼등으 올려놓고 등지에 상석으 디레놓고 비석으 세워놓고
행로석으 디레놓고 촛대석으 세워놓고 망령은 삼혼 칠혼 전에 둮아
놔야

한 혼전으는 뫼등에다 놓고 한 혼전으는 전상으 가고 한 혼전으는

상청으 지키고 칠혼전 주에 는 내 혼전으는 하나는 짐승되어 날아가
고 또 하나는 축이 되어 날아가고 또 하나는 새가 되어 날아가고 또
하나는 벌기되어 날아가고 한 혼전으는 전상질으 (장단) 나떠나서
금상질로다 받드서오

(말)

에~ 이 질 저 질 가실 적에 망령으는 앞에는 신지개요 뒤에는 도지
개요 대절목에 대칼으 씌우시고 말방새르 씌우시고 수갑새르 들여
놓고 오라 사슬으 비켜놓고 사재르 따라서 이씨로 두 양주 전상질로
다 (장단) 들어가오

51:40

(말)

에~ 전상질로다 들어르 가이 이 차지 저 차지 대차지요 열두나차지
입니다
금번 차지는 불그나선배 차지요 기메차지는 영산각시가 (장단) 차재
로다

이 돌으 빌어 저 돌으 가오
저 돌 빌어 이 돌 가오
이집 저집 나떠지말고
이씨루 두 양주가
썩은손목 마주 잡고
이탈저탈 뺏기시고
금상탈도 뺏기시고
인상탈도 뺏기시고
시왕탈도 뺏기시고

일신전신 갱긴탈두
사대일신 갱긴탈두
뺏골절골 갱긴탈두
신체장체 갱긴탈두
일천탈두 거두시고
일만탈두 거두시고
이질 저질 나지말고
가양동태 너른 길에
선관질내어 가옵소사
영산대청 살령님아
함경도라 백두살령
평안도라 묘향살령
황해도라 구월살령
강원도라 금강살령
경기도라 삼각살령
충청도라 계룡살령
경상도라 태백살령
전라도라 지리살령
팔도명산으 대살령이
대살령이 하강하고
진상 만반진신
아니 흠향 하옵시고
팔도명산 부르실적
대산소산 살령임이
대학소학 살령임이
대축소축 살령임이
미산재처 살령임이

이십육정 외악명산
사해피발 명당토산
금귀대덕 청용백호
현무주작 동서남북
원산근산 상방하방
흉산길산 명산대천
팔도명산 서여본산
살령임이 받으시고
이 산천에 살령임아
저 산천에 산천임아
일대 이대 삼대 사대
사대 오대 육대 칠대
구대 열대 살령임아
금당대로 살령임아
금일 망령 가신 살령
가신 산천 살령임아
명산대천 살령님아
봉봉마다 살령임아
산산마다 산살임아
영영마다 살령임이
모두 진상 받으시고
(장단)
갑자 병자 무자 경자
임자 다섯 살령임아
을축 정축 기축 신축
계축 다섯 살령임아
경인 무인 임인 갑인

병인 다섯 살령임아
정묘 기묘 신묘 계묘
인묘 다섯 살령임아
무진 경진 임진 갑진
병진 다섯 살령임아
살령임이 받으시고
동방으는 청유리 세계
청사도랑 되옵시고
청룡대사 불밝혀라
청유리 세계 모세나오
남방으는 청 지지
적사도랑 되옵시고
적룡대사 불밝혀라
적유리세계 되옵소사
서방으는 백율이 지지
백사도랑 되옵시고
백룡대사 불밝혀라
백유리세계 모세나오
저 북방은 흑유리 지지
흑사도랑 되옵시고
흑룡대사 불밝혀라
흑유리세계 모세나오
저 중앙은 황유리 지지
황사도랑 되옵시고
황룡대사 불밝혀라
황유리 세계 모세나오
이도저도 가지말고

학이라 타고 승천으 하이
선관낙출 되어가고
신선이 되고 도사가 되고
서인이 되어 가오소사
나무 일심 봉청

김헌선

전라북도 남원 출생
경기대학교 휴먼인재융합대학 국어국문학과 교수
『한국의 창세신화』
『설화연구방법의 통일성과 다양성』
『옛이야기의 발견』
『한국농악의 다양성과 통일성』 외 다수

함경도 망묵굿 산천도량 연구

2019년 11월 28일 초판 1쇄 펴냄

지은이 김헌선
펴낸이 김흥국
펴낸곳 도서출판 보고사

책임편집 이순민
표지디자인 손정자

등록 1990년 12월 13일 제6-0429호
주소 경기도 파주시 회동길 337-15 보고사 2층
전화 031-955-9797(대표)
　　　02-922-5120~1(편집), 02-922-2246(영업)
팩스 02-922-6990
메일 kanapub3@naver.com/bogosabooks@naver.com
http://www.bogosabooks.co.kr

ISBN 979-11-5516-947-6 93380
ⓒ 김헌선, 2019

정가 21,000원